二〇一一—二〇二〇年國家古籍整理出版規劃項目
國家古籍整理出版資助項目
安徽省文化强省建設專項資金項目
安徽省古籍整理出版基金會資助項目

桐舊集

方履中署

五

［清］徐璈◎輯録　楊懷志　江小角　吴曉國◎點校

安徽大学出版社
北京师范大学出版集团
BEIJING NORMAL UNIVERSITY PUBLISHING GROUP

本册點校　江小角

目録

卷二十一

蘇惇元　馬起泰
王　樾　　同校

張　淳一首……一
石　洞　金華府志……一
張秉文十三首……二
舟中阻雨……三
鷺白髮……三
出郭望峴山……四
席上醉歌贈孫子長……四
郊　行……五
茶洋夜泊……五
登聖因寺……六
遊白鶴山……六
雜　感……六
秋夜對月……七
訪客黄華山中……七
和内子九日登樓作……八
皆響亭獨坐……八
張秉成二首……八
逢野老……九
篔園懷陳文若……九

張秉彝一首 …… 九
讀春陵行有感作苦桐吟 …… 一〇
張秉哲十一首 …… 一一
詠　史 …… 一一
答孫易公 …… 一二
采石懷古 …… 一二
宿蘭若 …… 一三
修堂夜坐憶瞻蘇夫子 …… 一三
方繡山督餉蘭州書寄洮㳘 …… 一四
方爾止歸里閱其近詩 …… 一四
南旺道中 …… 一四
嚴　灘 …… 一五
張　曉一首 …… 一五
柬破我禪師次方能邇韻 …… 一五
張克儼四首 …… 一六
山中訪友不遇 …… 一六
客中葉道士留飲 …… 一七
秋日别友 …… 一七
玉屏山房偶題 …… 一七
張　礐二首 …… 一八
即　事 …… 一八
拜齊群玉太守墓 …… 一八
張　載二首 …… 一九
湖　上 …… 一九
舟成誌喜 …… 二〇
張　杰八首 …… 二〇
楝亭詩爲曹子清賦 …… 二一

中秋對月獨坐……二一
將往社壇先賦 十六首之一……二二
暮春山居……二二
江村……二二
謝墅……二三
畏暑……二三
白芨 詠群花百首之一……二三
張英四十四首……二四
擬古田家詩 別裁集選……二七
讀漢書 別裁集選……二八
讀元道州賊退示官吏詩慨然有作 別裁集選……二九
同孝儀和陶歸田園詩 五首之一……二九
李厚庵歸省送之……三〇
松堤 芙蓉島十二詠之一……三〇
越巢 東西龍眠二十詠之一……三一
方四松先生題遠峰亭長歌和之……三一
題畫……三二
題石村桃花釣艇圖……三二
放歌……三三
廣濟寺看海棠即贈天孚上人……三四
同陳幼木同事泛舟虎丘

四首之一……三四
泊荻港　南州詩略選……三五
憶汪蛟門……三五
人日……三五
憶仲兄湖上……三六
嚴陵江　別裁集選……三六
夏日從幸景山蒙恩書賜御製詩一章恭紀　宸垣識略……三六
王子玠同年招諸子燕集因懷座師司馬公……三七
送趙鐵原編修校士粵東……三七
宿呂仙祠……三八
仲兄於湖上構亭待予歸四首之一……三八
初卜居龍眠山莊　十一首之一……三八
憶湖上　二首之一……三九
郊居同近公……三九
山居　六言　三十首之一……四〇
鏡湖舊家園亭……四〇
吴門竹枝詞　二十首之一……四〇
晚出……四一
山中即事　十三首之一……四一
早起……四一
山居雜詩　八首之一……四二
入鄧尉山　九首之一……四二
西郊雜詩　二十七首之一……四二

別峰庵……四三
題　畫……四三
法華寺老僧贈牡丹　四首之一……四三
夏日雜詩　十五首之一……四四
吾　廬　十一首之一……四四
直知稼軒　笑間談語……四四
張茂稷二十七首……四五
和陶田園詩……四六
采蓮曲……四六
夏日雜詠……四七
至蒲亭晤姚翼侯妹丈……四七
送劉二外甥之金陵省覲……四八
同方四松潘木崖李芥須飲三兄勺園……四八
河橋夜步……四八
兵　過……四九
錢扶升汪少室劉伯顧吳世修同出西郭便訪靈泉介公……四九
寒夜語僕……五〇
登投子山……五〇
龍眠道上……五〇
黃　昏……五一
亦　園……五一
陳官儀留飲……五二
觀　燈……五二
中秋夜飲同汪少室李長康

別宅……五二
不寐……五三
歸期……五三
蠡湖即景……五四
素北再納寵招飲内閣……五四
入石門沖便訪方東來别業……五五
遣僕歸里……五五
聞百舌……五五
哭小女……五六
張佑十一首……五六
浮山……五六
山中閒述……五七
……五七

雙溪春漲……五八
早秋……五八
扶杖……五八
同友夜酌東皋……五九
初夏宿東皋晨起即事……五九
夏日旅窗坐雨……五九
同甘宜庵程筠齋訪友人郊居……五九
送勞林屋還姑蘇……六〇
次和常州吴任庵先生蘆荻洲詩……六〇
張蕃七首……六〇
徐衡次張吾未同納涼……六一
剩溪……六一

宿潼關……六二
江上寄文江元博……六二
遊崆峒……六三
同李聖真方晉過王紹蘇繡谿亭……六三
閉門……六三
慈恩寺……六四
張度七首……六四
左子堇子周招遊龍眠山莊……六五
田家……六五
和友人宿月上庵……六六
重集西園留贈姚綏仲……六六
賦得家在江南黃葉村……六六
西施歸湖圖……六七
吴趨曲……六七
張恂五首……六七
晚行口號……六七
寓内城雜興……六八
春郊……六八
江村新霽……六九
河邊偶成……六九
張竑三首……六九
會聖巖納涼 巖一名隱賢……七〇
入山……七〇
夜間作……七〇

卷二十二

王㮊　蘇惇元
馬起泰　方宗誠　同校

張廷瓚九首 …… 七二
南苑觀燈賜宴恭紀　四首之一 …… 七三
暢春園引見恭紀　宸垣識略 …… 七三
暢春園恭紀 …… 七四
平北鐃歌　二十首之二 …… 七四
南巡恭紀　二十首之三 …… 七五
張廷玉十一首 …… 七五
雜興　別裁集選 …… 七六
玉甕歌應制 …… 七七
翰林院落成車駕臨幸錫宴分韻得圖字 …… 七八
詠爆竹 …… 七九
恭和御製落葉元韻 …… 七九
恭和御製風箏 …… 八〇
入朝輿中假寐得句因續成之 …… 八〇
山中暮歸　別裁集選 …… 八一
秋日澄懷園即事　八首之一 …… 八一
張廷璐三十九首 …… 八一
田家 …… 八三
濟南謁先伯祖方伯公祠 …… 八四
響雪廊 …… 八四

送姚甥道南之官楚中……八五
研山招遊雲龍山用東坡答
　吕梁仲屯田韻　別裁集選……八五
徐州登舟由黄河至清江浦用
　東坡百步洪韻……八六
夕照和韻……八七
秋　雲……八八
入直南書房恭紀……八八
江上曉發……八九
五畝園即事……八九
苦雨次二兄韻……九〇
同年汪杜林祖母程太夫人
　百齡壽詩……九〇
送二姪出守梧州……九一
送魏定野歸柏鄉　別裁集選……九一
南　歸　別裁集選……九二
病中不寐　四首之一……九二
即　事　十首之二……九三
新秋家兄稼書招遊北墅
　四首之一……九三
山　樵……九三
舟過維揚……九四
舟泊無錫　別裁集選……九四
吴門雜詠　五首之一……九四
過惠山……九五
三姊書室顔曰柳陰小艇

四首之二……九五
聞兒需就塾寄勖……九五
三姊過嚴州署中因遊湖上
賦寄……九六
舟中……九六
途中雜詩 六首之一……九六
閨中雜詠 四首之一……九七
曉過玉蝀橋……九七
送楊升聞歸里 別裁集選……九七
張廷瑑七首……九八
擬古田家詩……九九
江行雜詩……九九
送周介南歸里步吴七雲先生
韻……一〇〇
過永濟寺贈默上人 湖海詩傳
選……一〇〇
七十生日放言……一〇一
送姪荆南之浙令任……一〇一
張廷瓘四首……一〇一
午睡……一〇二
過爽來庵……一〇二
茅山采藥……一〇二
灌花……一〇三
張廷珠十二首……一〇三
孤松行……一〇三
木香棚子歌……一〇四
新晴……一〇四
湖上晚眺……一〇四

構屋……一〇五
湖山……一〇五
月夜泛舟……一〇五
松關……一〇六
白雲谷……一〇六
山居 六首之一……一〇六
夏初即事……一〇七
適意 二首之一……一〇七
張廷璇一首……一〇七
夜與客談有作……一〇七
張璽二首……一〇八
浮山……一〇八
題楊與三別業……一〇八
張劍光一首……一〇九
即景……一〇九
張思耀二首……一〇九
陶丘束裝……一〇九
讀鄴侯傳書後……一一〇
張尹六首……一一〇
孝節詩……一一〇
五臺山參胡圖度……一一一
登北固山……一一一
別周都司……一一二
和諸友留別江干原韻……一一二
下灘歌……一一二
張笱五首……一一三
八月十六夜河橋看月 三首之一……一一三

斷針吟……一一三
陸巢見招尋秋次元韻……一一四
石門草堂庵次洞泉叔韻兼
懷墨莊弟……一一四
送午莊表弟之官甘肅……一一五
張　桐一首……一一五
題家樊川秉燭讀書圖……一一五
張鴻猷一首……一一六
夜巡村莊……一一六
張　純七首……一一六
巢湖苦寒行……一一七
蕪湖識舟亭……一一七
將抵巢縣舟中作……一一八
夜坐寄友……一一八
訪書巢不遇……一一九
送歌召之武昌……一一九
柳湖櫂歌　三首之一……一一九
張仲華一首……一二〇
園中雜詩……一二〇
張　楫一首……一二〇
閒　居……一二〇
張若靄四首……一二一
拱極城扈從……一二一
泛舟圓明園恭紀　六首之二……一二二
車駕東巡盛京恭謁陵寢大
禮慶成恭紀　十首之一……一二二

張若需二十三首……一二三
彭城懷家兄楞阿　四首之一……一二四
答夏醴谷前輩……一二四
望黄樓用河復韻……一二五
望翳巫閭山……一二五
南園韶石歌……一二六
五畝園……一二七
妙高臺分江字……一二七
徐州試院酬又牧兼呈同事諸公　四首之一……一二七
送毛大睿中……一二八
南苑大閲恭紀……一二八
即　事……一二九
遊春君山……一二九
采菱曲……一二九
茅山遊仙詩……一三〇
陶東序子湖歸覲圖……一三〇
張若潭一首……一三一
賦得含桃薦寢廟應制……一三一
張若霏三首……一三二
雨花臺……一三二
春　遊　四首之三……一三三
元宵竹枝詞……一三三
張　崇六首……一三三
青帘曉發……一三四
同葉大慚飲七叔齋中　二首之一……一三四

同友人郊外看花兼懷三姪……一三四
扇……一三五
招友人酌桂……一三五
姚象貞移居……一三五
張若嵩四首……一三六
太霞宫聽楊道士話武夷……一三六
過古靈泉……一三六
送戴五周……一三七
失題……一三七
張若巖一首……一三七
客嘆示七姪……一三八
張若澄三首……一三八
恭和御製自金山放舟至焦山四叠蘇東坡韻……一三九
題石灘嚮雪圖應制……一三九
恭和御製惠山寺叠舊作韻……一四〇
張若霨二首……一四〇
遊雙溪留宿草堂賞蓮二首之一……一四一
同澤中翔與坐墐社庵……一四一
張若潍二十一首……一四一
友石庵……一四二
埋騾……一四三
贈同門陳可齋中丞……一四三
庭前雜種盆花　十首之一……一四四

後種花　十首之一……一四五
曹老公觀……一四五
以素冊索景采弟畫詩以先之……一四六
送七弟試用直隸　三首之一……一四六
宗聖祠訪曾氏後……一四七
晚　興……一四七
劉蘭褩……一四七
同可齋夜話……一四八
病愈偶吟……一四八
歲暮歸懷……一四九
寄東塏似……一四九
癸巳元日早朝……一四九
銷夏近詩　十首之一……一五〇
閒步御河橋　二首之一……一五〇
登　岱　十二首之一……一五一
截　句……一五一
春　郊……一五一
張若翼一首……一五一
題姚懷汝乘風圖　五首之一……一五二
張若駒十四首……一五二
壬戌元日……一五三
試眼鏡　二首之一……一五三
南山有鳥……一五四
愁霖行……一五四
李伯時龍眠山莊圖……一五五

黃梅道中…………一五六
左繼沖郊居…………一五六
翠微樓…………一五七
耕烟…………一五七
送祖舅紹莊歸龍眠 四首之一…………一五七
舟中 三首之一…………一五八
羊太傅祠…………一五八
奉慈大人郊遊…………一五八
松湖櫂歌 十首之一…………一五九
張若驌七首…………一五九
夜坐金川閣…………一六〇
懷馬雨耕…………一六〇
千巖萬壑樓…………一六一
解纜…………一六一
入黔中…………一六二
即事…………一六二
题浮山圖…………一六二
張方爽二十一首…………一六三
歸舟…………一六三
夜發…………一六三
維揚重晤江二汶川…………一六四
慎疾…………一六四
獨眠次東坡韻…………一六五
竇將軍祠…………一六五
答姚十四梁貢論詩之作…………一六五
羇緒…………一六六
汶川宿別旅寓感話有作

二首之一 ……… 一六六
陸行不果買舟泝黄河而西 ……… 一六六
野泊 ……… 一六七
簡倪大迂樵時亦抱病寓居僧舍 ……… 一六七
病中有懷嚴大人中州 ……… 一六七
秋感 ……… 一六八
客中讀書 ……… 一六八
旅夜書懷 ……… 一六九
掩卷 ……… 一六九
病目 ……… 一六九
即事漫成簡倪四青藻 ……… 一七〇
張輔贇十六首 ……… 一七〇
息翁招飲論詩以詩見示疊韻謝之 ……… 一七一
遊攝山　四首之一 ……… 一七二
次韻久早 ……… 一七二
武昌見友人畫龍作此贈之 ……… 一七三
王君絛山以沃田沈翁過建隆寺偕同學暨法侶倡誦華嚴字母詩見示即次其韻 ……… 一七四
冬日閒居次澄宇韻 ……… 一七五
次左學沖輪園韻 ……… 一七五
送左五冠倫赴平羅 ……… 一七五
左小沖送別有詩次韻

酬之……一七六
贈青州太守……一七六
送吴五文山歸省雨阻成詩即用爲别……一七六
柳　絮……一七七
送鶴門還桐城……一七七
九日從觀學使登大觀亭……一七七
白下逢李棄條……一七八
送友人南歸……一七八
張若星四首……一七八
放　言……一七九
渡汶水……一七九
周瑞峰侍御巡察山西孟冬過岢嵐賦贈二律……一七九

卷二十三

徐　寅　蘇惇元
王　樾　馬起益　同校

張　煦二首……一八一
大水嘆……一八一
秋日漫興……一八二
張水容十二首……一八二
游靈谷寺……一八三
早　行……一八三
江上聞笛……一八三
從諸丈夜飲……一八四
過廢宅……一八四
贈友人……一八四
望龍山……一八五

讀黄雲昭閨中倡和詩……一八五
抵家日作……一八五
寄雯裳……一八六
初　晴……一八六
登燕子磯……一八六

張曾敞十二首……一八七
書示良襲两兒……一八八
麥秋豐穫歌……一八八
恭和御製祭先農耕籍元韻……一八九
汴路即事……一八九
送師顔表弟入都赴銓……一九〇
清明日偕姚春洛方元暉介兹馬薪傳王聖聰姪又直出遊……一九〇
喜王耔田兄弟過汴即送之京……一九〇
汴梁懷古　八首之一……一九一
錦　莧……一九一
題充公和尚照……一九一
口占寄吴二絢……一九二
烈姬嘆　十首之一……一九二

張曾敭三十首……一九二
雜　詩　八首之一……一九三
曉　起……一九三
晚步湖畔遂入野寺……一九四
和劉後村題龍眠十八尊者……一九四

宋龍池硯歌爲春浦作……一九五
送十洲由洛入都兼寄陈玉亭觀察……一九六
對雪憶梅花用廬陵詩韻同絙橋作……一九六
七夕篇……一九七
東坡聚星堂雪詩韻仍從歐陽禁體……一九八
廬州道中憶家……一九八
山行……一九九
無題……一九九
遣懷……二〇〇
春懷……二〇〇
寄懷吴絙橋吴門……二〇〇
上巳舟中……二〇一
牛渚雜詠四首（南州詩略選）……二〇一
襄陽樂……二〇二
消夏……二〇二
登朝爽樓……二〇二
舟行……二〇三
重過淮陰吊舅氏凝清先生……二〇三
寶應舟中……二〇三
夜泊露筋祠……二〇四
過銅陵……二〇四
張曾敭三首……二〇四
趙北口同魯堂兄蠡秋弟

作 …… 二〇四
碧蓉齋題壁和蠡秋弟韻 …… 二〇五
張曾懿三首 …… 二〇五
牛渚對月 …… 二〇五
雪香書室示諸生 …… 二〇六
荷　錢 …… 二〇六
張曾秀二首 …… 二〇六
憶舊遊 …… 二〇七
巴　陵 …… 二〇七
張曾詒十二首 …… 二〇七
秋　夜 …… 二〇八
貧　婦 …… 二〇八
綠萼梅花爲王森庭作 …… 二〇八
東　皋 …… 二〇九
過周瑜墓 …… 二〇九
雙溪即事 …… 二一〇
重九前一日柬王葯人 …… 二一〇
題觀瀑圖 …… 二一〇
泊　船 …… 二一一
山　中 …… 二一一
寒食亡妻殯所 …… 二一一
春日湖上 …… 二一二
張曾培四首 …… 二一二
社　燕 …… 二一二
舟中即事 …… 二一三
石門晚眺 …… 二一三
投子山慎和尚 …… 二一三
張曾鼎一首 …… 二一四

遊棲霞贈卓群和尚 …… 二一四
張　蘭三首 …… 二一四
西洋坡 …… 二一四
平南古翁灘 …… 二一五
烏衣鎮 …… 二一五
張　沅二首 …… 二一五
赴松江 …… 二一六
偶　成 …… 二一六
張漱芳二首 …… 二一六
弦歌臺懷古 …… 二一七
讀唐書有感 …… 二一七
張　颿二首 …… 二一七
琴　興 …… 二一八
同諸子游山 …… 二一八
張曾徽十五首 …… 二一八
雜　詩　三十首之一 …… 二一九
詠　懷　四十首之五 …… 二一九
蘇門行 …… 二二〇
山中夏夜 …… 二二一
和樊川詠艄翁 …… 二二一
正月五日和方製荷出郭探春原韻 …… 二二二
送姚師洛浙遊 …… 二二二
秋　葉 …… 二二二
冬杪過製荷留飲即席口號索和 …… 二二三
竇將軍 …… 二二三
五月十八日偶成 …… 二二三

張曾虔六首……二二四

放舟金山……二二四

月夜登翠雲樓和吴退庵孝廉韻……二二五

延令東齋同楊翟村話白門山水之游……二二五

十五夜偕陳雲伯江湘亭步月青溪……二二六

夜望翠螺山……二二六

石門寓齋坐雨和四兄訥堂韻……二二七

張曾獻七首……二二七

晨赴麻山夕宿慈濟寺……二二七

晚　泊……二二八

贈江孝子……二二八

舟歸紀程　十首之一……二二八

答六兄蠡秋病中詢病……二二九

歲暮得費二西墉寄留硯齋詩鈔……二二九

試　茶……二三〇

張裕爌二首……二三〇

龔參軍席上賞素心蘭二首之一……二三〇

落　葉　十二首之一……二三一

張裕犖二十八首……二三一

秋　夜……二三一

次韻酬北軒翁……二三二

連日飲東園時牡丹盛開即

事呈宋青立比部德沖司馬 …… 二三三

偶訪來章檢討適瀛可編修石君侍講在坐尋延彬侍講亦至石君索餅大嚼劇談而散用山薑集中移居詩韻奉柬來章并戲石君 …… 二三四

寄懷周宏敷時年七十 …… 二三四

九賢堂文讌詩用坡公清虚堂韻會者長洲座主翰編陳揚對庶常史歷亭中舍周□□上舍何二山王學舒陳百斯劉耕南家冠伯洎予集蔡芳三家時長洲公將假歸 …… 二三五

題高房山山村圖爲汪攻石賦 …… 二三六

招諸同人小集寓齋聽范素書彈琴用欒城集中舟中聽琴韻 …… 二三六

孝女吟 …… 二三七

過鴻臚墨莊翁話舊有作 …… 二三七

邵闇谷招同鶴嶠前輩及同年陳鐵巖汪持齋錢籜石圖裕軒福南岡小集賦詩報謝用家茳亭瓶中丁香詩韻 …… 二三八

小集梁階平寓齋爲持螯之
會因得觀海外近詩走筆
作歌……二三九
春江歸櫂歌送茂恒九叔
還里……二四〇
邗上感懷……二四〇
題五老石刻遺像即次唱和
元韻宋杜祁公輩五人退
老睢陽爲引年之會各賦
七律詩一首並圖其像後
人因勒諸石爲祠祀之今
石刻僅存祠已就傾圮矣
……二四一
雨中小集李郁齋齋頭分
韻……二四一
蕭翁仁丈以上巳一律見示
走筆次韻奉呈……二四二
蘆笋……二四二
和左環溪秋懷……二四二
送石曉堂之城步新任……二四三
送儲梅夫前輩假歸陽羨即
次留別元韻　四首之二……二四三
送馬于野隨舅入蜀……二四四
二月下澣侍直宿梁瑤峰
少宗伯寓園　二首之一……二四四
爲崔浥荷題畫……二四四

送蔣三之官嘉善 四首之一 …… 二四五
雨中集圖學士裕軒郊墅 六首之二 …… 二四五
張裕岱三首 …… 二四五
青蓮寺 …… 二四六
白沙嶺 …… 二四六
謝公嶺 …… 二四六
張元展八首 …… 二四七
雜詩 六首之一 …… 二四七
法源寺看花 …… 二四八
偕同人北墅看花因憶檜軒八兄晉陽 …… 二四八
送楊印薖之武林 二首之一 …… 二四九
悼亡 四首之一 …… 二四九
雨後閒步 …… 二五〇
魚山神女祠 …… 二五〇
春日雜詩 …… 二五〇
張樂二首 …… 二五一
訪山家 …… 二五一
送昺園試金陵 …… 二五一
張讀五一首 …… 二五二
早秋遊谷林寺 …… 二五二
張彩二首 …… 二五二
晚眺 …… 二五二
閨思 …… 二五三
張昭二首 …… 二五三

閒　詠……………………………二五三
竹房曉起…………………………二五四
張　湄一首……………………………二五四
讀　史……………………………二五四
張元禮六首……………………………二五四
秋日遊攝山　二首之一…………二五五
武昌送人歸里……………………二五五
歲　暮……………………………二五五
江上夜感…………………………二五六
秋　河……………………………二五六
莫愁湖櫂歌　四首之一…………二五六
張元茀五首……………………………二五七
春日遊西山………………………二五七
重臺蓮……………………………二五七
龍眠山中…………………………二五八
春閨漫興…………………………二五八
春原曉牧…………………………二五八
張裕勷一首……………………………二五九
由泗郡至天峨　二首之一
　……………………………………二五九
張裕熉十一首…………………………二五九
晚遇左心阮即別…………………二五九
山中秋夕…………………………二六〇
春晚旅懷…………………………二六〇
江口送別…………………………二六〇
柬仲岳……………………………二六一
得家書……………………………二六一
雪後山中懷畫溪…………………二六一

山中夜讀韋詩……二六二
春秋山下人家……二六二
別方雪堂……二六二
題石谷畫……二六三
張梯雲二首……二六三
書　懷……二六三
伯兄令黔中屢勸乞歸不省
近復調劇以詩見招依韻
奉答……二六四
張元襲十首……二六四
雜　詩　三首之一……二六五
擬謝康樂遊山……二六五
秋雨嘆……二六五
食鰣魚……二六六
舒城夜雨……二六七
兩頭纖纖詩……二六七
秋　草　四首之一……二六七
黃鶴樓……二六八
楊香海遷居……二六八
采蓮詞……二六八
張元輿三首……二六九
登北極閣……二六九
南　歸……二六九
春　遊……二七〇
張元僡五首……二七〇
題汪本槐參軍命字圖……二七〇
王二文學饋醉蟹索句……二七一
山城春詞……二七一

張宗岳二首 …… 二七一
漁　家 …… 二七二
暮春偶成 …… 二七二
張元文六首 …… 二七二
秋杪過訪陳蔭嘉書室偶賦 …… 二七二
社　日 …… 二七三
懷同學諸子 …… 二七三
和彭羨和重九前三日飲野人山居韻 …… 二七三
對新燕感賦 …… 二七四
送別周立庵表叔 …… 二七四
張　京二首 …… 二七四
月夜泊榆樹嘴 …… 二七五
喜客至夜話 …… 二七五
張周仲二首 …… 二七五
新秋晚晴 …… 二七六
春　興 …… 二七六
張德用八首 …… 二七六
秋夜偶成 …… 二七七
坐　雪 …… 二七七
過許莊呈三兄　二首之一 …… 二七八
桃　花 …… 二七八
續桃花扇傳奇 …… 二七九
夢姪嶺梅 …… 二七九
秋海棠 …… 二七九
送陳飲和赴金陵 …… 二八〇

張森若一首……二八〇
獨　坐……二八〇
張　鳴三首……二八〇
逐客行……二八一
送顧劍南旋里　四首之一……二八一
早　春……二八二
張斯覺二首……二八二
春日閒步……二八二
過石冠堂……二八三
張應森二首……二八三
醉眠口占……二八三
雄縣聽歌……二八四
張宗幹三首……二八四
白杜鵑花……二八四
龍眠道中……二八五
山前送別圖……二八五
張學奎十八首……二八五
古　意　四首之一……二八六
有　感　二首之一……二八六
醉　吟……二八七
惜陰亭懷古……二八七
泛莫愁湖……二八八
同友人登山……二八八
慰朱芥生……二八九
地藏王……二八九
下九華山……二九〇
近　況……二九〇

自金陵回舟中作……二九〇

落花……二九一

山居偶詠……二九一

夢先子 三首之一……二九二

録別……二九二

上元燈詞 三首之一……二九二

看梅……二九三

純陽道院 六首之一……二九三

張宗輝十首……二九三

訒庵兄就館定遠過余
話別……二九三

聽王曼雲談楊大將軍
遇春事……二九四

和吕幼心明府留別原韻……二九六

登太白樓……二九六

贈許叔翹……二九六

古意……二九七

舟次絶句……二九七

村居……二九七

讀史……二九八

張元麟二首……二九八

宿準提閣……二九八

將之粤留別諸友……二九九

張聰咸三十二首……二九九

勵志詩 十七首之一……三〇〇

山居……三〇一

九日偕馬水部元伯姚庶常
价人左廣文欽敡徐水部

詠之徐孝廉六驤光比部聿原胡庶常小東内兄姚編修伯昂舍弟介淳孝廉同過黑窑廠因憶劉明東姚石甫……三〇一
春暮阮芸臺閣部招同王伯升學士胡墨莊編修郝蘭皐農部紫藤花下叙飲……三〇二
上巳日偕徐樗亭馬北顧馬元伯徐詠之姚幼椿胡小東遊釣魚臺……三〇二
徐六驤詠之胡小東攜果饌問余疾成此報之……三〇三

寄懷劉明東……三〇三
慎旃行送族兄相如歸省……三〇四
懷太倉蕭子山明經……三〇五
舟行高郵……三〇六
舟行江口……三〇六
遊西山宿圓照寺贈普雲上人……三〇七
枯樹……三〇八
酬石甫九月晦日登西山作……三〇八
與諸子紅藤巖登高……三〇八
江上喜逢徐六驤……三〇九
舟過蕪湖……三〇九
海樓夜望……三〇九

贈金壇段一丈玉裁……三一〇
徐六驤將南歸賦別……三一〇
贈呂幼心明府……三一一
過萬柳堂酬姚幼楮……三一一
奉姚夢穀先生三十韻……三一一
遥夜……三一二
白下送朱芥生……三一三
姑蘇舟中……三一三
李效曾使山陰……三一三
張鈞一首……三一三
落花和韻 二十首之一……三一四
張萬年四首……三一四
送胡小東歸省……三一四
九日偕方漱六姚紱卿馬伯顧城南訪菊……三一五
龍江關曉發……三一五
秦淮水榭誌感 五首之一……三一五
張綸翰三首……三一六
登四望山……三一六
遊龍眠別峰庵……三一六
龍山訪友人……三一七

卷二十四上

方林昌 吴福崇
張勳 蘇求莊 同校

馬孟禎一首……三一八
示學者……三二〇
馬懋功十五首……三二〇

宿阮堅之太守山莊……三二一
對月遣興……三二一
寫憤……三二二
送吴孝廉入蜀……三二二
送瞿給事……三二三
經國……三二三
懷楊機部編修……三二三
久不得故園消息……三二四
關中……三二四
悼盧督師……三二五
書事二首……三二五
送孫尚書督師出關……三二六
周農父鄧柬之見過……三二六
入都途中有感……三二六

馬懋勳三首……三二七

寄友人……三二七
卜居……三二七
山行……三二八

馬懋德四首……三二八

憶同門諸子……三二八
宿友人宅……三二九
喜孔璋歸……三二九
夜思……三二九

馬之瑜十首……三三〇

寄諸同學……三三〇
武昌將軍行……三三一
九日書感……三三二
督軍……三三二

哀江南……三三二
新春感事……三三三
半世……三三三
次韻錢唐懷古……三三三
遣愁……三三四
馬之璋五首……三三四
追悼同歲阮實甫夏元夫……三三四
過燕子磯……三三五
當時……三三五
吊古……三三五
暮歸君璧兄草堂有作……三三六
馬之瑛八十四首……三三六
憶蔡芝生因悼王永錫皆予
同門友……三三七
出塞行……三三八
贈程丈……三三八
書情……三三九
感遇……三三九
少年行……三四〇
方濳夫先生山莊……三四〇
山居行……三四一
寒蠅……三四一
農家……三四二
喜聞方密之至匡山……三四二
雙柏……三四三
稅穀行……三四三
示桂氏……三四四
擬塞上曲……三四五

雨　中……三四五
讀高達夫詩……三四六
詠　燕……三四六
定陶小邑人易爲豪成賦額畝不知自何年隱千七百餘頃額不可少乃加賦小民曰均實不均也予力釐之仿古井田法引繩丈算隱者盡首實所虛加者可削矣數年後能無復去其籍者乎爲之愾然曰吾以盡吾心已爾……三四七
招　友……三四八
送　友……三四八
寄和友人……三四九
懷陳同文並寄張田中舊尹……三五〇
過秋浦追悼胡文瑜……三五〇
招友飲……三五一
步　月……三五一
罷　言……三五一
答無可……三五二
放　歌……三五三
宿田莊……三五三
山　行……三五四
哭馮夫子……三五四
示　客……三五四
獨　酌……三五五

與劉臣向飲……三五五
王丈以生魚見貽便留
　小酌……三五五
寄枚及……三五六
贈姚休那……三五六
寄來元成……三五七
登北山……三五七
野次獨步……三五七
旅中送爾止返京口……三五八
送錢周臣授經因憶
　先業師……三五八
答吴士新……三五九
葺　舍……三五九
贈許參戎……三五九
贈歐陽參戎……三六〇
憶友白下……三六〇
追　感……三六一
記　聞　十六首之三……三六一
漫　興……三六二
雜　感……三六二
感　作……三六三
金陵懷古……三六三
金陵感懷……三六四
呈　客……三六五
寄左三山侍御……三六五
懷包長明……三六五
懷王直臣……三六六
會稽沈湯日見訪信宿便别

詩以贈之……三六六
過張子猷舊居……三六七
與孫儀之飲次成……三六七
懷龔孟章……三六七
與碩人簡之飲……三六八
東白門……三六八
山晚投宿……三六八
辭辟上馬督府……三六九
憶止安……三六九
期遊……三六九
有感……三七〇
武帝……三七一
李陵……三七一
舟行 四首之一……三七一
閨詞……三七二
過半鋪……三七二
戲贈醫者……三七二
即事……三七三
馬之瓊十首……三七三
送伯兄正誼之官陽江……三七三
舟次有述……三七四
返里三首……三七四
海內……三七五
宿君璧兄草堂因贈……三七五
寄伯兄 二首之一……三七六
哭從兄文海君啟 二首之一……三七六
馬之璜一首……三七六

呈正誼兄……三七七
馬敬思四十四首……三七七
閨情……三七八
寄遠……三七八
龍眠行贈王山人……三七九
寄遠曲……三七九
贈張子千……三八〇
贈許逸人……三八〇
閨情……三八一
田家……三八一
雨中喜三弟歸里……三八二
舟泊蕪湖……三八二
同祝山如遊龍井訪竺公因
宿其蘭若……三八三
江行即景限青字……三八三
南塘……三八四
江頭對月……三八四
隔水……三八四
題陳隱士山居……三八五
李仲山至……三八五
少年行贈友人……三八六
署中別弟……三八六
訪李當衡……三八七
讀史……三八七
晚眺……三八八
秋風……三八八
江行同二弟分韻……三八九
贈友人納姬……三八九

喜晤愚公禹公兩舍弟 …… 三八九
晤前内相徐許二君感賦 … 三九〇
贈起文上人 ………… 三九〇
過友人别業 ………… 三九〇
江上同人飲酒肆 …… 三九一
送姚彦昭訪何道岑黄州 … 三九一
重陽前一日登投子山 …… 三九二
秋日懷姚彦昭楚游 …… 三九二
祝山如席上仝錢飲光先生
夜酌 ………… 三九二
得方爾止先生書 …… 三九三
舟中即景 ………… 三九三
梅花詩和祝山如二首 …… 三九四
偶憶 ………… 三九四
可歎 ………… 三九五
宫怨 ………… 三九五
春思 ………… 三九五
蕪關 ………… 三九六
清明哭亡弟禹公 …… 三九六

馬孝思二十首 ………… 三九六

雜詠 ………… 三九七
遊碾玉峽懷外舅方淼山
先生 ………… 三九八
陶丘清明 ………… 三九八
錦瑟 ………… 三九九
江寧集淼山草堂 …… 三九九
晚宿村莊 ………… 四〇〇
抵定陶 ………… 四〇〇

抵署數日遣力南歸二首 …… 四〇〇
九月初七日作 …… 四〇一
出署 …… 四〇一
春日友人邀遊西園兼懷其主人北上 …… 四〇二
哭外舅方龠山先生 …… 四〇二
抵署 …… 四〇三
先嚴靈櫬南歸示四弟臨公 …… 四〇三
夏日冒雨遊龍眠別業 …… 四〇四
初度感懷 …… 四〇四
左丈霜鶴招予與方素伯入龍眠俱不果往 …… 四〇五
七夕 …… 四〇五

馬繼融二十首 …… 四〇五
拖板橋訪胡星卿君渥不遇 …… 四〇六
玉屏庵恭閱先王父爲先曾祖妣包淑人手寫血經 …… 四〇七
偕戴蜀客舍弟西屏姪瞿士紹平南叔小飲郭外 …… 四〇七
姚舍雅招同舍姪少游伯逢仲昭飲長松閣 …… 四〇七
人日遊碾玉峽 …… 四〇八
過勳公弟懷亭 …… 四〇八
姪少游攜婦之吴門省其外舅 …… 四〇九
重陽前一日同人集王蒿伊

欒城縣齋……四〇九
雨中飲姚羹湖泳園……四〇九
暑窗伏枕步范同人韻……四一〇
途中望某氏園林……四一〇
丁未人日……四一〇
有感……四一一
春草 四首之一……四一一
展先曾祖墓作……四一一
舫齋漫興……四一二
竹枝詞……四一二

馬教思十首……四一二

皖江送李子……四一三
姊氏蒙恩旌閭……四一四
登張瑤星松風閣……四一五
浴佛日長干寺作……四一五
中秋待月適值秋分漫詠……四一五
立春前二日遊磯玉峽……四一六
渡河……四一六
立秋夜坐……四一六
同人龍泉寺小集……四一七
送家兄舫齋歸里……四一七

馬國志十首……四一七

夜入樅陽江口……四一八
曉發寄姚彥昭……四一八
宿湖上草堂呈從伯……四一九
雨泊……四一九
宿白雲庵……四一九
懷族弟江村……四二〇

南郊陳氏精舍……四二〇
懷舍弟執公山中……四二〇
馬日思十首……四二一
古　歌……四二一
答友人山中……四二一
詠　柏……四二二
除夕同家兄愚公懷家大人作……四二二
喜伯兄一公即至……四二三
秦淮吊古　二首之一……四二三
沈石田桃源圖卷子……四二三
與李仲山夜話　二首之一……四二四
懷從伯君璧先生……四二四
馬方思十首……四二四
與家姊談次感賦……四二五
贈程叟……四二五
家大人北上……四二六
贈汪雨若……四二六
金陵暮雨……四二六
過方明農先生賦贈……四二七
懷三兄金陵……四二七
讀　史……四二八
馬書思三首……四二八
春　書……四二八
待　友……四二九
野　望……四二九
馬　雲五首……四二九

雪 …… 四三〇
浴罷 …… 四三〇
村居 …… 四三〇
送張季申赴江西學使幕 …… 四三一
題范百高秋興詩後 …… 四三一
馬鳳翥二十八首 …… 四三一
甘露蘭若初成宗尚上人
招集茶話 …… 四三二
程松皋招飲北郊分韻時
同集者三十六人 …… 四三二
鄉人贈石 …… 四三三
公子行送楊爾有之光山 …… 四三三
謝睡翁贈芝 …… 四三四
過茲園 …… 四三四
和方玫士源莊元韻 四首
之一 …… 四三五
張我思偕吴冰持枉顧
東皋 …… 四三五
壽江磊齋大參八十 六首
之一 …… 四三五
秋日過玉屏庵贈雪印上人 …… 四三六
方竹杖蜀産也何古田寄自
白下睹茲故物不禁愴然 …… 四三六
汪快士談黃山之勝 …… 四三六
松雲新葺客舍三間諸子以
其似舫予因戲題 …… 四三七

遊披雪洞……四三七
嘉平二日社集值姚鸞伯將有遠行詩以送之……四三七
姚聚山自江右歸里復送之楚……四三八
題張羲陽道院……四三八
訪張紫瀾因至讀易樓遠峰亭有作……四三八
送姚帶河之上猶……四三九
鶴洲過復初堂小飲即事得詩……四三九
謝端本作畫……四四〇
聽鶴洲誦落齒詩因和其韻……四四〇
江雒符將之長安枉過草堂因留同睡公茶話……四四〇
移菊次睡公原韻……四四一
種菜和相如姪……四四一
憶我思東皋……四四二
馬庶十首……四四二
玉屏精舍夜坐……四四二
漫詠……四四三
宿左霜鶴先生山居用少陵遊何將軍園林韻 十首之六……四四三
皖郊晚眺……四四四
關山行旅圖……四四四
馬袓五首……四四五

懷虛舟弟入蜀……四四五

觀李石逋畫竹……四四五

送姚鸞伯之杭州……四四六

送千仞弟之西江……四四六

春日……四四六

馬霄 四首……四四七

羊城懷古……四四七

馬源 十二首……四四八

檢校荒庭移樹買石 八首選五……四四八

太霞宫賑粥即事 六首之一……四四九

歸興 四首之一……四四九

茲園十詠 選四……四五〇

馬颺 三首……四五〇

東皋小飲贈張我思……四五一

怡園讌集……四五一

卷二十四下

孫長壽 吴心鑑 姚濬昌 張開甲 同校

馬霳 十二首……四五二

放魚行……四五二

沙縣道中……四五三

方位齋仲太守招同人登雲驤閣 二首之一……四五三

由甯化放舟宿清流過九龍抵永安漫紀 四首之三……四五四

由永安至延平水口作……四五四
八月梅花和任茹庭……四五五
乙酉新正四日弋陽放舟泊
黄沙港……四五五
入鉛山……四五五
鉛山縣齋與蔣定三遠明府
夜話……四五六
贈建安潘撝庵英明府……四五六

馬蕃九首……四五六
惜落花……四五七
晚眺……四五七
過三静庵……四五八
暮歸……四五八
贈日者張山人……四五八
姚敏仲諸子見過小集……四五九
蚤發……四五九
贈筠翁上人……四六〇

馬潛十首……四六〇
朔風歌寄和修……四六一
步月……四六一
金斗喜晤咸九……四六一
漫興 八首之一……四六二
觸目……四六二
送張鶴田司諭臨淮……四六二
即席送藻如南海柷如
西江之役……四六三
嗚砌泉 清聚山房十八首
之一……四六三

棠梨舖贈僧清蓮……四六三
黃安道中……四六四
馬　祜六首……四六四
玉屏山寺……四六五
同馥賢看月作……四六五
過程氏山居……四六五
蜻　蜓……四六六
雪中尋梅……四六六
相如入都過邗江旅舍……四六六
馬元文一首……四六七
夜歸江村……四六七
馬楓臣一首……四六七
夏夜喜晴……四六八
馬鳴鑾二首……四六八
野　宿……四六八
山中早起……四六九
馬樸臣三十八首……四六九
狂金歌爲金晴村作……四七〇
柬江研瀾……四七二
贈同年鄂休如太史……四七三
晚　泊……四七四
客枕不寐……四七四
漁　別裁集選……四七四
張宗伯亦病復用前韻索和……四七五
金陵感懷……四七五
抵泗安……四七六
蘭亭小集留別越社諸子……四七六

同左湛含倪斯喤方南堂倪青渠飲姚道沖書屋時諸人皆有四方之遊……四七六
書懷……四七七
灘行……四七七
七夕……四七七
秦淮水閣醉題 別裁集選……四七八
揚州題天甯寺壁……四七八
運使盧雅雨有塞上之行把晤于思山宗弟旅寓明日別去詩以懷之……四七九
偕石東村李梅山葉花南姚三崧張韓起王仲函姚南青湯碩存遊京師王園……四七九
退直有作……四七九
題姚小合落花芳草小照……四八〇
聞方南堂復生女詩以慰之……四八〇
宗弟思山歿京邸孀婦遠在秦中盧雅雨塞外遥哭以詩不遠寄予因和其韻……四八〇
言懷用秋字韻……四八一
懷沈可山……四八一
舟泊吴興遇來位上人得韓詩申馮景吴消息……四八一
楓橋夜泊……四八二
度歲高雲静空同紅薑上人

作 五首之二 …… 四八二

同石庭上人過錢可高鍊師參悟壇茗話竟日 …… 四八二

紅綾橋即事 …… 四八三

曉起覽鏡見白髮 …… 四八三

作家書感賦 …… 四八三

春閨 …… 四八四

馬棠臣一首 …… 四八四

來鶴 …… 四八四

馬棻臣三首 …… 四八五

飲倚嵐軒和家兄相如 …… 四八五

海棠巢 兹園十詠之一 …… 四八六

折枝花 …… 四八六

馬縠臣一首 …… 四八六

雨夜 …… 四八六

馬耜臣五首 …… 四八七

別梅 …… 四八七

晚泊銅陵 …… 四八七

新笋 …… 四八八

新燕 …… 四八八

漫興 二首之一 …… 四八八

馬一鳴四首 …… 四八九

憶友人 …… 四八九

杭州詠古 四首之二 …… 四八九

冬夜鈔書 …… 四九〇

馬蘇臣二十四首 …… 四九〇

送姚石久觀察入山時余方出遊臨別賦詩以堅其志

……………………………………四九一
斷針吟……………………………四九一
玉玲瓏歌…………………………四九二
將之滇南舟泊皖江四弟枚臣
來別………………………………四九二
月夜泊洞庭湖口…………………四九三
月夜泊龍陽胡環隅載酒來
晤…………………………………四九三
郊居二首…………………………四九三
桃　源……………………………四九四
两過秀水皆不得泊却寄
張韓起……………………………四九四
九日歐舫蛟門小集………………四九五
莪溪同歐舫………………………四九五
方芧川阻雪未歸魯祺小集
王雪蕉齋中示芧川………………四九五
棉花詞……………………………四九六
常德易船　四首之二……………四九六
滇黔途中口號　十二首之二
……………………………………四九六
偕觀補亭德蘊玉諾遜齋
下榻延禧寺………………………四九七
汪春泉納第三姬…………………四九七
張个亭邀同歐舫觀野巖
看桃花　四首之一………………四九七
馬庸德五首………………………四九八
獨　居……………………………四九八
宿棲雲閣…………………………四九八

月夜招友人……四九九
除夕……四九九
喜晤族兄馥賢……四九九
馬枚臣五首……五〇〇
憶梅……五〇〇
遇梅……五〇〇
九兄季常自榆林至京師別二十年矣相見感賦……五〇一
懷十三兄湘靈……五〇一
樅陽寓樓……五〇一
馬翮飛九首……五〇二
月夜至玉屏庵……五〇三
暮春書懷……五〇三
黄梅山寺夕坐……五〇四
送劉敬齋歸里……五〇四
曉發三山……五〇四
懷吴處士西湖……五〇五
阻風……五〇五
太白樓……五〇六
晚泊……五〇六
馬燧一首……五〇六
寒夜寄家書作……五〇七
馬騰元三首……五〇七
懷仲弟川中……五〇七
對月……五〇八
贈程芳溪……五〇八
馬鵬飛七首……五〇八
章江舟次……五〇九

玉屏蘭若小集……五〇九
浮　山……五一〇
倪司城寄示近詩有贈……五一〇
潤州江樓……五一〇
洛陽道中……五一一
江　行……五一一
馬澤三首……五一一
酒　狂……五一二
釣　翁……五一二
俠　客……五一二
馬變二首……五一三
皖江謁余忠宣公墓……五一三
湖　上……五一三
馬澄一首……五一三
玉屏山寺即事……五一四
馬濂四首……五一四
晨起對雨……五一五
左一青仲孚姚姬傳見過夜話用歐陽永叔與梅聖俞會飲詩韻……五一五
浮　山　十六詠之二……五一六
馬春生十首……五一六
雜　詩……五一七
夏曉東亭懷諟伊……五一七
校録先子遺書謹述……五一八
謝張鏡蟄贊善贈畫……五一八
舟次遇陳立山即別……五一九
獨　坐……五一九

曉發瓜洲……五一九
偕諟伊踏青北墅時諟伊將
有西江之行……五二〇
渡　江……五二〇
馬岑樓三首……五二〇
柬姚筠度……五二一
呼鷹臺……五二一
米芾祠……五二一
馬春福二首……五二二
晚　涼……五二二
病中感懷……五二二
馬春儀一首……五二三
落　花　四首之一……五二三
馬　岳四首……五二三
偕張魯堂光實君郊行因懷
石雨香……五二四
喜事疇兄見訪玉屏精舍……五二四
夏日讀書玉屏庵　四首之一……五二四
田　歌　二首之一……五二五
馬春田四十六首……五二五
讀循吏酷吏傳……五二六
瞻園夜月懷黃書厓杭州……五二六
游獅子林……五二七
抱甕園玩月和孫香泉……五二七
五月八日南樓賞月……五二八
買女行……五二八
丙午二月七日雨登焦山……五二九

游攝山和楊羲山 …… 五三〇
金秋墅天空海闊圖 …… 五三〇
北來憂予太瘦詩以曉之 …… 五三一
甲子四月二十五日行可邀
同惜抱石門沖觀瀑 …… 五三二
九月十六日夜同姪北萊
姪孫肇元樹章觀野巖
看月 …… 五三二
次袁春圃方伯鑒隱仙庵
賞桂聽琴韻 …… 五三三
除夕 …… 五三四
陳東浦方伯邀同人瞻園
宴集和袁香亭韻
八首之一 …… 五三四
六月十五日夜上北樓 …… 五三四
謝蒼筤寄遊燕子磯詩
答之 …… 五三五
毛俟園邀同人隱仙庵宴集
和姚姬傳 …… 五三五
秋夜懷漱六 …… 五三五
巢縣道中 …… 五三六
江行 …… 五三六
重游靈巖寺 …… 五三六
述懷 …… 五三七
陳董庵受培由廣文遷貴池
丞郎君鑾綺歲能文賦
贈 …… 五三七
偕姚惜抱登大觀亭 …… 五三七

辛酉重九荆養中邀同惜抱
登迎江寺……五三八
寄懷暉如弟祁門……五三八
雨中登北樓作……五三八
九月二十二日游雙谿次
惜抱韻……五三九
雪夜寫東坡集查注入施
注本……五三九
重登北樓……五三九
漱六七十初度……五四〇
五月七日夕坐……五四〇
述懷……五四〇
九月二十二日作……五四一
寄惜抱……五四一
却是……五四二
送將……五四二
嘉興道中……五四二
自嘲……五四三
秋卉圖……五四三
漫興……五四三
惜抱軒詩集……五四四
寄熊藕頤……五四四
馬春長七首……五四四
望洞庭山作……五四四
狼山觀海……五四五
晚自瓜洲放舟至揚州作……五四五
曉行兗州道中……五四六
題山家壁……五四六

秦淮雨中……五四六
鎮　江……五四七
馬登賢七首……五四七
贈姚香甦……五四七
同人遊西郊……五四八
答友人……五四八
張勛堂明府招飲賞菊……五四八
解組留别諸子……五四九
赴祁門道中寄雨耕兄……五四九
戲題學廨……五四九
馬嗣緗二首……五五〇
途　次……五五〇
飲友人宅……五五〇
馬維瑗一首……五五一
登莘城……五五一
馬春芳一首……五五一
送三弟之大梁……五五二
馬庭芬三首……五五二
遊靈泉寺……五五二
春日訪友人山居……五五三
訪張處士不遇……五五三
馬惟醇二首……五五三
杜　鵑……五五四
送李孝廉……五五四
馬維璜二首……五五四
臨漳懷古……五五四
赴閬中任……五五五
馬　瀤一首……五五五

白　鷹……五五五

馬宗璉二十首……五五六

九月六日由崇效寺看菊登
陶然亭晚眺……五五六
與左良宇叔固方展卿登
宋家嶺暢覽龍眠山色……五五七
送朱習之歸大興……五五七
嶧縣道中……五五八
灘頭鎮古廟……五五八
舟中曉起懷阮芸臺李許齋
兩同年……五五九
豐城阻風懷王椒畦同年……五五九
滕縣道中早行……五五九
晚行山村懷王椒畦兼寄
張船山檢討……五六〇
懷張鹿樵……五六〇
雪夜懷侯貞友孫平叔許周
生顧晴芬……五六〇
漢陰平道中懷阮伯元
吉士……五六一
送孫覺才歸無錫……五六一
宿　遷……五六一
懷疏晴墅……五六二
寄孫淵如蕺山書院……五六二
讀元遺山集……五六二
送王伯申典試貴州　二首
之一……五六三
贈葉華巖曾咸池陳函軒

還閩……五六三
山谷祠　三首之一……五六三
馬　湄三首……五六四
山行……五六四
過張任偶北園……五六四
春日偶成……五六五
馬宗輝二首……五六五
山行……五六五
散步……五六六
馬　梁一首……五六六
蘭……五六六
馬鼎梅三十五首……五六七
雜詩　四首之三……五六七
讀書……五六八
偶成……五六九
雜詩……五六九
送夏碧巖歸松江……五七〇
送別鄒春園……五七一
送周修齋北上……五七一
舟中對月……五七二
野岸……五七二
容州雜詩　六首之一……五七二
南中　六首之一……五七三
夜過清遠……五七三
入峽……五七三
呈那繹堂制府　四首選三……五七四
西江道中別嚴樂園太守

陳曼生周保之明府……五七四
望湖亭登眺……五七五
九日江村小飲……五七五
望衡山……五七五
過寶華山隱龍祠謁明建文
帝遺像……五七六
送別姚實素八兄後寄此……五七六
送別葉香亭……五七七
羊城竹枝詞 十首之一……五七七
題　畫……五七七
夜　坐……五七八
龍眠冶春詞 十首之一……五七八
馬良輔一首……五七八
寄陳虹江觀察……五七九
馬用章九首……五七九
懷朱蘿石……五七九
葑谿晚眺……五八〇
秋　柳……五八〇
谿上步月懷玉樵……五八〇
懷從兄公實汝南……五八一
滄浪亭……五八一
望金山……五八一
南屏晚眺……五八二
華佗廟……五八二

卷二十一

蘇惇元　馬起泰　王　檝　同校

張淳一首

張淳　字希古，號懷琴，隆慶戊辰進士，官陝西布政使、參政。明史循吏傳：『由進士授永康知縣，閱案牘剖決如流。凡赴控即示審期，片晷分析無留滯，鄉民裹飯一包，即可畢訟，因呼爲「張一包」。以計獲巨盜盧十八。去永日已就車，猶獲巨盜於河干，擢禮部主事，歷知建甯府，終陝西參政。』江南通志：『淳令永康，舉治行第一。官儀曹郎，時居正母喪，淳不往吊，謝病歸。』張文端公篤素堂集：『張氏之先自豫章徙桐，至六世曾王父懷琴公成進士，歷官大中大夫、陝西左參政。初令永康，爲循良第一。所至有廉能聲，至今咸尸祝焉。』

石洞　金華府志

山中無俗事，洞裏更清幽。何代高人隱，遐蹤今尚留。碧天明遠岫，疏木繞寒流。一坐澄心慮，因思歲晚謀。

張秉文十三首

張秉文 字含之，號鍾陽，萬曆庚戌進士，官山東左布政，殉節卒，贈太常卿，有楚草、閩草諸稿。明史本傳：『萬曆三十八年進士，歷福建右參政，與平海寇李魁奇。崇禎中歷廣東按察使，調山東左布政。十一年，大兵自畿輔南下，巡按御史宋學朱方行部章邱，聞警馳還，與秉文守城，連章告急，嗣昌無以應，中官高起潛擁重兵臨清不救。大兵臨濟南，城潰，秉文死之，事聞贈太常卿。』

通鑑輯覽：『十一年九月，大兵下畿輔四十八城，遂自德州圍濟南。布政使張秉文及副使等分門死守，晝夜不解甲，援兵竟無至者。及城潰，秉文巷戰，被箭，力不支，死。妻方、妾陳，俱投大明湖死。』欽定勝朝殉節諸臣録：『通謚忠節諸臣，山東左布政張秉文，桐城人，濟南城潰，戰死。』姚惜抱集張公祠碑：『公守濟南，以援絶，力盡戰死。妻方妾陳從死，果義彰於一家，忠烈光於國史。吾鄉當明萬曆中，公及左忠毅公，以丁未、庚戌相繼成進士，而皆死於忠藎，故世言吾鄉人物風節之美也。』潘蜀藻曰：『公由户部出知撫州，歷任江、楚、閩、粤，居官清惠，所至見思。在粤平海寇李之奇等，功尤最。己卯之難，奉書太恭人，有「身爲大臣，自當死於封疆」之語。其爲詩幽逸清遠，與鍾退谷、陸景鄴諸人相唱和。」

舟中阻雨

一櫂[一]泝空明，榜人争荷笠。寒雨響蒹葭，浩浩水聲急。怪石奔怒[二]猊，拏攫向人立。舟師駭經過，得失懸呼吸。風緊客衣單，竈冷晨炊濕。撫景百慮煎，勞生嗟靡及。漁燈照遠浦，望望漾舟入。殘夢續烟霞，暫同鷗鳥集。

校記：〔一〕「櫂」，龍眠風雅作「艇」。〔二〕「怒」，龍眠風雅作「渴」。

驚白髮

清晨起梳頭，髮短不堪櫛。少婦從旁窺，星星時間出。當時美好人，面肥髮如漆。風霜換朱顏，盼往猶昨日。名法易疢慼[一]，防身苦不密。安能染髭鬚[二]，徒工媚人術。山雉息丘樊，飲啄全生吉。免官豈待年，萬事良已悉。亮無金石固，起視歸雲疾。

讀此詩，則公固素有退隱之志。卒之遭值事變，矢節殉身。莊生之嘆被繡，楚老之惜明膏，古今同慨。

校記：〔一〕『疚愆』，龍眠風雅作『生疚』。〔二〕『髭鬚』，龍眠風雅作『鬚髭』。

出郭望峴山

遠城灩灩波紋沘，十里香風散蓮子。芡盤細縐跳雨珠，爛漫紅蕖嬌莫比。隔堤一抹峴峰青，秋净餘〔一〕霞弄餘綺。青山無恙閱人多，羊公去後龜苔紫。此日來遊淚已乾，百年誰信魂遊此。鴨頭江緑潑新醅，如澠酒熟宜城美。暫留鴻爪印寒沙，且煮鯿羹蓴活水。不須回首恨無聞，今古銷沉夕陽裏。

校記：〔一〕『餘』，龍眠風雅作『雲』。

席上醉歌贈孫子長

昔時長安聚知己，二三兄弟交如水。翁生陸沉金馬門，往往逃名酒杯裏。李生磊落性難馴，掀髯如戟坐中起。自言經術能致身，丈夫不向兒女死。惟君淡泊性寡營，静對琴書一室清。予時衆中推最少，共許聰明畏後生。荏苒風塵牛馬走，屈指幾人名不朽。嗚呼翁李相繼亡，吏績〔一〕悠悠寄人口。君亦倦羽擇幽棲，泌水衡門聊樂饑。藥欄唼唼禽聲合，花徑青青荔子垂。愧予一官徒小草，何意閩遊續舊好。相憐死者不復生，可惜生者亦俱老。憶昨挾策〔二〕入皇州，清時人物偏風流。經過絲竹陶情地，寂寞當年舊酒樓。

低徊今昔，俯仰情深。其音律節奏無意仿古，而自與古合。

校記：〔一〕『績』，龍眠風雅作『迹』。〔二〕『挾策』，龍眠風雅作『策馬』。

郊　行

野望青難了，長堤樹色連。馬聲留去路，鶯語入新年。雨足田家喜，風暄牧豎眠。留心爲客盡，惆悵落花前。

茶洋夜泊

荒驛停孤棹，遥村接暮烟。湖寬全受月，窗小半窺天。溷酒蠅無賴，欺燈蛾可憐。清光盈一水，流恨此年年。

登聖因寺

平郊芳草合，春水自潺湲。尋寺不知遠，逢僧相對閒。牆花分半面，螺嶂出雙鬟。如此清幽〔一〕地，何妨日扣關。

校記：〔一〕『清幽』，龍眠風雅作『幽清』。

遊白鶴山

徙倚高原上，茅亭駐夕曛。寒泉長浴日，絶壑欲吞雲。客至分林影，僧眠下鹿群。隔溪山響急，落葉已紛紛。

雜　感

蕭然巾舄對閒門，丘壑姿生物態繁。風裊茶烟穿薜徑〔一〕，石喧泉溜潤〔二〕松根。春波曉漲[三]添魚子，微雨宵零[四]長竹孫。不用逃名成吏隱[五]，眼前山水亦清魂。

五、六寫物候，極其天趣，與山谷「河天月暈分魚子，槲葉風微養鹿茸」，異曲同工。

校記：〔一〕「穿薜徑」，龍眠風雅作「來竹外」。〔二〕「潤」，龍眠風雅作「過」。〔三〕「春波曉漲」，龍眠風雅作「煖波春漲」。〔四〕「零」，龍眠風雅作「沾」。〔五〕「吏隱」，龍眠風雅作「隱吏」。

秋夜對月

嫋嫋秋風入耳清，空庭初見月輪盈。松枝淡寫交加影，竹葉微乾欲脱聲。童向花茵成夢寐，客同露坐説平生。夜涼無數殘砧起，千里嬋娟共此情。

訪客黄華山中

小築穿雲事事幽，人間丘壑已全收。秋花落處香成徑，夜雨鳴時聲滿樓。品石群峰題[一]甲乙，著書一榻换春秋。分君清景無多日，自笑餘[二]生愧白鷗。

校記：〔一〕「題」，龍眠風雅作「分」。〔二〕「餘」，龍眠風雅作「殘」。

和内子九日登樓作

閒倚危樓看遠峰，鱗鱗丹雉間青松。稚兒初習階前步，病婦新蘇鏡裏容。碧水跳珠秋浪重，青山潑墨暮烟濃。黄花歲歲知誰健，泥飲擎杯到曉鐘。

皆響亭獨坐

寥落天涯客思綿，葳蕤芳草報新年。漸驚白髮堂堂至，敢羡青雲步步先。細雨鳥啼芳樹外，斜陽人静落花前。故園隔歲無消息，坐領春風倍黯然。

張秉成二首

張秉成　字欽之，淳孫，崇禎間歲貢生，有學未草。

逢野老

偶逢野老[一]日將斜，笑指前村是我家。春罷新秔堪作飯，汲來活水便烹茶。開門翠借群峰色，掃徑風來隔岸花。草榻齁齁新月上，且同兒女話桑麻。

校記：[一]『老』，龍眠風雅作『叟』。

篔園懷陳文若

俠骨陵千秋，山川供爾傲。爲看日暮雲，空傍竹籬笑。

張秉彝一首

張秉彝 字孩之，號拙庵，崇禎間考授通判，子英貴，贈如其官。潘木厓曰：『公事二親婉容愉色，訓子弟以淳謹，勿分外營求。歲饑爲糜粥於衢，以食飢人，全活甚眾，鄉里德之。』

讀春陵行有感作苦桐吟

天高未云高，聽我苦桐吟。甲戌亂民起，乙亥賊騎横。殺人如刈草，百里不聞聲。四郊盡焚掠，巋然峙孤城。連綿十五載，無歲不稱兵。少壯離鄉國，老弱填溝塍。青燐飛燿燿〔一〕，白骨積嶙峋。死者既不甦，生者胥〔二〕惸惸。異地不我顧，愀然還〔三〕舊村。歸來望城郭，涕淚滿衣巾。相逢皆鵠面，話久始知名。親朋知〔四〕有幾，十室九伶仃。野葛蔓路〔五〕井，落日照山墳。資生乏長策，努力事躬耕。青苗未覘土，符牒躡我門。官司教頻下，三税一時並。豪吏猛如虎，鷄犬那得存〔六〕。鬻婦免搒掠〔七〕，含悽未忍云。得錢未〔八〕到手，瓶罍依然傾。富人糶新穀，穀賤價徒〔九〕輕。嗟此中澤鴻，嗷嗷向誰陳？豈無樂生願〔十〕，煢獨非其人。欲言不盡意，請讀春陵行。

一往有古質之致，亦次山春陵之遺也。

校記：〔一〕「飛燿燿」，龍眠風雅作「遍原野」。〔二〕「胥」，龍眠風雅作「更」。〔三〕「還」，龍眠風雅作「懷」。〔四〕「知」，龍眠風雅作「寧」。〔五〕「路」，龍眠風雅作「露」。〔六〕「存」，龍眠風雅作「有」。〔七〕「掠」，龍眠風雅作「笞」。〔八〕「未」，龍眠風雅作「不」。〔九〕「徒」，龍眠風雅作「人」。此句下龍眠風雅有『銀鉛互雜沓，還將活火烹。烹來減其半，捫胸自酸辛。猶慮生嗔怒，斂錢丐要津。』〔十〕『樂生願』，龍眠風雅作『歡樂家』。

張秉哲十一首

張秉哲 字濬之，號蔚庵，順治甲午舉人，有菁園詩集。

詠史

士惟無忮求，安往非天真。所以羊裘子，終爲王朝賓。太史占客宿，上云吾故人。歸作富春叟，翻笑渭濱臣。桐江千載水，烟雨留絲〔一〕綸。

士無忮求，雖匹夫可傲帝王，子陵之下視漢廷公卿，固非别具異操也。

泜水斬陳餘，聞者皆泣血。壯士死何嘗，所傷交道滅。在昔何歡娛〔二〕，一旦〔三〕乃摧折。人事豈無端〔四〕，禍自刎頸決。相誓至〔五〕死生，忠盡情已竭。所以古君子，交淡情彌切。殷勤豈不歡，密交〔六〕悲晚節。

竭情盡歡，便成凶隙。陳古戒今，可作箴銘。

長沙謫少年〔七〕，古今爲失色。世稱王佐才，所言在變革。漢道方全盛，孝文亦盛德。致治貴和平，安用長嘆〔八〕息。猶幸絳灌儔，排之不遺力。假令用斯人，紛更將滋惑。

賈生自非荆、舒之比，然治安所陳，半亦失之激烈，此易之所謂「浚恒」也。

校記：〔一〕「留絲」，龍眠風雅作「颺經」。〔二〕「歡娱」，龍眠風雅作「交歡」。〔三〕「一旦」，龍眠風雅作「今兹」。〔四〕「人事」句，龍眠風雅作「我來一憑吊」。〔五〕「至」，龍眠風雅作「共」。〔六〕「密交」，龍眠風雅作「翻覆」。〔七〕「謫少年」，龍眠風雅作「既謫去」。〔八〕「嘆」，龍眠風雅作「太」。

答孫易公

又共南歸櫂，重憐北上時。關河摇月冷，旅館待春遲。呵凍陳三策，銜泥賦五噫。忽聞新句好，欲和已含悲。

采石懷古

石壁俯江瀆，青松挂暮雲。風流供奉跡，柱石〔一〕允文勳。狂客偏耽酒，書生亦冠軍。停橈懷古烈，楓落正紛紛。

詠采石者，只及供奉，不復知有雍公詩，以虞、李並稱，殊非書生之見。

校記：〔一〕『柱石』，龍眠風雅作『石勒』。

宿蘭若

空山何寂歷，幽鳥獨聞聲。微月侵池冷，孤燈傍佛明。幽〔一〕禪甯借酒，偕隱不須名。卜宅何年遂，編籬便掩荆。

校記：〔一〕『幽』，龍眠風雅作『逃』。

修堂夜坐憶〔一〕瞻蘇夫子

天高清露冷，小院鎖重陰。獨坐看微月，秋聲到暮林。昔年依講席，此地共披襟。自閉扶風帳，悲涼空至今。

校記：〔一〕龍眠風雅『憶』後有『吴』字。

方繡山督餉蘭州書寄洮𢧵

星軺遥指玉關西，極目黄雲萬里迷。邊塞有書猶附雁，戟門何日不聞雞。寒烟縹緲蘭山曉，落日蒼茫洮水低。于貉舊知豳俗美，恰逢風雨慰凄凄。

方爾止歸里閲其近詩

昨夜江干一和歌，隔年秋向故園過。吟經吴楚家無定，感入滄桑詩倍〔一〕多。聲格漸趨長慶上，風流無那永嘉何。相看惟有籬邊菊，耐得繁霜映薜蘿。

校記：〔一〕『倍』，龍眠風雅作『較』。

南旺道中

淒涼蹤跡似浮萍，千里回流泝建瓴。入夏始知芳草緑，向南頻〔一〕見遠山青。高低沙際〔二〕鴉迎纜，疏密林間水繞〔三〕亭。風景漸同江左秀，歸歟何必怨湘靈。

校記：〔一〕『頻』，龍眠風雅作『纔』。〔二〕『際』，龍眠風雅作『畔』。〔三〕『繞』，龍眠風雅作『傍』。

嚴灘

磻溪桐水两漁竿，石上冰霜一樣寒。動伐〔一〕總歸周尚父，風流獨數漢嚴灘。

校記：〔一〕『伐』，龍眠風雅作『業』。

張曉一首

張曉 字宣之，號蓮峰，順治間諸生。

柬破我禪師次方能邇韻

錫聲忽見〔一〕遠公還，卜得龍眠水一灣。修竹到來生別境，高人留處是名山。已知乞食難行脚，且與拈花共解顏。最愛此中幽趣勝〔二〕，寒風疏雨任嚴〔三〕關。

校記：〔一〕『見』，龍眠風雅作『定』。〔二〕『中幽趣勝』，龍眠風雅作『間幽僻地』。〔三〕『嚴』，龍眠風雅作『緘』。

張克儼四首

張克儼 字子敬，崇禎初諸生，年二十四卒，有古訓堂詩稿。

山中訪友不遇

人生不得志，出户履瞿塘。一夜生朔風，百草枯嚴霜。我來南山陲，尋君舊草堂。積雪挂殘枝，老犢眠頹牆。前者此山中，賊騎如飛蝗。烏鳶啄道殣，食飽啼垂楊。至今夜雨時，陰火生空房。君有芙蓉劍，淬之騰電光。時事云孔棘，胡爲甘退藏。嘆息不復值，野鶴成翱翔。安得化閒雲，相從遊四方。

客中葉道士留飲

楊花點盡東溪水，一夜青萍生九子。人生蹤跡無定期，聚散升沉有如此。飲君之酒意何長，雙去雙來燕子忙。檐前雨過桄榔響，静院時聞藥臼香。

秋日别友

客從此路去，秋色正凄然。可怪别離際，偏驚風雨天。空山迷落葉，野鳥入孤烟。立久寒衣薄，憐君復自憐。

玉屏山房偶題

綺語緣深懺法王，久無春夢逐風狂。竹侵坐石棋枰冷，花釀流泉硯水香。僧不絶〔一〕魚因鶴瘦，蟫難識字爲仙忙。鄴侯自具神仙〔二〕骨，鷄犬勞勞嘆下方。

校記：〔一〕『絶』，龍眠風雅作『放』。〔二〕『神仙』，龍眠風雅作『飛霞』。

張　礐二首

張　礐　字學石，順治時處士。潘蜀藻曰：『學石案頭置劉文房集，口誦手鈔，一字不遺。其詩之佳者，亦近文房。』

即　事

得月樓頭竹萬竿，瀟瀟直與月光寒。昨宵有客憑欄〔一〕裏，吟得新詩和李端。

校記：〔一〕『憑欄』，龍眠風雅作『欄干』。

拜齊群玉太守墓

松閣陵雲曲徑通，十年一拜紹興公。許多愁緒如春草，不斷清風細雨中。

張載二首

張載 字子容，號晉齋，諸生，贈山西太平知縣。郡志：『公爲文端仲兄，少爲諸生，博學能詩，性純孝，多技能，年四十隱居，不仕者三十年。相國陳公廷敬贈詩云：「平生最愛江南客，早歲心憐湖上翁。」士大夫咸欽其風焉。』吴德旋聞見録：『子容隱居松山，門臨大湖，群峰環繞，松篁交蔭。子容時攜書册、釣艇、蠟屐，隨意所之，欣然忘返。足跡不入城市者三十年。』篤素堂集題湖上翁書地輿圖後：『余仲兄湖上先生，隱居松湖之旁，以漁爲業。其居爲桃村，種桃樹、芙蓉以千數，其他四時之花卉亦略具。亭舍塘徑皆簡樸歷落有致，自不應科舉。三十餘年不入城市，飲酒讀書，撮其大要，書爲小册，以適觀覽，地輿圖其一也。年七十二能就窗作極細字，尺幅可數千。余視之如蚊蚋蠛蠓，若不能別白，諦視之則朗整有法度焉。』

湖上

蚤年養拙謝塵埃，聊結衡茅一水隈。遠岫堆鬟新雨沐，平湖拭鏡曉烟開。鷺眠沙尾時雙起，潮打橋頭日幾回。幽事豈誇孤賞盡，籃輿誰過萬松來。

舟成誌喜

茶竈筆牀輕，湖干放浪行。柴門剛咫尺，風雨不須驚。

張　杰八首

張　杰　字如三，號西渠，康熙間貢生，官蘇州府學訓導，有東畬集。徐乾庵張西渠詩集序：『先生爲大司空敦復之兄，秉鐸吴郡，舉賢良，後拂衣歸，日與友陳滌岑、潘蜀藻、姚羹湖相倡酬。詩格清高刻露，大江以北推爲翹楚。有别業在宅西，曰「勺園」，與諸公爲「真率會」，每花時舉行之，亦曰「花會」，各賦詩以紀之。』篤素堂集西渠詩序：『西渠兄放情丘壑，與故鄉耆舊聯花社。花時各掃亭榭相招，一觴一詠，本於性情。其他登山臨澗，種樹藝蔬，盡入篇詠，意致恬適，風神脩遠，寢興安和，謦欬芳潔。』陳滌岑序著義齋詩曰：『西渠先生自吴門歸里，吟事益工，嘗自託於香山、放翁之間。然享園亭，樂登眺，絲竹競奮，履舄交錯，此香山之所有而放翁之所無。未老抽簪，鳳雛繞膝，郊行野飲，兒勸孫扶，此香山之所無而放翁之所僅有。今先生兼而有之，以形之於詩什，故宜合長慶、渭南爲一體，以遠希少陵矣。』

楝亭詩爲曹子清賦

召伯惠南國，勿剪存芾棠。桓公鎮鄂渚，感歎十圍楊。借物詠嘉德，風韻亦何長。曹公職補衮，丹陛藉明將。杍柚寬□□，黼黻承筐筐。暇時植嘉樹，清陰覆錦堂。垂實如貫珠，離離比珩璜。零露十餘載，樾蔭周四旁。喆嗣膺特簡，棨戟臨金閶。過江撫茂植，懷德不能忘。傑構承先澤，經濟輝文章。階前森蘭玉，花筲燦七襄。三吴沐膏雨，濟美欽明揚。永與峴首碑，奕世綿蒸嘗。

中秋對月獨坐

月影籠疏樹，階前荇藻横。坐吟聽鼓節，人語逗簫聲。叢桂香還歛，佳禾雨未傾。憂來雲漢迫，何計慰蒼生。

將往社壇先賦 十六首之一

兒自長安至，纔抛驛騎鞭。遠遊輕道路，歡聚話山川。爲念上林客，縈心下潠田。何時歸緑野，姜被樂餘年。

暮春山居

誰識幽深處，閒情拂釣竿。溪芹供旨酒，山笋簇春盤。積錦花盈谷，鳴春水激湍。米家圖畫裏，興發且重看。

江　村

爲觀穡事闢新渠，小築江村亦自如。蒲葉摇風棲睡鴨，柳陰露月見游魚。鳥聲似唤杯中酒，螢火能明架上書。更有小池當北牖，明年幾朶燦芙渠。

謝　墅

久虚十畝近河邊，著意芟除列數椽。種竹預思抽笋地，開林早卜看花天。青青麥隴聞朝雉，嫋嫋楊堤噪晚蟬。到處風光堪把盞，烹鮮不用買魚錢。

畏　暑

閒門深掩莫教通，畏暑經旬酒椀空。白傅只知天可樂，陸家竟以放名翁。移文不向北山北，采藥何須東海東。念我晚年甘廢棄，曠懷期與古人同。

白　芨　詠群花百首之一

碧如蕉葉倚雕欄，細穗枝枝茁紫蘭。紉佩何須滋九畹，移來幽谷共君看。

張　英四十四首

張　英　字敦復，號圃翁，康熙丁未進士，官至太傅、大學士，謚文端，有篤素堂、存誠堂詩文集。郡志：『公入翰林後七年，掌院學士，取醇謹通達者四人侍講筵，公名居首。每於進講之餘，敷陳古今，竭盡底蘊，均蒙嘉納。及綜部務，持重平恕，不爲苛急。兼領諸職，不動聲色，百事就理。及爲相，調元贊化，論思密勿，上久益信之。其爲人外寬内介，遇有不可，未嘗依違，而獎掖寒畯，培植善類，惟恐不力。年六十五請告歸，退居林泉者，凡七年。所著有書經衷論、易經衷論、詩文集、聰訓齋語。』阮葵生茶餘客話：『張文端云，年來守方寸之地，不許榮辱、升沉、生死、得失之念闌入其中。更有安心一法：非理事決不做，費力挽回事決不做，所以每卧輒酣，每食輒飽。』韓菼送桐城公予告歸序：『公受上知深，夙侍禁庭將二紀，一德同心，謨謀協贊，先後殊禮特賜不勝書。公所處愈高而畏，約勤慎心益下。造膝前席，多社稷大計，而公不居也。不列密事，不許人過，汲引人材如不及，而人亦不知也。歸賜第惟手一編，蒔花鼓琴自娱，世多剝啄之客，囁嚅之人，不敢前也。』篤素堂集懇恩休致疏：『臣今年六十有一，何敢謂之甚老，但自念生平受非常之恩，入内庭侍從二十餘載，倘得以殘年乞休歸田，調治夙疾，則保全聖恩終始，在臣實爲至榮至幸。』四庫全書提要：『張文端集六十卷，英仰蒙知遇，簪筆雍容，極儒臣之榮遇，矢音賡歌，鼓吹昇平，黼黻廊廟，無不典雅和平，至於言情賦景之作，又多抒寫性靈，清微淡遠。』四庫簡明目録：『張英易經衷論二卷，其説主於顯易，不爲艱深，能掃眾説之糾結。書經衷論四卷，於舊説皆棄短取長，特爲精審。』王士正居易録：『相國張公官諭德時，以詩集屬予評次。其梅花句云：「嘉名他日傳調鼎，記取蟠根在草茅。」予曰：「宰相語也，今果驗。」』聽松廬詩話：『文端嚴陵江詩通首格意俱高，結云：「翻嫌人好事，高築子陵臺。」尤未經人道。』沈德潛別裁集評：『本朝應制詩，共推文端。入詞館者奉爲枕中秘，而風格性靈不繫此也，特取高曠之篇，以著公之梗概。』花間談録：『桐城張文端公以山水爲性情，自稱曰「圃翁」，嘗以水衡錢構園居之，名「賜金園」。所著愛吾廬詩及山居雜詩，矯然塵表，如「放屐從泥滑，敧冠愛樹低」；「鳥語殘朝睡，雞聲雜午舂」；「籬根喧野雀，花影聚文魚」；「林光經雨變，山色過溪深」；「梧桐半窗葉，菡萏一池花」；「秋潭明鏡澈，霜樹錦屏張」，皆五言妙地。又「桐葉陰中藏白板，梅花疏處見青山」；「松竹許酬三徑願，溪山不負十年心」；「帶樹蔦蘿千種緑，倚松烏柏一枝紅」；「愛對嶺雲吟竟日，爲臨溪水坐移時」；「寒暖陰晴俱不著，最宜人是養花天」；「春深切莫辜游賞，花事山容日不同」，皆七言妙地。不信相處台鼎而抒寫幽景如是徐永』。吴畫溪集雙溪記：『文端登台輔，黼黻文明之世。其文章恒有烟霞之氣，而生平所慕悦，恒在樵夫耕叟、山林隱遯之人，及告歸，遂居雙溪。溪上有堤，環種萬松。有亭曰「萬松亭」，左有亭，怪石立其側，因題曰「碧潭」。奇石中有愛吾廬，折而北有賜金園。文端優游於此，問桑麻，課晴雨。扶杖長林，或棹小舟，或戴竹笠，人不知其爲廊廟中人也。』存誠堂應制詩自序：『英以十一年壬子秋授編修，次年三月命偕同官史鶴齡扈從進講，嗣後每巡行必侍從。上幸晾鷹臺觀試馬，獻試馬歌。一日，上御行殿，秉絳蠟作大書，使人問二臣，命作良馬詩以獻，自是嘗召講官講論經史，殫究義理，日有程課。是年秋，授日講起居注官。每日雞未鳴時，從長安門步至左翼門祇候。少頃至乾清門，候諸臣奏事畢，内侍傳入宏德殿。講官既入，則侍從咸退。講官再拜，北向立，敷陳經義，時有諮詢。既退，賜茶於乾清宫門，如是者三年。是時也，海内寇賊未平，天子方宵旰殷憂，四方將帥咸稟陳廟略。措兵籌餉無虛晷，且日御講筵，與臣等討論古昔，於此窺聖度之高深，睿學之懋敏，太平所以立致也。』存誠堂詩集自序：『余自學爲詩，約略凡三十四年，多好言山林農圃耕鑿之事，即與人贈答往來遊歷之所至，亦不能離乎此，迨年五十以後，山林之思益迫，引退之思愈急。每不憚其言之重復，而恒苦於不自覺。每見才雋之士，當其言廊廟，則志在軒冕。言山林，則志耽丘壑。一卷之内，忽慕夔、龍，忽羡巢、許，情隨境遷，心與物移，令人讀之茫然不知其志之所在。余詩譾鄙，固多重復，而自少至老，止言其志之所在，而無暇計論工拙，聊可免於讀其詩，不知其志之所在云爾。』芷江詩話：『桐城張文端公有兄初生時，母夢王敦來，既生，名之曰「敦來」，旋殤。後夫人生文端時，又夢其來，文端故小名「敦復」，遂以爲字。袁香亭初生子伏官五歲殤，殮時以硃點其額，及後又生子，時夢人抱伏官與之，額硃痕宛然。姚姬傳太史贈以詩有云：「正似吾鄉張太傅，再招東晉大將軍」。』

擬古田家詩

別裁集選

柴門擁溪水，溪響無朝昏。農夫荷鋤倦，獨倚秋樹根。顧我田疇好，念我桑麻繁。脈脈不能語，感兹風雨恩。風雨歲時熟，古俗今猶存。遥指烟生處，親戚滿前村。稚子驅雞犬，夜來忘閉門。何以酬清時，努力從田園。

『稚子』二語寫外户不閉，大同景象如見。

昔愛誦豳風，亦嘗〔一〕歌小雅。桑柘棲雞豚，結廬在中野。春畬方扶犂，秋禾倏盈把。野老樂時和，高枕瓜棚下。田家老瓦盆，新醪月中瀉。擊鼓賽先農，鳴鐃〔二〕娱方社。何必桃花源，此境足瀟灑。風塵久誤人，我豈悠悠者〔三〕。

新晴土膏動，原上春草生。陂塘引澗壑，活活春水鳴。桑陰悦好鳥，布穀時一聲。夜來飽飯牛，朝來從耦耕。耕事一畦畢，淡泊心無營。偶然召鄰叟，索取壺觴傾。高談視天壤，把酒歡平生。面無憂喜色，胸無寵辱情。始知於陵子，灌園逃公卿。

校記：〔一〕『嘗』，龍眠風雅作『常』。〔二〕『鳴鐃』，詩集作『調瑟』。〔三〕詩最後兩句：『愧無風人筆，愛此不能寫。』據存誠堂詩集補。

讀漢書　別裁集選

壯哉霍子孟，易置多英風。離席按劍時，發議驚群公。走馬鄠杜間，曾孫方困窮。手挈天子璽，授之咸陽宮。海枯石可爛，孰能訾其功？珠襦黄金匣，甫葬茂陵東。狐鳴尚冠里，妻子烟塵空。秺侯殺弄兒，累世亢其宗。子孟庇阿顯，九族罹閔凶。割愛與徇私〔一〕，延促霄壤同。臣術惟敬慎，庶幾保厥終。

沈評：『博陸、秺侯，功業懸絶，一則身後誅夷，一則賞延累世，割愛徇私異也。指出敬慎，以昭臣道，事君者其知所法戒焉。』

校記：〔一〕『割愛與徇私』，存誠堂詩集作『一操一縱間』。

讀元道州賊退示官吏詩慨然有作 別裁集選

我愛元次山，詩篇獨簡質。短章如長謡，仁心自洋溢。至欲委綬符〔一〕，甘心就魚鹿〔二〕。昔人志康濟，豈云耽暇逸。置身君民間，無能淡憂恤。汗顔拖長紳，不如腰带銍。賢哲〔三〕耻曠官，斯義久蕭瑟。誰無湖畔山，浩歌撫遺帙。

讀此等詩，可以見公憂樂之懷。居高處崇，能以行藏爲膏澤也。

校記：〔一〕『綬符』，龍眠風雅作『符節』。〔二〕『就魚鹿』，存誠堂詩集作『采菱實』。〔三〕『賢哲』，存誠堂詩集作『古人』。

同孝儀和陶歸田園詩 五首之一

輕陰忽疏雨，牆頭山杏稀。青笠誰家子，黄犢中田歸。柴門待故人，好風吹我衣。誰能若朝露，事與心常違。

李厚庵歸省送之

皓鶴振修羽，來從海雲碧。遽以蘭陔情，中腸自煎迫。相別觚棱間，執手吐胸膈。獨有君親恩，慚汗動心魄。疇昔常語我，報恩非一策。但存區區誠，勿復論形跡。耕鑿爲堯民，亦以醻帝澤。或爲漸於磐，或爲漸〔一〕於石。惟此忠與孝，留芬在簡籍。君行侍華髮，承歡愛晨夕。處則爲曾閔，出當儷旦奭。計君還家時，余亦整歸〔二〕翮。

校記：〔一〕『漸』，存誠堂詩集作『介』。〔二〕『歸』，詩集作『雲』。

松堤 芙蓉島十二詠之一

雙澗夾平疇，長堤偃〔一〕谿水。手自種山松，千株蔭清沚。中橫樵采徑，人行翠微裏。谿聲有時靜，日夕松籟起。

校記：〔一〕『偃』，龍眠風雅作『堰』。

越巢　東西龍眠二十詠之一

按：公二十詠曰：大士巖、河墅、越巢、青埠潭、三都館、玉龍峽、杏花村、桃花洞、似古山房、石馬潭、媚筆泉、賜金園、芙蓉島、椒園、斷事墓、環翠山房、寫園、長松别業、黄柏山房、社壇。

古牆薜荔衣，檀欒倚修竹。路入老樹西，門對青溪曲。时聞讀書聲，中有幽人屋。梅花几席香，萱草階除緑。有客皓鬚眉，翛然常野服。昔賢遺烈在，清風滿巖谷。

原注：『堂曰「舊學」，左忠毅公讀書處。』

方四松先生題遠峰亭長歌和之

小園種竹已十年，覆牆纔見生寒烟。十竿五竿近窗户，筠粉初落青可憐。更喜奇峰向茅屋，朝似烟鬟夕如沐。問人知是江南山，九點芙蓉杳靄間。客子經年遠行役，三徑無人苔蘚斑。歸來重啟竹間户，咫尺家山同陟岵。尚開臨砌舊時花，花下心酸淚如雨。鑒湖先生詩絶倫，青蓮居士今騷人。囂塵不厭城隅道，剝啄來問松與筠。指點青峰出林際，梧桐葉密山光細。涼風颯颯從南來，坐客添衣紙窗閉。等閒落筆成浩歌，長句短句奇思多。書向吴綃與蜀紙，頓看素壁烟嵐起。亭中一幅早秋詩，亭外千重暮山紫。同將黛筆摹〔一〕青蒼，不獨江雲看九子。

校記：〔一〕『筆摹』，存誠堂詩集作『色摩』。

題畫

白沙碧草江村路，夕陽古寺人争渡。天風不起水微波，蕭蕭落盡江南樹。此景依稀江水〔一〕湄，自呼小艇渡江時。十年猶記行人苦，風打篷窗雨似絲。

節短韻長，錢、劉逸品。

校記：〔一〕『江水』，存誠堂詩集作『秋浦』。

題石村〔一〕桃花釣艇圖

春烟春雨朝霏微，蒼翠綽約山四圍。谿清鷺白桃花飛，新漲昨夜侵漁磯。中有仙人忘塵機，扁舟散髮迎朝暉。白苧新裁短後衣，吟詩最愛陶與韋。枕書抱膝思依依，繞船流水花芳菲。銀鯿縮項甘且肥，此樂不遥知者稀。主人方直彤雲闈，白玉爲堂花紫薇。史筆在手不停揮，匡時有願且莫違。湖邊爲我掩雙扉，漁竿嫋嫋他時歸。

校記：〔一〕『村』，龍眠風雅作『林』。

放歌

月飯不盡米四斗，月飲不盡錢一緡。思我於世亦何易〔一〕，胡爲竭蹶仇此身。高牙大纛聚憂患，長鑱短鍤良苦辛。同爲鼎鼎百年客，錙銖較量憂樂均。瞿塘如馬不可渡，太行九折摧車輪。比似世情猶坦道〔二〕，説與應須愁煞人。薄薄山田儻收穫，青芻白粲糟牀新。雞豚保社少機事，酒酣同作堯天民。滿路松花香馥郁〔三〕，莫負黃鶯紫燕晨。

軒冕纏束，易所爲金車之困也。起數語如夏秋溽暑，而霹靂轟然，風馳雨驟，煩襟頓豁。

校記：〔一〕『何易』，存誠堂詩集作『易足』。〔二〕『比似』，存誠堂詩集作『若比』；『道』作『途』。〔三〕『香馥郁』，存誠堂詩集作『不須買』。

廣濟寺看海棠即贈天孚上人

萬斛車塵吹暖風，擾擾闤闠諠囂中。焉知咫尺有佳地，香林一鶴塵坱空。穀雨纔過名卉發，紅雲雨簇樓西東。我來正值爛漫時，錦幢繡幄花重重。自昔西川號繁豔，海棠香國將無同。别有神仙好丰骨，苦教桃李若爲容。最是斜陽烘屋角，粉腮亂點猩猩紅。惠休知予惜花意，徘徊宛轉芳樹叢。爲言居士今老矣，一年一度難遭逢。須乘旭景再來看，烟開露濕春溶溶。我聞斯語笑未答，發人深省如晨鐘。便是上乘微妙義，不須更與叩南宗。

就僧語中指點，不必别揭禪機。

同陳幼木同事泛舟虎丘 四首之一

繫舟延步好，還過劍池遊。客意醉奇石，春風吹畫樓。橋回人影亂，花發酒帘稠。最愛長廊後，烟光眾壑收。

泊荻港　南州詩略選

十日扁舟上，家山滯望中。爲憐鄉國路，不恨石尤風。鷗泛秋江白，霞燒晚樹紅。從兹姜被意，竟夕與誰同？

憶汪蛟門　蛟門尊府觀瀾先生年九十餘，猶善飲、讀書。

昔共金門客，銜杯話老親。竟辭雙鳳闕，歸作五湖人。杖履花時健，蒓鱸笠澤春。三公輸一日，吾黨羨汪倫。

人　日

人日春風早，新晴鳥乍啼。米囊猶帶雪，豆甲已掀泥。冰壑埋樵徑，陽坡數麥畦。山寒門晏啟，虎跡滿前溪。

憶仲兄湖上

湖山存舊業，浩淼接長川。宅倚平安竹，門迎伏臘田。桔槔紅樹外，笭箵緑楊邊。雞黍南垞近，相留可判年。

嚴陵江 别裁集選

千嶂桐廬道，清風幾溯洄。不知天子貴，猶是故人來。垂釣本無意，披裘亦浪猜。翻嫌人好事，高築子陵臺。

沈評：『不著議論，籠罩一切，可以追蹤古人。』

夏日從幸景山蒙恩書賜御製詩一章恭紀 宸垣識略

翠繞三峰峻〔一〕，榮陪八駿遊。海雲連雉堞，山雨入龍樓。樹色津門近〔二〕，烟光碣石浮。

高吟天藻發，清景御題留。桂滿金波日，蘭開玉殿秋。聖慈揮寶翰，麗句寫銀鉤。盛事誠希遇，深恩豈易酬。同分圭璧彩，千古照滄洲。

典重肅穆，佈置亦周密，有初唐張燕公、宋廣平氣象。公應制詩雍容典貴，爲後來館閣諸人所模楷，兹集未能多載。

校記：〔一〕「峻」，存誠堂詩集作「近」。〔二〕「近」，存誠堂詩集作「暗」。

王子玠同年招諸子燕集因懷座師司馬公

殿上星辰聽履聲，興朝文正重知名。農田大計籌三壤，帷幄訏謨息五兵。裴令功成閒緑野，謝公身隱繫蒼生。江南猶有蒓鱸美，消息今傳在治城。

送趙鐵原編修校士粵東

秘閣詞臣簡上方，玉衡金鑑照南荒。青藜色映珊瑚彩，碧海兵銷日月光。天藻五雲飛翰墨，使車雙璧動星鋩。番禺山畔論文暇，羌管無勞憶故鄉。

宿呂仙祠 門臨泡子河

攜來枕簟聽鐘聲，泡子河邊月正明。丹鼎烟霞迷舊性，黄粱事業誤浮生。嚴城柝擊烏啼早，古屋鐙懸鶴夢清。我欲采芝尋藥去，從君一問碧山程。

仲兄於湖上構亭待予歸〔一〕 四首之一

倚山傍澤自爲村，卧虎磯頭築短垣。幾姓漁樵成聚落，廿年耕鑿長兒孫。鋪隨細雨疏花徑，網曬斜陽挂蓽門。幽事漸多塵事減，日偕鷗鳥認潮痕。

校記：〔一〕詩集詩題作故鄉人來言仲兄於湖上搆一亭將以待予隱遂成四首奉寄。

初卜居龍眠山莊 十一首之一

霜輕日暖錦爲林，漸喜移家住碧岑。松竹許酬三徑願，谿山不負十年心。藤陰石竇支牀坐，泉脈雲根荷鍤尋。攜得放翁詩一卷，秋來日對眾峰吟。

公告歸居龍眠者七載，四語亦爲跋之矣。

憶湖上 二首之一

篛笠蒲鞋願苦違，緑波芳草掩山扉。又看春色堂堂去，難得花時緩緩歸。磊塊破除惟索笑，瞿塘歷盡總忘機。花蹊未掃奚童懶，莫怪惺憁惱雪衣。

郊居同近公

杜曲曾誇尺五天，華林况接禁垣〔一〕烟。峰回紫塞圍千畝，地近丹陵湧百泉。官柳大堤偏綽約，草花別墅亦幽妍。何須苦憶江南北，豹尾雲中可判年。

校記：〔一〕『垣』，詩集作『庭』。

山　居〔一〕　六言　三十首之一

赤脚婢能執爨，蒼頭僕解耘田。水碓自舂香稻，魚梁偶得谿鮮。

校記：〔一〕詩題詩集作山居幽事戲擬右丞體三十首。

鏡湖舊家園亭

畫檻全傾看月廊，菱花開遍舊横塘。梧桐子熟無人拾，斷壁垂藤挂白羊。

吴門竹枝詞　二十首之一

楊花落後春潮長，入網霜鱗玉不如。驕語吴儂僥倖殺，千錢昨日喫鰣魚。

自注：　吴人喫鰣魚，以價高者相詡。

晚出

月華門内月生時，清淺波翻碧玉墀。燭照西房簾未捲，講官未退合宫知。

明良際會，夙夜在公，誦之可想其盛。

山中即事　十三首之一

門對方塘俯碧流，柳風初暖菜花稠。波心吹浪圓如鏡，忽〔一〕見文魚逐隊遊。

校記：〔一〕『忽』，詩集作『回』。

早起

前村忽見雨濛濛，鳥亂鴉啼一樹風。忽〔一〕看山腰作雲氣，短松如薺白波中。

校記：〔一〕『忽』，詩集作『回』。

山居雜詩　八首之一

聽罷桑陰布穀催，蚕秔晚秫已全栽。平畦秧緑柴門掩，齊唱樵歌入市來。

入鄧尉山　九首之一

虎山橋外柳谿斜，接屋連村學種花。自是山田收穫少，梅園桂圃是生涯。

西郊雜詩　二十七首之一

淙淙野水亂成谿，穫稻人家近大堤。閒過牛莊小村落，秋風禾黍瓮山西。

別峰庵

別有谿山野徑遥，精藍掩映隔山椒。惟聞鐘磬寒烟裏，絶磵深林過板橋。

題　畫

幽人小艇白雲間，長繫南汀水一灣。棹〔一〕出蘆花應有意，烟波闊處看青山。所謂寬處立，穩處行也。

校記：〔一〕『棹』，詩集作『泛』。

法華寺老僧贈牡丹　四首之一

花中姚魏迥無倫，我昔移來洛水春。今日白頭方解事，看花不是種花人。

夏日雜詩　十五首之一

葉底乍看桃結子，盆中初見藕生芽。自嫌未了功名事，手種庭前旌節花。

吾　廬　十一首之一

松堤深鎖緑楊烟，水湛沙明見一川。布穀聲中春似錦，桃花飛落菜花田。

直知稼軒　笑間談語

稻畦瓜隴翠芃芃，移入城西御苑中。静聽桔槔深院外，不須丹藻繪豳風。

板橋直北柳烟霏，古柏新槐接翠微。葦密槐疏俱入畫，水雲亭畔釣魚磯。

張茂稷二十七首

張茂稷 字子藝，號芸圃，廕生，贈左都御史，有芸圃集。潘蜀藻曰：『芸圃爲大司馬子，雖家世烏衣而情耽山水，雅善音律，好吟詠。母病，嘗刲股以療，及卒，遂絶意仕進。所爲詩，西江曾青藜選過日集，録之甚多。』方四松齋集芸圃詩序：『芸圃甘困頓，不肯浮湛俯仰以汩没。「吾詩之所自來，變正百出」。暖然似春，淒兮似秋。初爲清麗平適，久則涵演深遠。氣完力餘，益老以勁。』姚羹湖無異堂集芸圃詩序：『子藝負環瑋卓犖之才，而姓名不能上達。以家貧赴遠幕，其從弟怡齋寄子藝詩一帙來，余讀其詩，不類於當日之豔麗，而爲雨鴻霜鶴，夜猿寒蟬，幽渺入神，淒清欲絶，其困窮無聊之概亦可悲已。』方素伯芸圃詩集序：『芸圃自少好詩歌，當僖和公盛時，賓客盈坐席，芸圃獨厚遇文墨士，喜讀書，不就廕補。既而家益落，芸圃未嘗屑意。其爲詩出入於唐、宋、元、明，與古人會心合轍。爲人蕭疏和易，中不自得，曾不少見於外，雖與之遊，無知之者，故一於詩焉發之。』張文端篤素堂集芸圃詩序：『古今之人，有以一篇一韻而千載傳之，以爲不可及者，其言則詩人之言也。有連篇累幅而經宿不鮮者，其言則非詩人之言也。芸圃早年不樂仕進，而沉酣刻勵於詩學者三十載。幼失怙恃，多覯艱虞。其思苦而其辭益工。』又曰：『芸圃詩氣味纏綿清永，於篇什之中不可得其名狀，如蘭蕙之芳澤，名泉之清剝，奇石之肌理，物各得於其天，不可得而强也。』連雲堂紀名録：『張氏茂稷子藝、思耀德遠，凡二人。』

和陶田園詩

晨興啟户立，霧溼暗前浦。始知昨中夜〔一〕，此地有微雨。鄰翁著屐來，邀我過蔬圃。笑指三四畦，瓜豆青如許。悠然坐樹根，隨事相與語。不覺雲翳散，已是日將午。回首望天邊，遠峰復堪數。

校記：〔一〕『中夜』，龍眠風雅作『夜中』。

采蓮曲

江上蓮花開可憐，江邊女兒初弄船。將船竟入蓮花裏，和花合影摇江水。手拔蓮衣〔一〕采蓮花，袖捲香風日色斜。歸橈雙腕欺無力，蕩溼羅裙兩三幅。

校記：〔一〕『衣』，龍眠風雅作『葉』。

夏日雜詠

半生隨柳絮，一日得蒲團。梵字從儒讀，齋期作病觀。晚香灰燼煖，朝汲瓦鐺寒。舊侶勞相念，狂奴興偶闌。

至蒲亭晤姚翼侯妹丈

作别爲時易，相逢一倍親。莫驚予老大，深念爾風塵。白髮緣何事，蒼生仗此身。關心惟片語，著意耐清貧。

儉素仍寒士，江山滯客蹤。爐聲煎箬水，箔影蕩廬峰。吏牘青氊藉，官牆白草封。恰如居廡下，夫婦意春容。

送劉二外甥之金陵省覲

建業稱名勝，偷閒可暫遊。六朝如雨散，十〔一〕載尚風流。有興題遺蹟，無錢上酒樓。莫交裘馬客，歌舞易迷留。

校記：〔一〕『十』，龍眠風雅作『千』。

同方四松潘木崖李芥須飲三兄勺園

花期使客聞，蠟屐響朝曛。雨綠池初合，苔青草未分。短牆依鶴影，修竹亂鴉群。領略茶香處，窗紗一穗雲。

河橋夜步

橋邊逢好夜，緩步得閒情。岸隔〔一〕風無路，河流月有聲。遠烟難辨樹，斜雁若疑城。望望多燈火，低回惜太平。

四語特奇警。

校記：〔一〕『隔』，龍眠風雅作『偪』。

兵　過

十丈黄塵起，春風裹陣雲。倒戈聊偃息，增竈但喧聞。乳酪污旗畫，膏脂澀劍文。錦袍能戲馬，稱是上將軍。

錢扶升汪少室劉伯顧吴世修同出西郭便訪靈泉介公

只是常遊地，殘衣〔一〕意不窮。雁來天欲暝，鴉散樹猶風。野日垂藤下，寒流亂草中。遠公精舍在，還見〔二〕一橋通。

校記：〔一〕『衣』，龍眠風雅作『秋』。〔二〕『見』，龍眠風雅作『用』。

寒夜語僕

未可分形影，隈依擁一燈。久甘爲抱犬，知不是飢鷹。凍粥腸吞雪，單衫背負冰。譬如山寺裏，同作結冬僧。

登投子山

梵宫劫火化爲灰，荒土今存古墓堆。鐘鼓住聲寒鳥哭，斧斤弛禁野樵來。葛藤帶葉纏華表，狐兔成群走拜臺。我欲下山還反望，禪林官冢共蒿萊。

盛氏廢投子寺，即其地營冢墓，厥後墓裔亦凋落矣。

龍眠道上

紅藤扶得一枝輕，石磴沙堤信步行。春草怒生將匝地〔一〕，雜花滿樹未知名〔二〕。雲浮過嶺陰隨薄，瀑落歸河勢始平。因愛緑陂成偶坐，數層松葉畫眉聲。

校記：〔一〕『春草』句，龍眠風雅作『新草易生將滿地』。〔二〕『雜花』句，龍眠風雅作『野花難舉是何名』。

黄昏

殘冬容易到黄昏，自撥紅爐煮一樽。燭影短長摇粉壁，風聲來往過柴門。書求下酒看無次，詩偶成聯稿不存。但得半醺眠去好，竹牀藤枕木棉温。

放翁意境。

亦園

流水環牆舊板扉，一分春色已依稀。梅當野徑開花緩，草近池陰出土肥。傍樹石還留雪在，離城烟欲作雲飛。東風信道濃如酒，坐倚亭欄醉不歸。

可入渭南集中。

陳官儀留飲

三年重與對深杯，蹙蹙愁心暫許開。眼底故人新白髮，天涯春信舊蒼苔。當時酒伴如雲散，半夜爐聲似雨來。剩得江山猶可吊，月明同上射蛟臺。

屬對活而能整，最近放翁。

觀燈

踏歌連袂逐樵蒸，通夜追歡我亦曾。老退頓銷當日興，軒騰甘讓少年能。杖懸好月難孤往，衣透寒風已數層。小立天街無意緒，蓬門掃掩讀書燈。

中秋夜飲同汪少室李長康 限雲字

坐待金波漾簟紋，荒庭月色白紛紛。蘚痕没砌涼如水，蕉影翻窗薄似雲。蟋蟀意中偏夜永，蟾蜍光裏又秋分。西風滿室無消處，酌盡松醪只半醺。

纖景幽趣，極似務觀。

別宅

層樓邃室永相辭，抱女攜兒未敢遲。涸鮒但求逢活水，窮猿安望擇高枝？來〔一〕朝酒跡苔痕改，舊日詩魂樹影知。去去不須回首顧，京華多少客流離。

竟陵格之佳者。

校記：〔一〕『來』，龍眠風雅作『明』。

不寐

青燈一點落殘花，枕上羈魂萬里賒。心懶病如初中酒，夢回情似再辭家。霜侵襆被寒逾重，月避紗窗影漸斜。乞火細聞鄰舍語，喁喁兒女亦天涯。

歸期

蓮花蓮葉又離披，屢約歸期竟失期〔一〕。終日采藍還采綠，幾看〔二〕棲⿰土桀復棲塒。遥知獨旦憐衾枕，每對如雲憶縞綦。寄語南園桃共柳，好將秋色强支持。

中二聯全用葩經語，點綴工雅。

校記：〔一〕「約」，龍眠風雅作「定」；「竟」作「屢」。〔二〕「看」，龍眠風雅作「曾」。

蠡湖即景

帆懸朝日蕩空明，泛泛中流自在行。水闊喜從湖路直，船高知是客裝輕。小童摶〔一〕飯爲魚餌，三老呼風作鳥鳴。此地山川來往慣，白雲紅樹有餘情。最近放翁。

校記：〔一〕「摶」，龍眠風雅作「剩」。

素北再納寵招飲内閣

行處相隨坐處親，比來朝夕總良辰。香匳舊是藏書地，紙閣今添問字人。須得孟光能共隱，故教絡秀肯連姻。風情漫道如雲薄，鏡匣熏籠覺一新。此姬應是樊素朝雲之亞。

入石門沖便訪方東來別業

軟踏晴沙步少塵，青鞋恰伴采樵人。晚禾穫後田成路，秋草枯來石起皴。澗斷鴨群浮不遠，雲低鴉陣認難真。楓林處處桃花色，儻遇秦時舊逸民。

遣僕歸里

一朝遣汝恨匆匆，歸計艱辛歲又終。雨雪路荒須禁酒，江湖船〔一〕小莫乘風。全家目斷驚疑際，遠客心懸去住中。已發喚回重囑咐，山田銷凍早興工。

校記：〔一〕『船』，龍眠風雅作『舡』。

聞百舌

晨光未發卧清淒，百舌能先衆鳥啼。將欲喚余春夢覺，不知曾聽五更雞。

哭小女

業經生死只三齡，風裏浮雲浪裏萍。似飲中山千日酒，其來如醉去如醒。

死生一醉夢，不獨黄稚。

張佑十一首

張佑 字吉如，號南汀，順治間諸生，有南汀詩集。劉深莊文鈔南汀詩序：『南汀爲貴公子，爲介弟，以工於詩而窮，晚年獨攜詩一囊、酒一尊、行李一肩、折脚鐺一具，寄居阿成堂廡。一手一編，終日吟哦不輟。其詩古體似魏晉，近體似盛唐。』張文端集南汀詩序：『南汀爲伯父方伯公之子，賦儁才，少有不羈之志。每自放浪於山巔水涯之間，如鴻鵠高翥，故其爲詩亦淡泊自喜。其言山居幽籟與朋儕往還之作，磊磊落落，有絶類放翁者。然性謹重，故所處雖困戹，而其言亦醇厚無噍殺之音。』郡志：『南汀爲詩，陶寫性靈，發抒天籟。陳相國廷敬、王尚書士正頗皆稱許，作爲詩歌以贈之。』

浮山

巉巗邃洞枕溪流，水擁雲封勢若浮。常恐隨潮歸渤海，虚疑垂舫在瀛洲。帆檣歷歷通吴楚，塔院巍巍逼斗牛。仙客留題同不朽，石牀苔壁幾經秋。

山中閒述

豐草長林叩角歌，何嫌戴笠與披蓑。漁樵隊裏危機少，雞犬聲中逸事多。澗道紆回藏薜石，瀑泉飛落溼藤蘿。病軀易阻登山興，蓼岸雲巖日再過。

雙溪春漲

雙溪匯合水瀠洄，衮衮驚人響若雷。一派濤聲蛟趁去，萬山暝色雨催來。望洋空自懷舟楫，投餌無從認釣臺。貪看寒波臨古岸，滄茫身似入蓬萊。

早秋

曳杖前坡過野田，炎威稍減早秋天。垂頭秔稻引溪鹿，奮臂螳螂伺暮蟬。白槿成籬花似雪，緑蘋出水葉如錢。即今豐歲民情樂，樵唱漁歌敵輞川。

扶杖

畫眉聲裏閒扶杖，苔石粼粼不斷流。坐近瀑泉晴亦雨，吟依澗樹夏如秋。風來谷口傳樵唱，雲起松顛領鶴遊。俯視前村幽望愜，人家散住碧溪頭。

同友夜酌東皋

梅花香裏掩重門，酒散聯牀布被温。斜月浸窗雞破夢，寒風撼樹鳥多言。青春荏苒新雲物，白髮追陪老弟昆。舊事悽然回首問，犬聲如豹在前村。

初夏宿東皋晨起即事

斗帳單衾睡起遲，披衣步屧藥苗畦。慈姑葉底訴姑惡，翠竹叢邊啼竹雞。脆蔓臨風飄綺帶，落花漬雨作香泥。老農先我來橋外，赤脚驅牛早架犁。

夏日旅窗坐雨

白葛青紗旅服輕，晝昏庭院雨縱横。野雲抱樹濕難散，新水歸河急有聲。村落數家開牖見，瓜藤幾日上牆生。耳聽簷溜無時斷，何處風傳鳥贊名。

同甘宜庵程筠齋訪友人郊居

連旬未得叩松關，今特相尋路自嫺。老樹敧斜如我瘦，片雲來去伴人閒。酒香共對陶潛菊，日薄同登謝朓山。自笑蹣跚心轉怯，短童引從過溪灣。

送勞林屋還姑蘇

雪霽河橋命酒籌，餞君殘臘買歸舟。兼旬可抵夫差國，幾日先登太白樓。離恨正隨吴水外，鄉心遥接海潮頭。垂垂梅蕊舒新艷，誰共幽人問虎丘。

次和常州吴任庵先生蘆荻洲詩

涵虚雲水接滄洲，白鶴溪邊野墅幽。楊柳烟含千樹晚，芰荷香散五湖秋。紫絲韁控塞翁馬，素練帆張少伯舟。閒述波濤從意外，也知不朽是清流。

張　蕃七首

張　蕃　字篠亭，號剩溪，雍正間由考職官揚州通判，有剩溪前後集。嚴瑞龍序曰：『先生爲鎮平公子，文端公介弟，少習舉子業，屢困場屋，鬱鬱不得志，遂遨於崆峒、華山、泰岳、西湖之勝。後乃從事河干，嵇相國愛其才，題授揚河通判，先生淡於仕進，不數年解組歸里，郭外構剩溪别業，蒔花種竹，謝絶應酬，以吟詠自適。』姪廷璐序曰：『吾家叔父之以詩名者，芸圃叔父爲大司馬冢嗣，南汀叔父爲方伯公少子，公爲鎮平公少子。叔父深潛好古，學問淹博，而尤沉酣於詩，或賦景物而密麗風華，或寫性情而蕭閒淡遠。叔父早孤，而叔祖母方太安人享壽九十餘，叔父依侍慈顔，承歡養志，於北郭外構園亭曰「剩溪」。時奉板輿以娱色笑，雖暫仕河干，旋既解組，優游林壑，吟嘯自如。此剩溪之所以名集也。』

徐衡次張吾未同納涼剩溪

我生放誕遭世譴，多病年來苦不健。剩溪雨阻久未過，笑余懶至棄冠弁。今日倚杖看波濤，二子款扉情繾綣。性耽山水趣無窮，憐我懸車浪遊遍。紛紛俊彦等蟲沙，有才未展無人薦。我慚頭白雙目昏，奔馳歲月如飛電。蒲茭森沉青磵邊，芰荷窈窕紅妝面。玄蟬鼓翅去復來，黄鸝擲柳金衣見。縱目明霞炤耀光，冉冉雲陰垂片片。身閒境曠情自怡，好景當前意豈倦。行厨欲洗竹間盤，無錢莫自豐殽饌。但向黄爐赊酒醪，行鞭雅笋猶堪薦。一杯相勸任天真，世事浮雲何足羨。疇昔踏遍王侯門，夢裏繁華難可戀。惟願餘年飽看花，不巾不韈常相見。

宿潼關

黄河天上落，八水匯潼關。百戰秦雄距，千秋禹力艱。沙翻盤勁浪，濤響撼重山。客睡何曾熟，雞鳴又不閒。

江上寄文江元博

故人昨聚首，同眺晚烟波。江草連天緑，山雲帶雨過。春殘悲越客，月出接吴歌。著意今宵夢，隨風到薜蘿。

遊崆峒

峰截層雲洞府開，幻形蜃市見蓬萊。壁懸鐵鎖千尋直，路繞巔崖百折回。佛號聲喧前嶺去，梵音風送碧霄來。邊城不見桃花放，故向崆峒問冷梅。

同李聖真方晉過王紹蘇繡谿亭

昨從東顧瞻山色，今向西谿看水光。遠眺一亭峰拱立，蕩胸萬派水蒼涼。僧鐘敲破雲間寺，漁笛吹寒柳外航。惆悵欲歸遊未暢，霜村雉堞黯斜陽。

閉門

冥鴻斥鷃各何爲，角逐風塵亦太癡。典盡紵裘難戒酒，鬻殘書畫尚留詩。秋深霜茜盆花艷，雨過苔皴石色奇。嘆息人生隨意足，閉門何地不相宜。

七言摘句：河干：『紅炬按台喧水市，畫橈蕭鼓聚官船。』濟河：『水軍射習雕翎響，商賈箏調豆曲愁。』雜詠：『夢中感事鳴孤劍，畫裏看山憶故鄉。』舟發：『緑波細皺魚鱗浪，柔艣輕摇鴨嘴船。』與簡修姪夜話：『十載淮陽裘馬敝，六橋烟雨雁鴻疏。』溪上：『緑柳飛揚宜薄暖，白榆退莢作輕寒。』曉晴：『雲開天末千村麗，嵐截山腰一半平。』

慈恩寺

獨行步徐徐，路轉平如掌。古殿少遊人，塵積封蛛網。

張度七首

張度　字齡若，號仲友，順治時布衣，有蟋蟀窩詩集。郡志：『工書畫，書法瘦勁，本文待詔，畫仿黄子久。四方人士争寶之。詩品在許丁卯、陸劍南之間。』潘蜀藻曰：『仲友至性過人，崇禎末隨其父避亂白巖，侍疾經年，衣不解帶，及殁，屏絶水漿，哀動行路。里人欲舉其孝行，固辭不應，居恒抱膝長吟，怡情丘壑。所著有類苑珠華、古今修短録諸書。』馬虎岑柬張齡若詩：『不改衣裳不變名，依然魯國舊諸生。松雲贈客陶徵士，婚嫁留人向子平。

我欲買山先問壑，君能畫水獨成聲。南州一榻容高卧，閒倚秋屏看月明。』

左子堇〔一〕子周招遊龍眠山莊

十里山行五渡溪，小橋危步互相攜。人從流水聲中過，路向秋花香處迷。識面雲禽堪〔二〕作侶，飲河石馬不聞嘶。尋幽似入山陰道，應接頻勞信〔三〕杖藜。

校記：〔一〕『堇』，龍眠風雅作『兼』。〔二〕『堪』，龍眠風雅作『如』。〔三〕『頻勞信』據龍眠風雅補。

田家

槿籬竹舍小山圍，水溢陂塘柳映扉。秋〔一〕燕成家新火換，早蠶登箔落花稀。隴頭日〔二〕暖兒耕慣，村外鄰招叟〔三〕醉歸。更愛雞豚雛作隊，共安飲啄在斜暉。

校記：〔一〕『秋』，龍眠風雅作『社』。〔二〕『日』，龍眠風雅作『春』。〔三〕『叟』，龍眠風雅作『翁』。

和友人宿月上庵

寒天城角最淒涼，此際知君宿竹房。新月庭中生藻影，晚風林外送茶香。葉聲疑聽長廊雨，衲被難欺午夜霜。想得支公談共劇，不知鐘動曉蒼蒼。

重集西園留贈姚綏仲

柴關斜徑落山隈，萬挺琅玕數尺苔。野客時時詢釀熟，園丁日日報花開。却嫌俗駕驅塵至，坐〔一〕怪啼鳩送雨來。十勝詠成皆入畫，有誰堪繼輞川才？

校記：〔一〕『坐』，龍眠風雅作『生』。

賦得家在江南黄葉村

家在江南黄葉村，數間茅屋亂離存。槿籬帆過懸晴色，柳岸潮空露嚙痕。刈荻遠穿雲滿澤，捕魚歸趁月當門。貧居生計原如此，何事旁人作隱論。

西施歸湖圖

君王從此罷稱臣，卧榻欣看掃積薪。何事論功惟少伯，黄金不鑄苧蘿人。

吴趨曲

城内居然似水村，浮家欄檻滿潮痕。尋常市買橋慵度，船去船來直到門。

張　恂五首

張　恂　字子岐，號怡齋，秉哲子，附貢生，官大理司務，有東瀛、望雲等集。

晚行口號

樹樹接殘霞，飛飛集暮鴉。不知村舍近，難止僕夫譁。風静看烟直，天空見月斜。萬端非豫料，今夕宿誰家？

寓内城雜興

白塔登臨處，憑高景倍清。晴光萬象合，春色九重明。車馬喧官道，樓臺繞禁城。玉山[一]千尺雪，會有卧鱗驚。

校記：〔一〕『山』，龍眠風雅作『河』。

春郊

晚春不分聽鳴鶯，遊興無聊任意行。高岸花飛低岸積，遠峰雨過近峰清。贅緣隙地陳壺榼，邂逅逢人隱姓名。俯仰不知身著處，碧溪波湧白鷗輕。

江村新霽

舟行十里過橫塘，雨後村空露氣涼。風入晴川吹雁影，人迎朝日愛秋光。沿江門掩依流水，隔岸鐘鳴出上方。欲望烟深前泊處，蕭條黄葉滿林霜。

河邊偶成

匝地蘼蕪緑滿灣，偶乘清興一開關。潮來溪網魚蝦賤，雨後人家雞犬閒。野巷竹聲隨客屐，水田蛙鼓隔烟鬟。天涯憑眺應難盡，欲待晴空看遠山。

張　竑三首

張　竑　字禹仲，秉哲子，康熙初國子監生，贈江南通州知州。

會聖巖納涼 巖一名隱賢

舊説隱賢處，今當逃暑時。老僧閒入定，遊客倦吟詩。石缺雲來補，山深日到遲。飄然有秋意，直欲覓天池。

入山

茅屋白雲遮，峰環路轉賒。水聲春雪化，池影野梅斜。喔喔雞喧午，青青麥放芽。誰云兵甲滿，絶不礙山家。

夜間作

夜色沉沉冷碧紗，帷燈影射薄衾斜。多情客夢如飛雨，無定〔一〕春愁共落花。病卧楹〔二〕書堆几席，詩成池草隔天涯。離腸不奈更聲急〔三〕，漏促東風起宿鴉。

三、四不減松圓老人『三月』、『春愁』聯語。

校記：〔一〕『定』，龍眠風雅作『樣』。〔二〕『榏』，龍眠風雅作『圖』。〔三〕『離』，龍眠風雅作『愁』；『奈』作『耐』。

卷二十二

王　槱　蘇惇元
馬起泰　方宗誠　同校

張廷瓚九首

張廷瓚　字卣臣，號隨齋，康熙己未進士，官詹事府少詹事，有傳恭堂詩集。郡志：『廷瓚趨承講幄，屢膺纂修之任。車駕三征絶漠，廷瓚均與扈從，嘗從相國召賜宴暢春園，父子並沐殊恩，爲一時盛事。』貢舉考略：『康熙己卯山東典試翰林學士張廷瓚。』王士正池北偶談：『桐城張禮書英兼翰林學士掌院事，子廷瓚同時官翰林侍讀學士，又同爲日講官。』篤素堂集家子廷瓚行略：『廷瓚官學士後，嘗賜觀内府名蹟。己巳扈從，御書「傳恭堂」匾額以賜。丁丑祭告南嶽，己卯典山東鄉試，與各簾官對神發誓，衡鑑真才，風清弊絶，山左人士無論售與不售，皆極歎服，至勒石以紀。』

南苑觀燈賜宴恭紀　四首之一

五色雲高〔一〕豹尾懸，紅竿百尺紫絲牽。寒風忽散靈和柳，陸地驚開太華蓮。隔影罘罳飛燕雀，憑虛簫管〔二〕蕩樓船。願將此夕陽春意，燭照光明遍八埏。結句頌不忘規，非徒揚厲。

校記：〔一〕「高」，詩集作「中」。〔二〕「管」，詩集作「鼓」。

暢春園引見恭紀　宸垣識略

西山蒼翠護宸居，簪佩趨承到玉除。地接平疇觀稼穡，窗迎〔一〕深緑擁圖書。柳絲細織春烟外，鶯囀〔二〕初調晝漏餘。身入江林深閟地〔三〕，揮毫獻賦愧相如。

校記：〔一〕「迎」，詩集作「圍」。〔二〕「囀」，詩集作「語」。〔三〕「江」，詩集作「上」；「深」作「清」。

暢春園恭紀

南粤名花重佛桑，遠遊無自〔一〕見芬芳。新從上苑憑闌玩，海日初飛赤玉光。
牙籤插架佩文居，簾捲和風曉漏餘。浥露研朱長晝静，君王清玩總圖書。

校記：〔一〕『自』，詩集作『計』。

平北饒歌　二十首之二

籠山四面網羅垂，捲地高牙鼓角吹。一夜羽書到青海〔一〕，帳前新縛小鮮卑。
親御戎衣奠萬邦，軒皇神武本無雙。軍威遠懾〔二〕交河北，直上天山自受降。

校記：〔一〕『到青海』，詩集作『青海至』。〔二〕『軍威遠懾』，詩集作『軍聲遠振』。

南巡恭紀　二十首之三

春流如縠片帆開，晚浦明霞錦作堆。錯落紅燈浮水面，直疑龍獻夜珠來。

田廬昏墊厪宸衷，四載頻恢[一]大禹功。不惜長堤風露冷，御[二]鞭親策五花驄。

鍾山玉匣閟珠衣，前代幽宫倚翠微。酹酒墓門親下拜，如天厚德古今稀。

校記：〔一〕『頻恢』，詩集作『還媿』。〔二〕『御』，詩集作『玉』。

張廷玉十一首

張廷玉　字衡臣，號硯齋，康熙庚辰進士，官至太保、大學士，謚文和，有澄懷園詩文集。郡志：『廷玉歷事三朝，大謀大政多所襄贊，務持大體，而守以小心，故能生結主知，歿邀殊錫。凡三主鄉試、四校禮闈，咸稱得人。尤敦鄉里親族之誼，賙貸款接如韋素焉。』貢舉考略：『雍正癸卯順天典試户部尚書張廷玉，癸卯會試總裁吏部尚書張廷玉，甲辰會試總裁内閣大學士張廷玉，乾隆丁巳會試總裁大學士張廷玉。』張維屏聽松廬詩話：『雍正癸卯四月，文和以禮部尚書主鄉試，九月又爲會試總裁，有恭紀詩云：「兩番鎖院秋兼夏，一室掄才弟與兄。」時葯齋宗伯亦與分校也。』袁枚隨園詩話：『張文和公七十壽辰，上賜對聯云：「潞國晚年猶矍鑠，吕端大事不糊塗。」』又曰：『文和公七十生辰，諸翰林祝壽，宴罷，各賜詩扇，上寫田園雜興詩，公終身富貴而詩殊雅淡。』□□炙硯瑣談：『劉文定公舉大科，廷試「五六天地之中台賦」，多不解所出，劉揮翰甚速，張文和公睨劉卷，對衆朗吟，始得其解。』花間談録：『本朝漢文臣配饗太廟者，惟太保三等伯張廷玉一人。』四庫書附存目：『張廷玉澄懷園集三十七卷。』宸垣識略：『澄懷園在海淀，爲大學士張廷玉賜園，繼大學士劉統勳居之。後爲内廷翰林公寓。』澄懷園語：『國朝定鼎以來，迄今一百三年，漢人之爲大學士者四十人，其居任最久者則李高陽二十七年，次則廷玉於雍正三年入政府，今歲二十二年矣。今年七十有五，衰頽日甚，屢陳情乞退，未蒙俞允，良慚悚也。』

雜興　別裁集選

月虧方就盈，陽盡斯來復。静觀天地機，回旋似輪軸。盛滿易爲災，謙沖恒受福。所以賢哲流，秉心若虛谷。名高氣益卑，位顯心彌肅。大智詢芻蕘，殊勳謝輿服。常恐重載車，不爲再實木。以茲保初終，何憂易傾覆。吾願讀書人，勿爲〔一〕晏子僕。

沈評：『高而不危，親切言之。此公生平持守處。』

我聞昔人言，苛政猛如虎。又誦魏風篇，碩鼠況貪取。嗟哉牧民人，煌煌綰圭組。乃以父母稱，而爲衆所苦。騶虞有仁心，麟趾中規矩。藹然太和氣，千載如可睹。君子慎所擇，休與毒獸伍。

沈評：『此爲墨吏酷吏勖也。有父母稱而不愧父母實者，吾願見其人。』

飄風不終朝，驟雨不終日。三復老子言，可知立身術。譬彼草木微，春華秋始實。氣候苟不完，纍纍安可必。寄語功名人，進取休太疾。早榮亦早枯，易得還易失。默識乘除機，處滿須防溢。

沈評：『此戒進取之速，早發還先萎，古人所以賤。』

校記：〔一〕『勿爲』，澄懷園詩選作『休同』。

玉甕歌應制

荆山良璞琨瑤姿，琢成寶器形環〔一〕奇。徑圓數尺高倍之，非樽非卣非甗瓻〔二〕。相傳制自金元時，紀年惜不書干支。人間斤削誰能施？般倕奏技摹大池〔三〕。鷺濤前導鯨波隨，神龍出没鱗之而。沖瀜沆瀁潛蛟螭，廣寒殿古風日遲。桂香浮動開罘罳，群臣競獻紅螺卮。恨無嘉藻留題詞，崐岡劫餘[四]堪嗟咨。土花斑剥[五]苔鬟髯，僧厨虀菜乃所司。是時諒有神扶持[六]，吾皇覽古興遐思。賚予不惜千金貲，徙置中秘依書帷。商瑚夏璉肩相差，金壺墨汁天章摛。闌翻濤湧神淋漓，愚臣抃舞陳聲詩，欣見民歌[七]飯甕豐秔粢。

校記：〔一〕『環』，澄懷園載賡集作『瑰』。〔二〕『非甗瓻』，澄懷園載賡集作『還非瓻』。下句澄懷園載賡集有『崇義繪圖曾未知』。〔三〕『大』，澄懷園載賡集作『天』。下句有『海童邀路縱横馳』。〔四〕『餘』，澄懷園載賡集作『燒』。〔五〕『斑剥』，澄懷園載賡集作『剥蝕』。〔六〕下句，澄懷園載賡集有『不然安得無纖疵』。〔七〕『欣見民歌』，澄懷園載賡集作『會見』。

翰林院落成車駕臨幸錫宴分韻得圖字[一]

卿雲籠玉署，黼座啟蘿圖。磚影迎天步，金聲仰聖謨。龍文成五采，虎觀拜諸儒。襄贊臣何有，賡颺帝曰俞。宴歌魚在藻，詩叶鳳鳴梧。兩世桓榮席，捫心感愧俱。

校記：〔一〕澄懷園載賡集詩題作乾隆九年十月南書房承旨重葺翰林院落成車駕臨幸錫宴送大學士掌院事鄂爾泰張廷玉進署以張説東壁圖書府五律字爲韻賦東字音字二首敕諸臣各分一字賦詩臣廷玉得圖字。

詠爆竹

昔人用竹，今以紙，不知始於何時，亦未見有題詠者，兒輩偶言及，因戲爲之。

巧縛雲藍紙，裝成搏擊材。空庭聞裂石，晴院忽轟雷。但覺神機速，無勞擊〔一〕鼓催。林禽盡翔舉，櫪馬共驚猜。纖轂輕飄颺，飛花任剪裁。兒童齊拍手，佳客且銜杯。餞歲三更罷，迎春〔二〕萬户開。星毬兼火樹，次第送春來。

校記：〔一〕『擊』，澄懷園載賡集作『羯』。〔二〕『春』，澄懷園載賡集作『年』。

恭和御製落葉元韻

啼鳥何須怨落紅，亭皋又見緑陰空。墜來竹徑憐〔一〕寒籜，飛渡蘆洲惜〔二〕斷蓬。夜色乍通青嶂月，秋聲長嘯碧窗風。憑誰畫〔三〕出田家景，幾〔四〕樹柴門夕照中。

校記：〔一〕『憐』，澄懷園載賡集作『同』。〔二〕『洲惜』，澄懷園載賡集作『塘類』。〔三〕『畫』，澄懷園載賡集作『繪』。〔四〕『幾』，澄懷園載賡集作『禿』。

恭和御製風箏〔一〕

霞舉軒軒五色〔二〕繒，高危那敢不〔三〕兢兢。九霄日近增榮〔四〕彩，四野風多仗寶繩〔五〕。本是無心舒薄翼，何須著力使長繩〔六〕。槐烟榆火清明後〔七〕，應似天池六月鵬。

芷江詩話云：『真金華殿中人語，押繩字韻尤爲寄託遥深。』

校記：〔一〕『風箏』，澄懷園載賡集作『紙鳶元韻』。〔二〕『五色』，澄懷園載賡集作『一尺』。〔三〕『那敢不』，澄懷園載賡集作『安敢忘』。〔四〕『榮』，澄懷園載賡集作『濃』。〔五〕『繩』字底本缺，據澄懷園載賡集補。〔六〕『使』，澄懷園載賡集作『試』；『繩』作『肱』。〔七〕『後』，澄懷園載賡集作『過』。

入朝輿中假寐得句因續成之〔一〕

肩輿輕便事晨趨，漏點雞聲半有無。身在疏星建章路，夢遊寒月水村圖。余舊藏趙文度寒月水村圖，今夢中吟此聯。平生擾擾年徒逝，片刻悠悠境可娱〔二〕。栩栩欲尋飛蝶趣〔三〕，可能莊叟共招呼〔四〕。

校記：〔一〕澄懷園載賡集詩題作五鼓入朝輿中假寐得三四兩句覺後續成之。〔二〕澄懷園載賡集『平生』兩句作『一生擾擾伊誰惜，清閒且自境可娱』。〔三〕『栩栩』句，澄懷園載賡集作『此際頗同蝴蝶趣』。〔四〕『可能』，澄懷園載賡集作『不勞』；『共』作『更』。

山中暮歸　別裁集選

林端鴉陣横，烟外樵歌起〔一〕。疲驢緩緩行，斜陽在溪水。

沈云：『添不得一語。』

校記：〔一〕『烟外』句後，澄懷園載賡集有『我從山中歸，幽懷殊未已。小童負畚筐，迂路采蘭芷』。

秋日澄懷園即事　八首之一

地偏土沃水泉嘉，處處催開小徑花。蛺蝶自來還自去，不分菜圃與鄰家。

張廷璐三十九首

張廷璐　字寶臣，號药齋，康熙戊戌一甲二名進士，官至禮部左侍郎，有詠花軒集。姚南青援鶉堂集張公墓誌：『公性純懿惇大，居常無矯亢之行，而所守堅正，嶽不可動。其接物意誠以愉，表裏洞如也。』張文和澄懷園語：『三弟廷璐督學江蘇，在任稱職，前後三任九年，乃向來所無之事。』貢舉考略：『雍正癸卯福建典試中允張廷璐，壬子浙江典試詹事張廷璐，乾隆辛酉江西典試禮部侍郎張廷璐。』沈德潛序詠花軒集曰：『有臺閣之詩，有山林之詩。鋪揚德業，典贍鴻麗，臺閣之詩也；裴回景光，雕鏤萬象，山林之詩也。擅臺閣者，尠清微窈渺之韻；擅山林者，又徒工於寫景賦物，而於美盛德之形容，太平之潤色，或闕略焉而未之有逮。今讀公詩集，大者固得明堂寶鼎，長揚、羽獵之遺，即登臨酬答、隨物肖形，亦往往寫難狀之景，而言人情之所不能言。其志廉以達，其音和以舒，其氣寬厚宏博而無急言竭論之態。金鐘大鏞，山泉松厥時並奏於楮墨。臺閣山林，公固兼之矣。昔文端公爲盛時宰輔，功先社稷。公之難兄少保公又繼之。公年四十餘始成進士，自是官侍從備顧問，出膺造士之任，入爲心膂密勿之臣，紹揚前緒，矢詩遂歌，被管絃而兼風雅，當有卷阿詩人比烈者，而從前之標格固不得以概之矣。』又別裁集評：『心躁者，多志微噍殺之音；心平者，多順成和動之音。言爲心聲，不可强也。药齋公不干進，不務華，以介自娛，以誠感人。視學江蘇九年，和風著物，萬類萌動，久而士林猶歌頌之，宜發言爲詩，如水之瀠洄，春之和盎。讀者心醉氣夷而不自知也。』』袁枚隨園詩話：『張宗伯药齋三任江蘇學政，獎擢名流，詩尤清婉，有題澄懷樓詩云：「小軒近對碧波澄，隔著疏簾喚欲譍。最好淡雲微月夜，半窗相望讀書燈。」』又曰：『宗伯晚步詩「竹枝風影更宜月，荷葉露香偏勝花」，此與厲樊榭之「竹陰入寺緑無暑，荷葉繞門香勝花」佳句無心相同。』張維屏詩人徵略：『張公药齋句如「楊柳旗亭偏送客，杏花村店尚餘寒」；「門爲看山何用杜，車從駕鹿不須懸」；「慚愧此生論取與，天公傷惠我傷廉。」』

田家

谷口轉平疇，田家聚[一]山麓。雜花映柴門，高原結茅屋。雞鳴出烟霞，春聲隔松竹。磵鑿引清泉，琤瑽聽琴筑。一雨會衆流，前村秧水足。山烟曉未散，蓑笠已驅犢。薄暮荷犁歸，一徑入深緑。

湖干下濮田，繡壤臨清沚。湖光鏡面平，蕩漾柴門裏。畚鍤向東菑，渺渺漁歌起。秋成方納椽[二]，網罟及時理。豈獨雞豚肥，兼得魚蝦美。笭箵伴鋤犁，桑麻雜葭葦。風景可繪圖，誰拂剡溪紙？

校記：〔一〕『聚』，詠花軒詩集作『住』。〔二〕『椽』，詠花軒詩集作『稼』。

濟南謁先伯祖方伯公祠

東邦重屏藩，時危當明季。孤臣殉封疆，有死志無貳。城頭碧血痕，父老尚隕淚。生初兆〔一〕異夢，雲表降赤幟。先伯祖誕生之時，先曾王母夢紅旗墜於庭，書『血濺征衣』四字。臣心久自矢，國難適相值。庭陰肅瞻拜，淒然發長喟。千秋炳日月，一門完節義。先伯祖母赴大明湖死。忠魂近可招，凜凜有生氣。

校記：〔一〕『兆』，詠花軒詩集作『符』。

響雪廊

修廊雲錦麗，澗水桃花香。張公留遺蹤，丹井依平岡。寒泉激危石，響雪奔飛梁。谿喧心愈静，炎蒸有餘涼。杳靄散雲影，澄碧涵天光。烟林互蒼莽，幽邃安可量。別來歲月遒，結想徒茫茫。

此集中憶太傅公浮山十座處之一，十座處者：華嚴寺雙桂下、金谷岩西種茶處、紫霞關下、首楞岩、石龍峰松下、陸子岩前種竹處、指月石、佛母岩石楠樹下、妙高峰石上，與此爲十也。

送姚甥道南之官楚中

吾甥標格如魏舒，温醇德器珍璠璵。文章逴躒復紓〔一〕餘，落筆每探驪龍珠。頻年書劍遊江湖，蹤跡幾遍東南隅。長才蠖屈璞未沽，壯懷磊落輕棄儒〔二〕。聲名一日榮鶴書，螭頭鵠立隨簪裾。書生稽拜帝曰俞，湘澤之間其剖符。慈闈昨歲來上〔三〕都，潞河官署迎板輿。鄉心輾轉思故廬，操持家政甘勤劬。欣〔四〕看奉檄還將車，錦衣奉母歸里閭。楚山鄰壤飛雙凫，秋江一櫂連菰蒲。子歸遄往母躊躇，清勤報國誠心攄。慈訓却鮓賢母如，緘書莫寄武昌魚。循良報績多令譽，外家宅相知非虛。

校記：〔一〕『紓』，詠花軒詩集作『紆』。〔二〕『儒』，詠花軒詩集作『繻』。〔三〕『上』，詠花軒詩集作『皇』。〔四〕『欣』，詠花軒詩集作『喜』。

研山招遊雲龍山用東坡答吕梁仲屯田韻 別裁集選

黄樓嵯峨古彭門，雲龍山下多烟村。暇日招遊恣登陟，壺榼不用熽〔一〕雞豚。淮泗交流清浪駛，呂梁迅急黃河渾。巉巖似騰北海蜃，巨嶂如起南溟鯤。岡阜縈抱氣尤王，洪波襟帶勢欲吞。振衣絶頂俯平壤，川原環拱雲龍尊。古藤倒垂猿狖挂，怪石磥砢熊羆[二]蹲。青疇千頃水方退，高隴往往留潮痕。禾根猶見集雁鶩，屋外直欲浮蛟黿。今年勝[三]夏苦霪潦，茅檐白雨如翻盆。水田坐看秋税減，寒谷惟待春風温。城中居人尚安枕，萬家鱗次炊烟昏。茲山高曠足眺覽，巋然放鶴亭孤存。石磴逶迤古苔滑，蒼枝虬[四]曲老樹髡。黃茅岡頭指遺跡，群羊仿佛眠雲根。山人已往坡老逝，空嗟歲月如濤奔。殘碑寂寞野烟羃，虚廊蕭瑟寒雲屯。勝遊憑吊增慨嘆，不辭斗酒傾匏樽。

用蘇韻，詩格亦近蘇。

校記：[一]「不用燔」，詠花軒詩集作「未免驚」。[二]「磥砢熊羆」，詠花軒詩集作「砢磊虎豹」。[三]「勝」，詠花軒詩集作「盛」。[四]「虬」，詠花軒詩集作「詰」。

徐州登舟由黃河至清江浦用東坡百步洪韻

彭城城下流洪波，片帆迅逝[一]如擲梭。龍門直下走濁浪，泥沙縈帶鑑未磨。陸行殊念役夫苦，肩輿負戴登崇坡。驕陽炙背火燎野，雨汗浹體珠翻荷。何以輕舟泛一葉，雙槳蕩漾生微渦。逆風張帆不得泊，譬若倒瀉翻銀河。既非瞿塘驚艷〔二〕漘，亦異楚澤愁汨羅。世間少見多所怪，疑馬背種〔三〕詫駱駝。須知忠信可利涉，中流擊楫〔四〕方委蛇。人生壽夭會有命，長年小兒雞棲〔五〕窠。七日不汗遇寒疾，君於此際將奈何？垂堂履險古所戒，我方縱論君莫訶。

此與前首肖坡者十之七八。

校記：〔一〕『逝』，詠花軒詩集作『駛』。〔二〕『艷』，詠花軒詩集作『灩』。〔三〕『種』，詠花軒詩集作『腫』。〔四〕『擊楫』，詠花軒詩集作『自在』。〔五〕『雞棲』，詠花軒詩集作『棲雞』。

夕照和〔一〕韻

新霽苔痕溼，晚烟凝不飛。空庭容客步，高樹待鴉歸。返照光偏薄，遥山影漸微。蕭蕭撫修竹，寒翠欲侵衣。

校記：〔一〕『和』下，詠花軒詩集有『扆再』。

秋雲

莫訝秋雲薄，由來淡勝濃。偶然離遠岫，不更作奇峰。帶雨輕浮澗，因風暗入松。山家籬落外，澹沱〔一〕若爲容。

別有寄意。

校記：〔一〕『澹沱』，詠花軒詩集作『潭沲』。

入直南書房恭紀

秘閣深嚴地，文窗接御墀。侍臣趨直後，中使下簾時。釦砌朝烟散，金莖曉露滋。薰爐珍鵲尾，棐几淨烏皮。緗帙〔一〕光浮動，瑤函錦陸離。閬瀛仙侶集，委宛〔二〕異書窺。珠箔香雲繞，銅壺漏點遲。調蘭分法膳，鱠鯉出蓬池。細果金盤飣，香秔玉粒炊。魚依靈沼荇，鳥借上林枝。自顧駑駘質，深慚山澤姿。一門恩愈渥，兩世遇尤奇。守拙承先訓，懷迂荷主知。簪毫慚視草，向日願傾葵。鉛槧當清晝，編摩矢寸私。叨陪鵷鷺後，拜手頌皇慈。

校記：〔一〕『紩』，詠花軒詩集作『帙』。〔二〕『委宛』，詠花軒詩集作『宛委』。

江上曉發

曉夢初回曙色微，篷窗四望景依稀。天低但覺水無盡，山近漸看雲欲飛。小艇暗移沽酒市，野鷗閒傍釣魚磯。人家多在垂楊裏，静鎖寒烟未啟扉。

五畝園即事

蠹葉離枝蔓草删，經旬閉户蘚苔斑。秋添豆莢瓜藤上，人在蘭風桂雨間。澄碧愛看環翠〔一〕水，遠青時對隔城山。修廊曲檻清無比，鶴髮追隨杖履問。

校記：〔一〕『翠』，詠花軒詩集作『砌』。

苦雨次二兄韻

良友招攜約屢違，林花紅色〔一〕亦應稀。幽窗但覺夢酣枕，永日不聞人叩扉。碧貯天泉頻瀹茗，寒生長夏尚添衣。澄懷別有悠然處，水滿方塘白鳥飛。

校記：〔一〕「色」，詠花軒詩集作「濕」。

同年汪杜林祖母程太夫人百齡壽詩

母儀夙仰閫中賢，純嘏新開上壽筵。慶衍期頤迎老福，恩承聖藻錫長年。駐顏水自丹砂井，繞膝人皆鶴髮仙。回憶含飴已周〔一〕甲，孫枝今秀〔二〕大羅天。

校記：〔一〕「周」，詠花軒詩集作「花」。〔二〕「秀」，詠花軒詩集作「傍」。

送二姪出守梧州

頻年三度鳳城過，五馬新看振玉珂。天語從容三殿曉，君恩深重一門多。先人舊有甘棠澤，循吏曾聞襦絝歌。況是仁[一]賢遊宦地，萬松亭子近如何。

温醇和婉，不減楊景山。

校記：〔一〕『仁』，詠花軒詩集作『八』。

送魏定野歸柏鄉　別裁集選

蘭[一]齋把臂足清歡，聯句論文夜漏殘。楊柳旗亭偏送別，杏花村店尚餘寒。萊衣爱日春方永，謝草關情夢未安。無計留君倍惆悵，心隨歸騎過邯鄲。

沈確士曰：『「楊柳」一聯似人人意中語，佳處在自然，一加追琢便失天趣。』

校記：〔一〕『蘭』，詠花軒詩集作『蕭』。

南歸 別裁集選

廿載勞人得賜閒，故園風景隔塵寰。瀠洄馬鬣雙溪水，層疊龍眠萬笏山。屐履獨尋新蘚徑，烟雲仍護舊柴關。林泉瀟灑無拘檢，大似開籠放白鷳。

松風蘿月送餘年，暮靄朝嵐別有天。門爲看山甯用杜，車還駕鹿不須懸。烹茶泉比中泠水，荷鍤秧分下潠田。老我得耕從牧者，蕭閒真覺主恩偏。

沈評：『「杜門懸車」，歸田後常語，一經翻用，便覺生新。』

由來齒角未容兼，獨荷生成意已厭。奉席兒能謝簪紱，扶笻婦尚理虀鹽。含飴孫幼甘同剖，高枕林泉夢共恬。慚愧此身論取與，天公傷惠我傷廉。

三、四語見世禄，由禮聰訓之遺澤孔長矣。

病中不寐 四首之一

微風動疏林[一]，秋聲落庭廡。山城長短更，一一清可數。

校記：〔一〕『林』，詠花軒詩集作『柯』。

即事　十首之二

風定烟痕漠漠，日長庭院深深。薄暖輕寒正好，養花天氣春陰。
柳色麯塵初染，杏花卯酒方酣。遲日園林春半，餘寒烟雨江南。

新秋家兄稼書招遊北墅　四首之一

環抱方亭水一涯，坐憑曲檻柳陰遮。波紋乍動微風起，時有文魚唼落花。

山樵〔一〕

深山石徑抱溪斜，劚得幽蘭帶淺沙。十里負薪樵子路，香風吹送擔頭花。

校記：〔一〕詠花軒詩集詩題作山樵負薪多以幽蘭置擔上。

舟過維揚

扁舟幾日趁〔一〕淮流，野草荒村動客愁。瞥見疏林茅舍好，一帆風雨到揚州。

校記：〔一〕『趁』，詠花軒詩集作『蕩』。

舟泊無錫 別裁集選

九龍山色何媚嫵，坐見白雲方〔一〕縷縷。空濛散作波上烟，篷窗一夜瀟瀟雨。

校記：〔一〕『方』，詠花軒詩集作『生』。

吴門雜詠〔一〕 五首之一

練塘湖畔漾晴沙，招隱山前落晚霞。近水人家都種柳，操舟小婦亦簪花。

校記：〔一〕詠花軒詩集詩題作自京口至吴門雜詠。

過惠山

白鳥雙飛破水烟，輕舟移過惠山前。當風自置煎茶火，滿甕新攜第二泉。

三姊書室顔曰柳陰小艇 四首之二

到地垂藤錦纜牽，拂檐疏樹布帆懸。柳灣深處通花港，小泊襄陽書畫船。
宛在蒹葭水一隈，閒窗日對柳陰開。人間風浪知多少，不到歐公畫舫來。

聞兒需就塾寄勖

謝庭玉樹應難比，王氏青箱未易傳。珍重一經須努力，先人遺澤在書田。

三姊過嚴州署中因遊湖上賦寄

湖光如鏡柳如絲，古錦囊攜絶妙詞。從此蠹窗詩百卷，更須編入越中詩。
官齋爲客啟花關，畫舫乘流任往還。好景一時都領取，西泠烟水富春山。

舟　中

柳岸花蹊麥浪風，雨餘山色更空濛。淮陰路接桐江水，一月春風畫舫中。

途中雜詩　六首之一

繡嶺雕巖五色宣，雲輝霞縵各争妍。春光幾日濃如酒，開遍千山紅〔一〕杜鵑。

校記：〔一〕『紅』，詠花軒詩集作『山』。

閩中雜詠 四首之一

閩南草木耐炎飆，長夏園林景色饒。天半朱霞紅〔一〕四照，佛桑花映美人蕉。

校記：〔一〕『紅』，詠花軒詩集作『光』。

曉過玉蝀橋

沙路初乾宿雨晴，軟紅不動氣尤清。水風吹緑雙橋接，疏柳陰中款段行。
烟柳風蒲水一涯，紅妝臨鏡艷明霞。露華猶白晨光動，開遍瀛洲萬朵花。

送楊升聞歸里 別裁集選

節近傳柑花映扉，山園且莫戀芳菲。逢君一葉樵風便，流過春江燕子磯。

詩中天籟，以不雕琢得之。

張廷瑑七首

張廷瑑 字桓臣，號思齋，雍正癸卯進士，官至工部左侍郎，有思齋示孫編。示孫編自陳表：『雍正元年進士，改庶吉士，授職編修，升侍讀、侍講學士，晉詹事、内閣學士。』貢舉考略：『乾隆丙辰會試總裁工部侍郎張廷瑑，甲子江西典試工部侍郎張廷瑑。』劉才甫集工部張公墓誌：『公生長貴胄而敦篤樸誠，絶無華膴綺紈之習，能洞悉生民之艱難，常推己以及於宗族戚好。卒年八十有二。』姚南青集工部侍郎張公墓誌：『公生有異質，稍長讀書，日數千言。爲文章古質奔放，而必衷於經訓。官至侍郎，乞歸，閉户率子弟飭行讀書，輯家乘，增祭田、義莊，吉凶之禮秩如也。』姚夢穀集張公墓誌：『公兄弟六人，其四皆貴，長少詹事廷瓚、次太保大學士廷玉、次禮部侍郎廷璐。公爲人誠樸篤謹，細微必慎。督江蘇學政，遇試士，公服竟日，謹奉法度，絶阿私。所爲喪祭禮制多合於古，足爲法式。』澄懷園語：『六弟廷瑑昔年往祭陵寢，途次大風雪，同人欲沽酒以禦寒，弟以未行禮，力持不可，同人頗以爲迂。然弟生平之不欺暗室，大率類此。』瑍按：公仕至卿貳，父兄累世台輔，每持躬儉素，動循矩度。宴客止六簋。今里中猶傳其約歲饑助賑。公遠至湯鎮，親其事數月，粥廠贍給萬數千口。其宗族義莊、祭田，皆立法周詳，至今遵守焉。

擬古田家詩

比鄰爨烟共，春深事耦耕。花繁寂清晝，日午聞雞聲。荷鋤意少倦，倚樹聽流鶯。陌上誰家女，結伴采桑行。稚子牽衣戲，蠶筐葉滿盈。裙拖春草緑，簪結山花明。平沙渡橋去，溪流響泠泠。

江行雜詩

推篷看暮色，風起荻颼颼。浪白撼罾室，峰青上客舟。一帆偕借雨，五月似新秋。且博今宵醉，牀頭酒可篘。

水鄉漁者，以木楮波濤中而結篷，其上曰『罾室。』

送周介南歸里步吴七雲先生韻

輪蹄幾載别家山，勞吏欣同倦鳥還。不厭秋風吹短鬢，好看新月到柴關。幽懷探勝烟雲裏，佳句耽吟冷水石間。陶令琴尊差足樂，羡君老健復能閒。

過永濟寺贈默上人 湖海詩傳選

一徑秋陰蹋蘚苔，翠蘿深處寺門開。懸崖石色窗中出，繞閣江聲樹杪來。剩有禪房容徙倚，尚留先澤重徘徊。流光五十餘年逝，又到蒲公舊講臺。康熙壬戌先公有蒲公和尚詩。

松堂清閟聽鐘魚，苦行山僧八十餘。卓錫不曾行脚去，繙經爲愛閉門居。閒雲野鶴心同静，瓶水鑪香意自如。古木十圍忘歲月，蒼顔相對一窗虚。

七十生日放言

維摩斗室本來工，物論何須辨異同。升黜静觀螻蟻戰，是非直等馬牛風。張機巧中偏多累，示病無言自不窮。清淨此心還故我，且看秋月上高桐。知命立命，通塞灑然。

送姪荆南之浙令任

百里山城浙水濱，盛朝丹詔重親民。還將舊日虀鹽志，濟得蒼生幾户貧。

張廷瓘四首

張廷瓘 字粱臣，號韞齋，康熙間廩貢生，有謙益堂遺詩。葯齋宗伯序曰：『七弟負儁異才，讀書苦心研索，務窮奥窔，所爲近體詩意致高曠，落落不循恒徑。屢試南闈不得志，年未四十，鬱鬱以卒。』

午睡

雙槐當户緑，雨過區微涼。花落空階静，鳥啼清晝長。湘簾縈篆影，水簞結波光。古籍閒披誦，端宜覓睡鄉。

過爽來庵

一鏡窗開面碧岑，長堤老樹散秋陰。疏鐘幾杵度荒浦，野鳥數聲歸遠林。偶寄香臺幽夢永，閒依禪室古懷深。人間饒有清閒地，輸與山僧自在吟。

茅山采藥

朝行茅山上，暮行茅山下。采葯自年年，孰是長年者？

灌　花

古槐深巷閉荊關，半圃幽花亦解顔。抱甕終朝不知倦，息機聊得漢陰閒。

張廷珠十二首

張廷珠　字合浦，號松樵，諸生，有豆棚偶吟。豆棚偶吟自序：『余年五十後，不事舉子業，避跡湖干，謝絶塵世，築豆棚於萬竹千松之下，放小艇於蘆花淺水之灘。散髮箕踞，披襟嘯傲，聆漁子、牧兒之謳歌，花香鳥語之天籟。偶爾輒奮筆書之，投敝簏中，非詩也，偈也、囈語也。世之采風君子倘愛而忘其醜，得續吴江楓冷風雨重陽之後，成一段佳話，又豈余意想所及者哉！』

孤松行

陟彼東南岡，尋幽不覺遠。松枝如蛟虬，斑駁復偃蹇。坐愛蒼翠陰，歸途忽已晚。

木香棚子歌

先人種木香，計年未滿百。高不踰三尋，下堪布十席。葉密緑如雲，花繁白似雪。澹蕩生涼風，襏襫少熱客。位置當芸窗，羅列多奇石。酒熟召比鄰，香風吹阡陌。

新晴

雨歇鳩呼婦，吹烟帶溼痕。遠山青欲滴，堤柳緑初繁。水暖魚兒躍，風和燕子喧。野人占歲稔，長嘯荷松根。

湖上晚眺

縱目杳無際，晚晴湖上天。僧歸一林月，犬吠隔溪烟。波冷拳雙鷺，秋高咽斷蟬。星星漁火近，知是采菱船。

構　屋

構屋面流水，窗開時見山。帆歸疏樹外，漁唱落花間。夕露滋松圃，晴雲鎖竹關。此中堪適意，何事著愁顔。

湖　山

輞川圖畫玉川詩，曲曲溪橋短短籬。一椀松明留客話，半爐葑火約僧棋。春村蠶箔喧茅屋，秋社豚歸賽水祠。爲問拂塵騎馬客，此風争得幾人知。

月夜泛舟

月色波光萬頃圓，篷窗孤坐意悠然。水天倒影星辰濕，菱芡登盤齒頰鮮。雁字書空來窈窈，漁歌流韻去翩翩。生逢懷葛熙皞日，我亦含哺樂暮年。

松　關

古松依石磴，門徑此中分。筦鑰無勞問，虬枝鎖白雲。

白雲谷

谷口有白雲，白雲乃名谷。多少去來人，雲深迷往復。

山　居　六首之一

黄鳥雙啼緑樹，白鷗對浴清池。遠浦漁舟泊早，隔溪沽酒歸遲。

夏初即事

麥秋纔至一村忙，庭院風和煮繭香。老我日長無箇事，借抄鄰曲種魚方。

適　意　二首之一

市塵不到此山中，蟹舍漁莊太古風。一帶臨溪沽酒路，小橋流水夾梧桐。

張廷璇一首

張廷璇　字清少，號律齋，乾隆初，官通州鹽運判。

夜與客談有作

雨霽微涼送，開緘一詠歌。離情爲日暫，樂事得詩多。邗水浮青靄，鍾山疊翠螺。我曾快遊覽，今復見烟波。

張　璽二首

張　璽　字克長，號樸存，康熙間考職，官高安縣丞，有詠嘯亭集。

浮　山

此山真勝境，別自有烟霞。泉滴洞中乳，蓮開石上花。仙梯緣突兀，佛閣綴崟岈。回首蒼茫裏，疑乘博望槎。

題楊與三別業

羨君別墅俯長川，花滿園林酒滿船。閣喜臨流堪把釣，門多勝侶好談禪。曉天月浸三江浪，晚照山浮九子烟。幾欲登龍拚信宿，攜樽共醉白雲邊。

張劍光一首

張劍光　字嗣九，號愚溪，康熙間處士，有棲衡集。

即　景

烟銷山色青，月出溪光白。竹徑不逢人，但聞清露滴。

張思耀二首

張思耀　字德元，康熙間附監生，贈國子監祭酒，有花亞軒詩集。

陶丘束裝

去住原無定，今朝又理裝。繁霜一夜白，落葉萬山黃。飛雁聲何早，驅車路正長。蕭條歸故里，猶勝客他鄉。

讀鄴侯傳書後

白石青鞋儘自然，優遊杖履便成仙。出山已作歸山計，似較留侯箸更先。

張尹六首

張尹 字无咎，號莘農，乾隆丙辰進士，官長樂知縣，有石冠堂詩鈔。徐士林序曰：『无咎於丙辰館選，旋補外。所著詩、古文，氣茂而境清。其於六經之旨，自漢以來之箋注、及古作者之體格源流，悉合而滙之於文。其詩亦必於此依而永焉，其本深，斯所言盛大而不窮；其積厚，斯足以垂之久遠而不朽。』

孝節詩 正紅旗宗室隆德年二十四卒，其妻東鄂氏躬喪葬畢，縊以殉。

貫日天潢派，烈風大樹枝。王孫陟屺岵，將種出閨帷。氏黑龍江將軍之女。已悵登霞望，何堪寡鵠悲。喪過盥饋禮，祭泣蘋蘩詩。孤翼聯雲墮，同心穿塚隨。頭釵新少婦，腰箭好男兒。結解生前髮，繯牽死後思。千秋罔極恨，幾日未亡期。泉壤賁金玉，宗藩光鼎彝。根源良有託，風化振於兹。

五臺山參胡圖度

紫塞風清滄海澄，臺山翠碧擁層層。千盤地種金銀樹，三界天浮日月燈。北客南歸迷故我，西來東土駐高僧。平生雲影渾除盡，乍見恒星列上乘。

登北固山

如繡山川簇畫欄，吴雲楚客接天端。金焦晃日三山近，江海交風五月寒。忽聽鼓鐘生夕照，曾流晉宋壯波瀾。孤懷别抱江南意，丁卯橋邊帶月看。

四語確不可易。

别周都司

花縣偏宜細柳營，海濤遥接嘯鸞聲。並鞍郊野雲無盡，攜手河梁月又生。龍虎陣圖傳蜀國，蒓鱸鄉思動吴情。投壺都憶軍門事，曾閃雙旌下建城。

和諸友留别江干原韻

北山不負舊松蘿，千里還家特枉過。遍踏春花三月酒，難酬好友百回歌。緑楊拂岸藏烏帽，青眼横空映碧波。江上停雲望何極，郵筒遥待片帆多。

下灘歌

半角斜天千里遥，健兒身勢欲凌霄。山揺石裂衝波去，船尾船頭捩两招。

張筠五首

張筠　字渭南，號歐舫，雍正壬子舉人，官内閣典籍，有歐舫詩存。

八月十六夜河橋看月　三首之一

附郭即桐陂，清淺不容筏。秋雨淨渟泓，恰宜貯明月。微瀾漾晶瑩，涼影動毛髮。何來數杵鐘，颯颯清商發。

斷針吟　爲李道母胡孺人賦。

冷月耿長宵，霜天泣孤雁。針斷線仍聯，劬勞母心慣。力盡身殘忍棄捐，偶然藏弆豈須傳。太剛則折宜知警，留與兒孫作佩弦。

陸巢見招尋秋次元韻

衰顏縐瘦如鞾紋，出門無伴居無群。少年相見輒相避，譬彼生蠹憎枯芸。陸巢老友頓折柬，招我同蹈秋山雲。苦愛黄花矜晚節，尚憐青桂留餘芬。臭味疑入君子國，欣佩朝朝生華熏。賦詩行酒集蕭寺，大將旗鼓張中軍。搜乘補卒備悉索，吟聲出吻紛蚊蝨。枯腸澁縮勉稱韻，播蕟那得争馨葰。觥籌交錯發故態，意氣直欲凌青雯。我輩無聊聊任達，休疑怪物號江濆。烟昏路黑歸城闕，晚鐘隔嶺遥相聞。巷南巷北未云遠，亦覺小别襟難分。晨星落落尚餘幾，但能高會無嫌勤。

石門草堂庵次洞泉叔韻兼懷墨莊弟

石門真隱處，屏嶂列千峰。陳跡遠荒徑，重遊仗短筇。霜枝留敗葉，雲竇出疏鐘。悟得無生法，休論定慧宗。

送午莊表弟之官甘肅

東郊祖席按伊涼，賓從酣歌盡激昂。志士功名半關塞，書生經濟在巖疆。棠聯秦隴家聲舊，詔簡賢能吏治良。魚海洗兵烽戍息，正須召杜課耕桑。

張桐一首

張桐 字荆南，號蔗亭，雍正丙午舉人，官萊州知府。

題家樊川秉燭讀書圖

君不見宋子京，朱門雪夜羅金樽。侍女如花照修史，兩行絳蠟燒黄昏。又不見劉子政，石渠天禄連雲峻。讐書萬卷成七略，金缸欲晦燃藜映。胡爲乎焚膏終歲惟固窮，獨從渾噩窺鴻濛。汗牛充棟勒未已，宵深一穗燈花紅。君言此中有真樂，曠遠情懷淡生活。眼光直落千載前，要使心胸日開拓。畫圖省識鶴儀形，雒誦琅琅似可聽。闕下獻書還有喜，已看黄色起天庭。

張鴻猷一首

張鴻猷 字安道，號剡溪，乾隆末祥符巡檢，有剡溪詩稿。

夜巡村莊

柝聲零落隔村聞，匹馬衝寒逼夜分。欲學灞陵停騎問，荒原無復舊將軍。

張純七首

張純 字吾未，布衣，有苦竹山房詩稿。張莘農石冠堂文鈔張吾未傳：『同姓兄吾未幼有奇慧，家貧不能就塾，年二十尚同傭保雜作。忽一日徘徊郊外，高吟「凍煞梅花雪不知」之句，同里詩人方鹿湖驚識之，授以詩法，遂工詩。自是晨入市，治生營甘旨，夜則就月讀書。庭有老梅數株，恒對吟之，得詩百首，精於篆刻，所遇鼎彝、錢布，下至敗壘器，輒皆爬搜撫纂，成集曰篆會。後遊江浙，士大夫爭致之。吾未每坐上坐，掀髯賦詩，性慷慨，嘗值遺金三百歸之官，灑如也。後因所居爲蛟銜没，舊藏圖籍、器玩一空，遂抑抑以卒。苦竹山房在東郊外，且工刻竹章，因自號「苦竹山人」云。』

巢湖苦寒行

巢湖凍合濤聲死，一望層冰百餘里。湖邊草屋漁人家，晝掩柴門失生理。皴裂膚指風如刀，荒荒野日無光彩。癡龍老蛟喚不醒，安得春雷劈空起。换將風景屬青皇，任我扁舟泛烟水。

蕪湖識舟亭

東鄰釀酒西鄰香，揮金買醉徒傾囊。廐中老驥尚伏櫪，匣内寶劍空許長。胸中有氣吐不得，提劍出門步江側。秋山木脱秋水清，巍巍孤亭正堪陟。憑欄却憶亂離時，不覺涔涔淚沾臆。裘冕忽看青衣榮，將軍裹尸徒馬革。昔時如此今太平，珠簾夾路聞歌聲。遊人不暇究往事，殘碑斷碣誰支撐？長嘯一聲楚天暮，風起濤翻老蛟怒。干將三尺知我心，遥舉一觴酹君墓。

墓，黄靖南墓也。

將抵巢縣舟中作

村村布穀啼，岸岸柳花飛。正愛雨方歇，不知春已歸。曉烟迷荻渚，新水上苔磯。漸覺半山近，長歌指翠微。

夜坐寄友

萬木含秋籟，虛堂卧獨遲。美人隔烟水，明月共相思。作客竟何補，著書空爾爲。來朝理筇竹，好訂白雲期。

訪書巢不遇

渡頭添蜃市，溪口失鷗沙。爲訪棲雲客，真乘泛斗槎。鶴眠三徑草，門掩一林花。却怪東山屐，尋詩過別家。

送歌召之武昌

嘹唳征鴻不可聞，斷橋東畔睹離群。萬條楊柳邊關路，才喜君歸又送君。

柳湖櫂歌 三首之一

閒趁新潮學釣徒，自敲蘭槳掉扁舟。臨流笑指青帘影，七尺竿頭九寸鱸。

張仲華一首

張仲華 字玉叔，一字碧峰，康熙中附監生。

園中雜詩

手撥鵾絃對落暉，當窗飛鳥亦忘機。林梢吐出如鈎月，半映珠簾半上衣。

張楫一首

張楫 字元涉，號谷齋，貢生，官建水知州。

閒居

花飛春色暮，寒氣未全除。帖寫烏絲潤，衣裁白袷疏。湖山容著屐，歲月付懸車。夜永横琴坐，微風拂軫初。

張若靄四首

張若靄 字景采，號晴嵐，雍正癸丑二甲一名進士，官至内閣學士，有蘊真閣詩集。省志：「弱冠登第，乾隆元年襲伯爵，生平工書善畫。及爆直内庭，得遍覽古名人真蹟，臨摹仿傚益臻至美，有得其片縑尺索者，珍逾拱璧，卒年甫三十四。」花間談録：「晴嵐學士早年登第，己中鼎元，文和公懇請讓天下寒畯，改二甲傳臚。工書善畫。後隨扈五臺山，馬上繪圖進呈，嘔血回京，卒年方三十二。先是文和公姚夫人因無子，在五臺求嗣。學士臨終云：『是五臺山童子，太夫人求嗣應命而來，今當歸故處。』卒後照伯爵禮葬恤賜祭。」吴芝江和晴嵐太史樂志詩十首，其六云：「多才謙退未遑居，愛傚前賢君自如。淮海好詞摩詰畫，拾遺佳句右軍書。燈紅酒緑佳賓集，琴韻棋聲逸興舒。最是挽强神更旺，一鞭驕馬過階除。」

拱極城扈從

萬國拱明堂，長城東大荒。貢輸新薊宇，地闢古燕疆。細草含烟碧，飛濤帶日黄。龍旂展春色，歸雁見翺翔。

泛舟圓明園恭紀　六首之二

殿閣延新霽，農田卜有秋。欣聞甘澍遍，詔許侍臣遊。遠水通仙苑，微風引御舟。去天真咫尺，無復數瀛洲。

帝子天人質，深宮懋學時。暫教開講幄，隨侍泛瑤池。儼恪儀文習，從容奏對宜。更聞天語切，督課重嚴師。

上謂大學士曰：『教導皇子立課宜勤，尤使有嚴憚之意爲是。』

車駕東巡盛京恭謁陵寢大禮慶成恭紀　十首之一

經文緯武擴皇圖，聲教遐敷自古無。世德十章齊二雅，盛京一賦壓三都。葵心向日依璿極，芝蓋回鑣傍斗樞。奕世繼繩光俎豆，豈徒周祚慶同符。

張若需二十三首

張若需 字樹彤，號中畯，乾隆丁巳進士，官翰林侍講，有見吾軒詩集。劉海峰集侍講張君墓誌：『大父文端公、考禮部左侍郎，君方髫齔，穎出儕輩。授編修，進侍講，凡館閣文章之務，君皆隨宜立就。在疚獨居殯宮塋兆之側。所爲文甚富而長於歌詩，其侍宗伯出塞，有從邁集。』又見吾軒詩集序：『文章之傳於後世，或久或暫，一視其精神之大小厚薄而不逾纍黍，中畯乃獨得雄直之氣，以與古之作者相頡頏。雖其年不及中壽，而精神固已長留於不敝矣。』曾煥序四世講筵詩鈔曰：『職隆茂異，寵謝勳戚。一門七貴，不足參其列；四世三公，未嘗踐其階。蓋嘗溯稽歷代，代不數人，特命專官，官不及世也。若桐城張氏四世十人爲講官，誠往古未有之盛事已。昔文和公纂進詞林典故，御賜句云：「便將翰苑登瀛譜，喚作卿家世系圖。」天藻輝光，足爲徵實。臣家榮寵，孰得比倫？今宿州司訓曾虔有四世講筵詩鈔之刻，金坡遺事藏在龍眠之館，玉音問答編作鯉庭之經，固知當日者周公拜前，魯公拜後。季方難弟，元方難兄，載披全集，備見殊恩，宜張氏後人感而永矢焉耳。』

彭城懷家兄楞阿 四首之一

新秋苦風雨，蕭蕭響松竹。入耳浩已盈，淒清不可觸。緬惟坡與潁，歡會記澶濮。詎無飄泊悲，舊約偶然續。千秋跡如掃，哀樂隨轉軸。我來逍遥堂，清宵卧幽獨。復此對牀眠，吟望增躑躅。別離盛年事，閒居晚歲卜。平生馬少遊，款段願已足。此語毋相忘，高舉瞻黄鵠。

答夏醴谷前輩

承明肅晨謁，別苑趨青郊。登車不覺早，明月中天高。墟里出燈火，遠鐘時一飄。陰陰萬楊柳，一一垂烟梢。微風澹游塵，輦道平不嶢。高軒結軫蓋，駿馬連睢尻。疲驢屏道側，蹢躅暗不驕。茫茫人海中，麟角儷牛毛。同欣侍香案，振佩依丹霄。永言結蘭茝，出入聯吟鑣。

望黄樓用河復韻

羽衣吹笛黄樓上，世無此樂三百年。風流刺史見豪俊，坐消濁浪驅鯨鱣。城上秋風高會罷，詩人猛士散鞍馬。定知來者後爲誰？行人引領荒城下。公才岱筆何嶢嶢，句壓萬景不敢驕。兹樓巋然鎮沂泗，泛濫不近城壕橋。擬上樓頭倒醽醁，風月清談屏絲竹。興酣招手鶴歸來，無邊烟鎖雲龍木。

望醫巫閭山

海門日出扶桑紅，朔天萬里霜烟空。馬前了了列巨嶂，隱然氣色雄關東。北鎮之山名最古，望秩遠稽堯典中。路遐徑僻到者少，天寒虎豹踞蒙籠。鞭痕未泐暴秦跡，煉餘尚緬媧皇功。空岩雪際落風瀑，寒光簸蕩銀河風。六山環抱互掩映，絶頂下瞰馮夷宫。我疑山名自古昔，後來累譯無由通。職方紀載缺訓詁，郭生只解箋魚蟲。遼陽壤地界蒙古，近拱三輔尊土中。内安外攘託保障，功德遠配泰華嵩。以兹廟食永無斁，不虚峻極標穹窿。寒風刺面緊格格，馬蹄動地聲隆隆。揚鞭大笑入關去，他年來挂天山弓。

南園韶石歌

南園韶石雙峰奇，望中磊落何嶔嵜。巨靈掌擘愚公移，天然丘壑相高卑。雲根遠劚湞江湄，一拳不賣雙朱提。出入懷袖混燧觿，爐熏硯滴差追隨。到眼突兀驚瑰琦，高齋半壁烟蘿垂。塵埋蟻穴苔蘚期，一朝拂拭升軒墀。十夫邪許肩絙縻，重綈大凡平如坻。如鼎貫鉉舟承彝，摩抄不惜两手疷。點染坐費千隃麋，幽光怪色斑陸離。擊拊宜經一足夔，主人醉客争吟詩。酒痕墨瀋雺淋漓，是日臘雪天半篩。凍雲壓檐寒風吹，陰崖黯淡嵐翠滋。横峰側嶺相蔽虧，招手帝子吹參差。竹林隱隱青猿悲，我行萬里窮邊陲。白山黑水歸罤羈，洽涯不到勞夢思。尤物瞥見真療飢，烟雲過眼風花披。埋盆汲水都兒嬉，一生幾緉甯非癡。傾身障簏徒爾爲，平泉萬笏嘲布棋。米顛亟拜空形疲，較量得失銖與錙。閒居騎省鬢未絲，林亭傍舍奉母慈。一水一石疑畫師，花澗竹杖親捧持。圍爐坐對蒼山姿，嶺梅初綻南榮枝。

句奇語重，古光流溢。昔人謂杜詩、韓文，無一字無來歷，於先生此詩見之。

五畝園

閒園去丘壑，向夕下林扃。皂莢陰三徑，桐花香一亭。水交孤沼碧，山納故窗青。幽興乘明月，何人倚石屏。

妙高臺分江字

拔地靈根矗石幢，妙高臺上俯驚瀧。露承崷屼金人掌，雲護玲瓏玉女窗。二月風烟連碧海，三吴花月俯春江。我來四大空無礙，解帶禪鋒鷲已降。

徐州試院酬又牧兼呈同事諸公　四首之一

瑟瑟楓林玉露滋，彭門歸及早寒時。九秋高會期重續，十萬歡聲幸有奇。雲外征鴻纔命侣，袖中錦字已麈詩。紅塵乍遠忘西笑，望斷金門赤羽旗。

送毛大睿中

三年楮葉刻難工，一斥誰憐失路鴻。燕市無心交馬客，越溪何處訪猿公？牢愁欲畔吟何苦，時命堪哀遇豈窮。人海茫茫頻送別，柳條攀盡酒瓶空。

楚辭有哀時命篇，續騷有畔牢愁篇。

宿衛新乘直指車，熬波本計要全攄。由來鹽鐵咨文學，莫遣丹鉛混簿書。代舍漫棲彈鋏客，王城空掩草元居。津門烟水連三輔，早晚平安付鯉魚。

南苑大閱恭紀

御營曉日照戎衣，旃幕風和颺大旗。萬隊無嘩騰士氣，六鈞親挽見天威。平原霜耀琱戈密，廣漠雲屯鐵騎圍。從此羽林稱鋭旅，君王一顧有光輝。

即事

平原倏見萬廬張，略闢萊蕪旋置牀。掘井得泉茶鼎洌，蒙古無水處，營中皆自掘井，八尺下輒得泉，味頗甘。刈蒿添竈飯匙香。營中多刈野蒿爲薪。風寒飢馬嚼譁粟，月黑尪駝夜嗽霜。京國漸遥聞見異，黄雲前路尚茫茫。

遊春君山

一聲欸乃吴孃曲，四面窗扉鴨嘴船。鴉軋中流散柔艣，半篙新漲碧如烟。鐘磬泠泠雲外落，大江東去寺門開。碧空盡處樹如薺，時有風帆幾葉來。

采菱曲

郎如荇葉任風牽，儂比蒲根紉石堅。采得菱花作明鏡，照儂憔悴照郎妍。

茅山遊仙詩

峨嵋林屋接金庭，窈窕山城已字形。一自遊仙人去後，猿啼鶴怨冷青冥。
八駿空爲物外遊，瑶池黄竹不勝秋。匆匆又作玄雲曲，歌向飆輪峰上頭。
龍馬齊鳴玉珮鏘，阿環掩面幾滄桑。集雲青鳥無消息，更遣殷勤郭密香。
五辛菜熟自攜鋤，市得朱砂貯我爐。浮世茫茫人代速，巴陵可寄一封書。
争識桃枝舊姓張，玉皇親賜紫霓裳。羽幢翠葆持旌節，新拜晨明女侍郎。
令歸勾漏丹砂盡，人去羅浮井臼空。争似山中閒宰相，三層樓閣聽松風。

陶東序子湖歸覲圖

瀛洲小别試輕衫，歸思渾如馬脱銜。一種有情春水岸，桃花催櫂柳迎帆。
御香盈袖賜衣新，拜慶人歸赤鑄春。照得調蘭親點饌，江魚尾尾白如銀。

張若潭一首

張若潭 字澂中，號魚牀，乾隆丙辰進士，官翰林院檢討，有遠峰亭詩文集。翁方綱講筵四世詩鈔序曰：『故事，講官缺，自掌院學士兼充外，則若詹事以下，至編修、檢討，皆得入選，然有官歷局坊而不得一充講官者，故仕宦以詞臣爲榮，而詞臣尤以講官爲榮也。桐城張氏自大學士文端公、少詹事隨齋公、大學士文和公、少宗伯葯齋公、少司空思齋公、檢討魚牀公、侍講中畯公、閣學晴嵐公、閣學鏡壑公、少詹事橿亭公，祖孫、父子、兄弟四世相繼，直爲古今希有之盛矣。』

賦得含桃薦寢廟應制

蕤賓應節含桃熟，繞樹垂垂火齊含。感物聖心清廟供，登鮮祀典禮臣諳。光生御苑金丸麗，圓映彤庭曉日酣。藏葉朱朱低蘚徑，如珠顆顆瀉筠藍。花鈴響處垂枝重，山鳥窺時釀味甘。赤玉盤擎先寢殿，丹楹室燦帶朝嵐。影摇絳燭清輝照，彩襯霞觴醁醴函。芬苾共雝誠主一，馨香偕麥獻維三。榴花應候何能比，梅子同時未許探。西蜀野人情入詠，曲江賓宴樂同湛。恰當時食逢朝薦，群慶天恩及遠覃。飽食新櫻歌闕下，儒臣珥筆意多慚。

張若霏三首

張若霏　字潔中，號遯翁，雍正間邑諸生，贈京山知縣，有竹香齋詩。方世儁序曰：『潔中詩風疏雲上，春麗鯨鏗，而詞必己出，不指前公襲，可謂生蓄而從順也。歐陽子云：「詩必窮而後工」，今潔中生於高門，長於紈綺，蘭成哀思，宋玉悲歌，當無由一入其懷，而乃能與山癯澤瘠爭工拙於分寸毫氂，斯亦奇矣。』

雨花臺

何人事佛便長生，花雨繽紛感一誠。但許香風番貝葉，不蒙慧劍護臺城。火臨同泰先□異，夢得中原斷梵聲。四十八年空色相，只餘寸土襲清名。

春遊　四首之三

一徑橋邊村落，雙扉竹裏人家。童逐犬迎賓客，翁留茶話桑麻。斷岸深朱淺白，疏籬重白輕黃。迢遞烏歸密樹，酩酊人醉斜陽。

元宵竹枝詞

長亭曲檻結縑繒，五色紗籠繫赤繩。不是宵深寒轉淺，半緣人醉半緣燈。

張　崇六首

張　崇　字定山，雍正間貢生，有雲村詩集。

青帘曉發

崩岸臨河險，危橋獨木支。曉風迎面冷，野水退灘遲。柳密圍漁艇，村荒落酒旗。微吟倚孤櫂，烟樹總迷離。

同葉大慚飲七叔齋中 二首之一

同君深夜飲，清興寄南樓。徑窄花光聚，風斜燭淚流。紅塵空逐鹿，白水愛盟鷗。揮麈閒談古，將消萬古愁。

同友人郊外看花兼懷三姪

粥香餳白淺寒天，踏閣攀林興自偏。招客共傾花下酒，尋春頻挂杖頭錢。四圍山色如圖畫，幾處禽聲雜管絃。泛梗只今憐小阮，不同吟賞已三年。

扇

巧製方空面面新，每逢長夏最相親。往來縱使能驅暑，舒卷須知總借人。愛撲流螢當月夕，閒招舞蝶向花晨。羅衣風入涼如水，何處堪容半點塵。

招友人酌桂

小院新涼敞碧紗，偶招閒侶話茶瓜。夜深蟲語諠秋草，庭静天香發桂花。負郭尚存田二頃，騎驢休問路三叉。傳杯共盡今宵興，一任長空斗柄斜。

姚象貞移居

居卜城隅遠市諠，徑幽雙屐破苔痕。鳴珂近接烏衣巷，□□常開白板門。藜火光摇書滿架，菊花香撲酒盈樽。情深中表頻來往，風雨芸窗細討論。

張若嵩四首

張若嵩 字月申，號秋鶴，乾隆初布衣，有可青詩集。

太霞宫聽楊道士話武夷

木落草荒荒，琳宫閉夕陽。偶然逢羽客，試聽話仙鄉。藥竈埋陰壑，丹梯接上蒼。洞天三十六，幽思杳難忘。

過古靈泉

山行轉欲盡，石路滿青苔。野寺人過少，禪關晝未開。風吹松子落，雲送水聲來。坐聽歸鐘動，塵心亦自灰。

送戴五周

先生惟好道，世事日相疏。采藥山中去，歸來掩敝廬。爐邊高士傳，窗下右軍書。只此共晨夕，翛然興有餘。

失　題

六朝歌舞豪華歇，商女猶能唱後庭。千古江山圍故國，幾番風雨入孤城。鳳凰飛去梧桐老，燕子歸來楊柳青。白面書生頻慨古，任看驄馬繡衣行。

張若巖一首

張若巖　字及申，乾隆初官順天北路同知。

客嘆示七姪

從來炙手勢，顧盼生光輝。坐間有上客，僮僕畏其威。咳唾豈珠玉，彼自不欲違。趨走伺顔色，甯獨主人爲。梁棟一朝折，其心遂轉移。温顔而霽語，面承背即嗤。宵小性豈薄，時勢固如斯。九曲共一源，千條共一枝。大道本昭著，長恃每貽譏。譬彼坦易途，往往多巇𡾊。猘犬尤可畏，獰猙壯離奇。防身一不慎，動即爲所噬。遠害無異術，終年長掩扉。丈夫受人恩，義在安可虧。鹵莽終敗事，報答當須時。汝今萬里歸，斯理恐未窺。蟻式欺病雀，遥望心常悲。諄諄非談笑，莫漫讀予詩。

張若澄三首

張若澄 字鏡壑，號默耕，乾隆乙丑進士，官至内閣學士，有瀟碧軒詩集。貢舉考略：『乾隆己卯，湖廣典試侍講張若澄。』張氏四世講筵詩傳：『公以庶吉士入直南書房，懋勤殿行走。工繪事，嘗奉敕畫秋林疊嶂，又臨文徵明谿山深雪圖，皆蒙御題詩句。』劉權之曰：『余己卯鄉闈，出鏡壑先生之門。先生雖累葉華胄，而家無長物，儒素依然。於拈韻分題之外，惟耽繪事。其胸次恬澹，有令人於春風侍坐時矜平而躁釋者。』

恭和御製自金山放舟至焦山四疊蘇東坡韻

江行萬古佳句耽，勝遊況在南徐南。金焦两山帶北固，咫尺便擬神山三。鷹窠一峰更縹緲，眾波起伏排眠鼉。頑青鈍碧半引避，心知澗愧還林慚。春流桃花漾御舫，風皺不起龍吟潭。連檣翠葆映江麗，中川孤嶼騰雲酣。飛舄頃刻達仙麓，導與指點憑僧談。華陽外史松下碣，瓜廬隱客花間龕。龍文古鼎瞻肅穆，鹿胎新筍供清甘。神襟虛豁暢遐覽，盡納雲物無嫌貪。揚葩一再沛天藻，俯視玉局何能堪。海門跌蕩睇初日，别峰當爲開茅庵。

題石灘響雪圖應制

塞垣饒勝概，輦路見來頻。岫矗千丸髻，泉垂一道紳。空灘生眾籟，晴雪净纖塵。愧泛王蒙筆，臨風爲寫真。

恭和御製惠山寺疊舊作韻

雨過嵐容浄碧螺，曲池春漲漾纖羅。了知設法佛無注，不礙名山僧占多。鴻漸遺經頻檢試，孟端勝蹟重婆娑。靈通歲歲留宸賞，漫問檀園一剎那。

張若霨二首

張若霨 字小村，乾隆初附監生，候選州同，有謙益堂詩鈔。方楮堂序詩鈔曰：『昔太傅文端公優游緑野，篤嗜二家，曾有句云「架頭蘇陸有遺書，特地攜來伴索居」，沖尚高懷至今見之，外兄耳濡目染，綽有家風，能於闤闠之中，獨抱塵外之致，掃脱衆有，天籟自鳴，唯其有之，是以似之。非句櫛字比，以求肖前賢也。』畢懷圖序曰：『小村處龍眠山水之區，好讀書，不慕仕進，鄉鄙稱古君子。方其興而樂，樂而歌，獨有得於水之迢迢，春之盎盎焉。其所爲詩活潑流行之趣，溢洋於几席間。』弟若霽序曰：『伯兄高肥遯之義，少旅寓之艱。林泉歌歗，即景言情，順時抒性，胸次豁然，機神流暢，形之於詩，有莫知其然而然者。』

遊雙溪留宿草堂賞蓮　二首之一

孤亭堪偶坐，相約故人來。山鳥一聲過，池蓮萬朵開。凉風吹野樹，微雨溼荒苔。酌取清閒味，荷筒作酒杯。

同澤中翔與坐墐社庵

清晨出郭探幽花，方外□□□□□。野店提壺先覔酒，小爐撥火自煎茶。冷烟幾樹荒村外，寒竹千竿滿院斜。僧舍籍咸貪論久，那知新月上窗紗。

張若潍二十一首

張若潍　字樹穀，號墨莊，雍正庚戌進士，官至左都御史，有端本堂詩存。貢舉考略：『乾隆辛卯順天主考左都御史張若潍。』張氏家傳：『公爲光禄署正諱茂稷孫、祀鄉賢諱廷瑑子。少貧，篤學，成進士，由兵部主事，歷郎中、御史，荐京卿，五轉爲刑、工部侍郎，至都御史。公立朝以言著聲，每有陳奏，多見采納。于金壇爲相獨嚴憚公，嘗以事牽涉勘問欲中公，卒不得。屢典文試，取録不苟。在四庫館持正論，與共事者不隨和。生平寡嗜好，既貴而衣履儉素如諸生，年七十四請歸，值上萬壽，行千叟宴禮，復入京與宴。又二年薨，年八十五歲。」李世望序詩存曰：「師生平居心行事，一出於忠恕端嚴，處友朋親族間，能委曲以求盡其道。居朝封事數十上，動關國體，期有益於人。其爲詩法度，一本於前民聲韻，不墮於浮響，而和平忠厚、反復抑揚之致，讀之令人勃然以興，悠然以遠，使人矜躁鄙淺之氣，熔化於無何之鄉，蓋詩之本於性情，而爲宇宙之真詩也。」

友石庵

山行窈而深，憩足愛平曠。置我白板牀，嘯歌寄豪放。維南有修巖，巉峻紛多狀。攀蘿躋其巔，頓覺胸懷壯。老僧眉髮黄，兩塵無礙障。時來與同遊，言談生跌宕。津梁爾未疲，軍容吾亦張。宗旨豈盡非，當年契微尚。

埋騾

敝帷爲埋馬，敝蓋爲埋狗。所重惻然心，帷蓋原宜朽。圉奴驚來告，騾倒聲如吼。我時正朝食，廢箸爲之久。嗟爾精銷亡，皮肉復何有？用答馳驅瘁，郭外廣培塿。大塊息以死，毋使陷其首。將毋偷兒掘，燔骸嘗旨否？叮嚀地主人，更番五日守。應被路人嗤，此理何須剖。嘗聞費千金，區區享一帚。

贈同門陳可齋中丞

天子垂拱居，念切民疾苦。巡方臣代之，大賢涖南土。經綸素裕如，胸臆羅今古。芻蕘竊有陳，試爲更僕數。巡撫視斯民，隔絶堂若廡。比如初入境，呵護排行伍。負弩則縣官，後隊雜道府。斯時民間言，那得悉開吐。躬歷且勤求，十事不如五。矧又采訪問，傳聞經數手。我從田間來，情形親目睹。上年被奇災，夏秋天靳雨。青銅錢三佰，糴米僅盈斗。賴得九重知，沛澤扶傴僂。今年灾又同，水旱遞欺侮。兩戒江以南，家家聽轑釜。一二賢有司，稍欲祈天庾。言出輒見格，適逢上官怒。民生可憐蟲，蕭條剩環堵。嗚呼誰使之，甘心作怨藪。未忍越視秦，先須奠窮窶。公承天寵命，何術爲綏撫。又觀今之俗，吏治趨莽鹵。馭下專敲撲，事上尚媚嫵。胥或爲鷹鸇，役或爲狼虎。或則訟獄稽，經年不對簿。或則科條滋，四境無安宇。是皆賊吾民，有司蝨與蠹。此而不剔釐，設官等瘻窳。大約先紀綱，是爲萬事祖。君子務遠大，安静爲之主。用愛不在名，用威不必武。法信慈乃成，心和政斯普。上江事簡區，風氣原質魯。公又愷悌人，易治柔如組。執要慎厥微，響應捷如鼓。公能舉措當，豈慮隔肝腑。理財寬縷絲，明刑措鑕斧。大材隨所施，從容力不努。中外著功勳，受善顔色俯。我愚誠何如？詎有萬一補。噫嘻陳斯言，毋乃嗤狂瞽。

庭前雜種盆花　十首之一

初栽朝暮視，愛惜同孩嬰。高低辨向背，燥濕度陰晴。未卜幾枝秀，先深百年心。萬事都若此，千花豈無情。試詢郭橐駝，何植不欣欣。

五、六樹木樹人，功在培養，可以喻大。

後種花　十首之一

春夏樹交花，寂寥在高秋。小山遠莫致，東籬近易求。惜花先惜葉，葉病爲花羞。三月分秧始，直至霜零頭。不有搰搰勤，黄金將誰收？落英當可餐，宿疾行當瘳。

曹老公觀　觀近西直門，本名清虚宫。明太監曹銓册封安南，回京建造。每上元前，戲伎多集於此。

歸然遺構欺崇墉，塵坋十丈眯層空。車馬崩騰行者跼，千群步武失從容。唐梯盂人各獻伎，嗔拳角觝互雌雄。絲管清圓歌飄雪，劍槊渾脱交翻風。羃以幃幄障以扇，三寸舌奪百口工。呼喝銅錢觀若堵，耳目變亂成盲聾。我無職守閒游此，碑碣林立何其豐。巨碣淋漓揮大筆，爲民爲國頌膚功。到今不復知天大，崔巍但稱曹老公。自古宦豎任樞筦，漢唐尾主真嬰童。王爵王章恣簸弄，西頭勢重南衙窮。有明中葉益淆混，寺令赫奕侵孤忠。朝收珍奇暮開鑛，奴隸廉頗典兵戎。使星四出皆謁者，惟銓又册安南封。歸帆載寶驚蛟蜃，咄嗟突起清虛宮。疏檻輝煌交白間，層檐岌嶪薄蒼穹。嗚呼十等分臺僕，醯醬春䰅奄職供。相如進身因狗監，爲世詬病難磨礱。明季炙手趨中貴，士氣國運隨飄蓬。當時誰假貂璫柄，異代爲觀傀儡叢。臨去低佪發長嘆，城烏爲我噪昏鐘。

以素冊索景采弟畫詩以先之

暉花邊雁上官驢，繪事老年臻神妙。何如吾弟蚤得名，一筆兩筆稱神肖。窗裏丹青細研摹，窗外花開鳥鳴叫。我有素冊十二方，舒來五采增熊光。請寫生意補造化，風清日暖春初長。

送七弟試用直隸 三首之一

漢朝卿相貴，發軔自卑官。枳棘非初願，車乘有舊歡。好烏依屋易，初馬就閑難。王路需才急，儒冠幸一彈。

宗聖祠訪曾氏後

南武鍾靈地，雲礽幾播遷。曾氏避新莽之亂，挈族而南，前明從江右永豐求其嫡裔，來山東奉祀。如何宗煜煜，未見瓞綿綿。有耀光雖遠，江右有顯達者。將開兆必先。比試沂於曾氏，取二人入學。青衿非漫與，還望達人傳。

晚　興

斜陽一抹小庭中，清興悠然接太空。偶憶舊醅開甕緑，未收殘卷待燈紅。珠簾半捲邀新月，細草初匀愛晚風。隔院鳥啼棲樹滿，黄昏莫更問雌雄。

劉蘭槼　在元極觀。

檜柏干霄一院清，入門遺槼尚峥嶸。香薰古幕自成篆，風静虚堂如有聲。時見遊人供苾馥，舊聞羽士集簪纓。明道士郭清一居此，士夫干進者多集其門。青鴉也復疑神應，飛過前檐不敢鳴。

同可齋夜話

蕭齋有客又停驂，路爲頻來晚亦諳。雪後九衢車轍冷，霜餘一飯菜根甘。相烏窗外鳴還息，顧兔雲邊吐復含。耿耿青燈忘夜永，竹爐相對撥紅蠶。

病愈偶吟 時旋自閩中。

南榮一面小窗虛，偶對青銅髮自梳。强項素嗤程不識，低頭今拜夏無且。漫從海上求靈藥，正可階前曝舊書。一笑當年官日下，奔忙那得閉門居。

歲暮歸懷

曾擬皆山構小園，遠宜亭子近宜軒。栽花久作終焉計，掃室將同靜者論。五柳無須多占地，雙峰如故恰當門。周遭記得經行路，三十年前屐齒痕。

寄東塏似

登樓何事最躊躇，遥望烟雲自卷舒。甫也頻占白也夢，退之屢報立之書。長林帶露青如沐，細草迎風緑可梳。一縷水沉銷永晝，眼中光景孰華余。

三、四詞意俱洽，不徒屬對之巧。

癸巳元日早朝

扶桑日出最高枝，仗裏鞭聲響玉墀。五色雲開鳷鵲曉，兩階樂奏鳳凰儀。占年南畝經冬雪，送喜西川掃穴師。環珮東班諸閣老，華顛相望待罘罳。

銷夏近詩　十首之一

梁間雙燕羽翛翛，欲引新雛上紫霄。阿閣只今皆鳳鳥，深林何處不鷦鷯。安排永日書爲枕，報答涼風巷有瓢。是佛是仙都占却，碧天無際任逍遥。

按：公作是詩，年八十五矣。

七言摘句：贈友：『少日本無温飽慕，中年已覺性情闌。』閒況：『洗硯雲沉鸜鵒眼，焚香風掠鷓鴣斑。』田中：『平原草盡牛無笛，隙地人稀鹿有場。』仲夏道中：『麥苗短似盧蒲髮，山色焦於上客頭。』即事：『黄昏未見三星罶，白小難傳尺素書。』汶上：『漸喜龍眠將到手，暫停烏榜一開顔。』

閒步御河橋　二首之一

清水淪漪萬孕蓮，幾人閒步卧虹邊。塔鈴不語瑤臺上，飽看波衣數百年。

登岱　十二首之一

萬叠嵐光四面分，亭亭東去又云云。此來多拜山靈賜，袖得崇朝五色雲。

截句

青山如沐麥風柔，坐愛新晴輒小留。五日計程三百里，棗花香裏到沂州。

春郊

柳衙麥浪曉蒼蒼，菜子花開緑間黄。隔葉提壺啼不住，勸人游興到斜陽。

張若翼一首

張若翼　字肅中，號湘泉，乾隆初廩貢生，官刑部主事。

題姚懷汝乘風圖　五首之一

水影連天短棹飛，九疑回首白雲微。薄潭暮木高千尺，風雨知君夢裏歸。

張若駒十四首

張若駒　字志袁，號北軒，乾隆初廩貢生，贈潞安府知府，有北軒詩集。柯煜序曰：『雍正甲辰、乙巳，余見志袁詩，婉秀絶倫，一空時輩。閲今八九年，又讀其詩，則風格日上，且真氣觸發動人，於古人道性情之旨有合焉。夫剪綵爲花，非不燦然奪目，而生意頓盡。幽花老樹，人初弗之悦，雨露之所涵濡，風日之所輝蕩，則日異而月不同。志袁其有得於此者乎？』吴應棻序曰：『志袁鸞停鵠峙，大雅不群，投我以詩，則獨抒性靈，空所依傍，而一規於法，動合自然，知其胚胎於家學者深矣。』姚南青序北軒集曰：『北軒易直愷悌，好爲歌詩。詩千餘篇，於先世之懿行軼事多見於篇章，可以見其仁孝之心焉。』澄懷園語：『吴小眉少司馬撫楚時，欲舉志袁鴻博，志袁固辭，小眉奉召入都，輒稱道其品才不去諸口。』

壬戌元日

聞雞夜半起，盥洗天未明。上堂問老母，衣櫛出在庭。竊喜精力强，夙夜隨寢興。樽俎陳古法，焚香禮先靈。起跪頗自如，瞻視環孫曾。今年天氣佳，微雨却塵輕。生意顧百物，向春潛滋萌。發端此節候，一歲占豐亨。太平奉母居，樂事莫與争。微賤分固爾，胡復干時名？

試眼鏡 二首之一

前年見白髮，去年見白髭。外態雖日朽，内照喜弗虧。年未及五十，詎甘心就衰。曉録枕上詩，落筆禿如錐。旋復拭两眼，復書書轉歧。欲補所未至，前畫不可追。少兒顧大笑，法豈飛白遺。音勢水源竭，勢非藥所治。晷盡繼以火，車重輔爾軝。事理罕完固，人力資補劑。含悽取眼鏡，用之已適宜。

中四語奇確。

南山有鳥

南山有鳥，北山張羅。望而不得，傷如之何？千里萬里一轉瞬，愛女憐女委長波。波上錦鴛鴦，两两戲青荷。君歸見之悟妾歌，明珠在手鮫淚多。

愁霖行

江星動摇十日前，㲉虹閉藏陰雲綿。射潮萬努忽然至，日夜落水聲濺濺。濤簾風牖不得啟，白晝昏黑僮癡眠。篙夫無語各自匿，比舟竹繂相纏牽。行人斷絶江岸寂，惟餘江柳摇春烟。船艙攤書不見字，觀心閉目參枯禪。積雨透篷篷下漏，一點两點俄而千。衣衾篋笥頻移置，手足荒亂心熬煎。坐處不盈三四尺，且張油幕遮頭顛。去年吾鄉旱作虐，一滴寶貴逾金鈿。今年泛濫又爲病，沿江彌望愁秋田。老農歎息苦凍餒，緑章誰與祈皇天。

李伯時龍眠山莊圖

人物竹樹環山川，亭臺樓榭盤雲烟。層疊隱見不可極，錯遝點綴如天然。伯時先生任風雅，以身入畫眠龍眠。龍眠山在古舒國，杳靄深邃窮無邊。縮歸尺幅弗罣漏，生綃面面中堂懸。細觀曲徑盡可入，側身捫壁如登仙。響水滴巖巖千尺，垂雲成洴洴斜聯。片石洗硯蓄活水，笙簧沿澗聽潺湲。中有先生種椒處，擘窠大字山石鐫。至今椒花作香雨，山人爛醉眠峰巔。平臺險磴十六所，欒城題記趣與綿。國是初更公歸老，事在元符之三年。先生既病謝省職，深山農圃相周旋。鐘彝尊鼎識奇字，龍蛇花鳥印真詮。興到含毫發深想，呼紙潑墨磨山泉。天地結撰在胸次，奮筆追取成方圓。人家零落慎位置，水口蟠固相鉤連。千巖萬壑互出没，怪奇松柏枝連蜷。摩詰輞川著圖畫，後有作者斯比肩。七百年來神呵護，柔才轉笑金石堅。才人精靈未遽殁，大皴小抹胡苟焉。我家生長龍眠側，上極草椒下長壖。質之此圖見仿佛，古人得意恒吾先。素繒十日洗心眼，臨摹竟幅風窗前。他時杖策入幽谷，攜向山莊證夙緣。

黄梅道中

鄉關漸次遠風烟，西去斜通一徑偏。官柳帶雲籠水市，木綿如雪滿山田。幾家人語諠村晚，何處鐘聲過嶺圓。輸與野翁無箇事，杖藤沽酒夕陽邊。

左繼沖郊居

分得名園地一隅，薜牆蘿户具規模。松筠屏障啼山鳥，荇藻池塘聚水鳧。沽酒到時花已醉，劚苓歸後日常晡。門前截斷神仙徑，杏樹新栽又幾株。左善醫故云。

酒樓句：『堪尋樂處頻呼酒，無可意人自放歌。』和述懷句：『天際火雲花外影，枕邊春鳥日高聲。』憫忠寺：『佛燈時過明秋雨，鈴語天高動晚風。』

翠微樓

山色上樓青，人在烟雲裏。垂簾百尺高，捲簾百尺水。

耕　烟

叱牛朝雨過，呼牛夜月上。十里杏花烟，中有牧兒唱。

送祖舅紹莊歸龍眠　四首之一

人在公麟畫裏居，松皮屋子對澄渠。天涯十載尋詩屐，倦後歸山好自如。

舟　中　三首之一

雨浪晴波鎮日閒，雲烟深淺畫圖間。船窗三尺寬如許，納盡湖南大小山。

羊太傅祠

角巾無復望東歸，遺廟千秋薦楚蘺。只説姓名先墜淚，不須重問峴山碑。

奉慈大人郊遊

北墅名園緑水濱，杏花開過柳條新。就中松竹經年久，可識亭臺舊主人。

垂楊深岸午陰涼，暫繫船頭望小莊。斗大冰盤儲晚供，瓜甜李脃藕絲香。

張若驌七首

張若驌　字軒立，號逸公，由議敘官鎮南州吏目，有樂餘堂詩鈔。姚薑塢集張軒立紀游詩敘：『軒立工書，善繪事，喜游，嘗涉齊魯、燕趙、吴越、閩楚，舟車殆遍，而間以詩歌狀寫其山川景物，使人欣愕而欲策杖游其間。』吴晝溪集張逸公詩序：『先生少有才名，能詩，善書畫。長髯美丰儀。入京師久之，出爲滇南吏。歸老家居，尤好歌詠，所著有滇南紀略。其詩集則滇南登臨之詠爲多。詩格蒼勁清遠，非近之善詩者所企及也。吾鄉前輩之能詩者多矣，然恒多流爲桐派，或學白、陸而失其精，或學蘇、黄而失其正。余嘗以明詩雖未盡善，然可以爲學唐人之基。若先生之詩，余不敢過諛其美，其於明賢殆亦始基之矣。』方製荷序詩鈔曰：『逸公居京師二十餘年，屢戰藝不售，乃俯就吏職於滇南。其生平足跡遍南北，而因以形之於詩歌，或韻遠神清，或興高采烈，得唐賢之具體，而戛戛獨造，無指前公襲之言，可以自成一隊。』光厂青序曰：『先生具沈雄魁壘之才，宦游天南萬里之外，所歷名山大川，其瑰瑋俶詭之觀，皆足以佐其藻思而發揮其情狀，故其詩洪演博麗，卓然自立。乃歸田後詩沖瀜恬澹，動與古合。而皆有其性情之寄，非世之膚擬剽竊者比也。』

夜坐金川閣

東山蟾魄生，西岑烏景失。修梧披夕陰，遠水起寒色。山光鬱蒼紫，林影亂叢密。微雲度遥岑，蒼茫去無極。孤閣撫長川，湍激危石出。清風入几榻，徙倚散愁疾。壁畫山川圖，心契滄洲逸。解巾慚昨非，濯足欣暫息。喬林多巢禽，雙斂歸飛翼。

懷馬雨耕

寒烟蔽江皋，蜀鳥失歸路。曰余懷長卿，遠目阻關樹。道悀無遐邇，情深辨新故。子傾蓮幕樽，我伍禾田鷺。修林集眾禽，空庭悵獨步。安縮千里程，把臂舒離愫。依稀敬亭山，遥峙雲盡處。投林操扁舟，落日在野渡。

千巖萬壑樓

龍眠山鎖白雲裏，李氏山莊有故址。碾玉垂雲石徑賒，琥源邃館流清泚。千巖萬壑起飛樓，浮金耀碧窮雕鎪。應有仙人此棲止，山深不復知春秋。鶴鳴恍作蘇門嘯，猿啼如涉巴巫道。筆泉懸瀑走雷霆，椒園修竹傳風操。當年太傅乞歸田，中官宣賜買山錢。拓土誅茅數間屋，雙溪御筆揮如椽。種松亭子懸舊額，萬樹虬松拄空碧。一從太傅遠登仙，梅塢桃林留碣石。黄閣功勳焕鼎銘，青山流水玉鏘鳴。高樓謖謖松風起，猶憶當時曳杖行。

周規折矩，神味翛然，猶覺輞川東川去人未遠。

解纜

纜解雨初歇，中流帆峭懸。江收巫峽水，接雲洞庭烟。枯塚悲鸚鵡，荒臺泣杜鵑。緑波春漲闊，客思浩無邊。

入黔中

匹馬天邊度萬山，盤紆鳥道瘴烟間。三朝郵驛通中夏，十郡衣冠異百蠻。東入巖巒連蜀徼，西窮雲樹蔽滇關。鷓鴣格磔悲何限，容易凋傷游子顏。

即事

一曲清溪似若邪，魚莊蟹舍夕陽斜。香生十里平山路，開遍西風白芨花。

題浮山圖

振衣三十六峰巔，慰我神遊四十年。山色溪光吟不盡，僧房伸紙寫雲烟。

張方爽二十一首

張方爽 字疊萊，號默稼，康熙間副貢，八旗官學教習，候選知縣，欽旌孝子，有默稼軒詩集。何義門序詩集曰：『默稼温良而樂愷，和易而安詳。其爲人至性肫篤，其爲學實有根柢。經史百家，隨所叩觸，皆有原有本，娓娓不倦，非傭賃耳目者可比。』

歸舟

南風峭帆來，北風峭帆歸。人事有錯互，天心何迕違。白露戒行李，解纜迎朝暉。篙師打两槳，百丈牽江湄。轉憐一葉輕，未覺人力疲。三里復五里，郵籤自有期。紅蘅碧杜若，過眼呈幽姿。搴芳弄水花，亦足慰孤羈。終焉達所適，石尤汝胡爲。

夜發

逆浪峭帆孤，篙檝互凌亂。舟子中夜興，牽船上雲漢。走沙作雷鳴，客夢驚易斷。殘月宛在窗，水鳥暝相喚。寒蘆颯秋聲，蕭蕭來枕畔。起坐攬衣裳，單衣適至骭。歸思莽滔滔，長夜浩漫漫。曉色問津程，郵籤日之半。

維揚重晤江二汶川

秋江一千里，兩度見新月。别離再相逢，行色侵鬢髮。書郎事干請，章甫資適越。君亦懷苦心，前途傷硉矹。清淚灑楊朱，憂端不可歇。

慎疾

上士慎未疾，中士慎厥醫。下士苦忌諱，至死不可治。陰陽有錯愕，寒暑多參差。自非學道者，豈得無戕夷？人生貴精氣，不在毛與皮。軒岐邈已遠，和緩世莫知。神仙亦荒忽，大藥安可期。關元苟不固，針石徒爾爲。

獨眠次東坡韻

病骨驚秋如朽木，重衾夜裹肌生粟。誰言暖老需燕玉，十年强半僧房宿。只今孤夢苦難續，卧聽風廓摇畫軸。巡檐更響蕭蕭竹，一點寒釭耿幽緑。

竇將軍祠

將軍知死所，片語捍孤城。忠信輕刀俎，蹈危獲利貞。身甯行伍賤，名並史黄榮。風雨西山夜，疑聞鼙鼓聲。

答姚十四梁貢論詩之作

不煩樽酒約，燈火夜相親。一字嚴於律，千秋信有神。斲輪心匠苦，煉石冶爐新。貽我浣花句，烟山樹樹春。

羈緒

小舟信飄泊，羈緒黯寒空。雲水寫新雁，烟霜集斷蓬。悲歌對童僕，慷慨向秋風。米價何心問，蕭條滿目同。

汶川宿别旅寓感話有作 二首之一

岐路重分手，轉爲梁宋遊。清泠淮水月，蕭颯汴門秋。此去霜侵骨，憂來暮倚樓。君知飄泊恨，嚙指敢淹留。

陸行不果買舟泝黄河而西

西上黄河遠，征驂指日斜。半生同泛梗，四海一浮家。夜雨挾濤勢，長風破浪花。茫茫天漢永，何處駐仙槎。

野泊

秋日易云暮，西風淮泗間。寒雲荒浦雁，流水夕陽山。舵轉灘聲急，帆低樹影閒。防河村市遠，蘆火宿漁灣。

簡倪大迂樵時亦抱病寓居僧舍

慘淡蘆中士，悲歌河上人。窮途畏知己，旅病惜交親。古寺傷神寂，春寒入鬢新。繁憂徒自苦，隱忍百年身。

病中有懷嚴大人中州

病覺寒侵早，愁當秋更煩。夢回虛子舍，望遠極夷門。桂樹他年隱，桃花何處源。蹇難屬身世，俯仰愧乾坤。

秋感

颯沓空林秋氣森，雀羅門徑自深深。潘郎夙抱閒居志，犬子窮銷賣賦金。酒醒劍龍吟蓋匣，夢回隍鹿覆蕉陰。九歌九舞常開讀，都是西風變徵音。

單車曾向古長安，趙李經過跡未殘。烈士功名傷驥櫪，男兒意氣惜漁竿。殽陵風雨霜笳動，韋曲烟花露草寒。咫尺終南連鳥道，上頭昏黑到應難。

閒踏西山三两峰，殘陽衰柳帶秋容。名園草没看花屐，古寺林空施食鐘。幾處晚烟疏柘影，誰家星火侯霜舂。郊原境闃無榛莽，歸路樵枚伴虎蹤。

客中讀書

飄零鴻雪隱僧廬，曉研昏燈意自如。身賤敢忘先世業，道尊猶賴古人書。窮愁且作陶情具，憂患甯關識字初。謝送風塵吾未老，寸心千載副三餘。

旅夜書懷

席門老樹夜號風，土銼寒燈半壁紅。倚杵一天雙鬢外，彈棋方寸五更中。懷人雪散旗亭酒，夢遠霜鳴古寺鐘。舊識長安春事早，梅花消息問來鴻。

掩卷

露寒蟾冷一燈癯，人静秋堂掩卷餘。海内詩流誰最健？古來名下定無虚。少年自喜輕前輩，本孔融論盛孝章書。妙悟何嘗廢讀書。本嚴羽滄浪詩話。眼底正思陶謝手，憑將風力返黄初。

病目

爛爛空教比電芒，邇來惟覺淚盈眶。閒持六事師張湛，静掩孤帷學謝莊。幾樹好花迷曉霧，一簾明月冷秋光。憑誰太華峰頭去，玉露盛將五色囊。

即事漫成簡倪四青蕖

我亦無端感慨生，荒原宿草十年情。一抔忍付椎埋手，慚説平生范巨卿。

張輔贇十六首

張輔贇 字弼宸，號螺岑，乾隆庚寅舉人，有瓶山詩文集。李仙枝序曰：『吾師螺岑夫子負才奇特，幼有神童之譽。既入學，試輒冠軍。既老而以明經舉於鄉，年已六十四矣。而夫子不數年遂謝世焉。平生著作不自收拾，而又未付剞劂。枝自幼受學，居甚邇，往來甚密，故五十歲以前所作略輯而録之，及後移居南山岡，再遷孫家坂，中間屢至京師，又數膺督學諸公之聘，枝請業日疏，所作多未之見。兹特於篋笥所藏者，編而次之。經説十、賦六、古今體詩六十三、選文評語後序六，則尺牘二外，制義内外兩集六十四篇藏於家。』黄金臺序曰：『先生少與先君子及江若度先生、吴文山先生讀書靈泉精舍，慨然以古儒者相淬勵，謂學所以明道而賴文以著，非具雄深雅健之才，無以發廣大精微之理。若是者宜師古人。先生性直而方，處朋友規勸兼至，交游間事有不可者，必面責之，不少恕，然事過，待之如初，無留憾也。故其文章亦光明俊偉，如其爲人。』

息翁招飲論詩以詩見示疊韻謝之

古老不長在，瞥若疾風帆。胡襲參曾愛九及秋樹，歎逝每淚銜。豈乏譽髦士，終難厭我饞。所以在空谷，窮年手一杴。文章關天道，有神遠必咸。但對真種子，勝於發陳函。何必學俗士，咿唔日諵諵。吾鄉息翁者，廿年思所緘。往見壽母作，生新言毋儳。光燄長萬丈，燭天夜不黬。用比北征讀，一字誰敢芟？想見用心苦，撚鬚斷幾髟。老褐滿懷玉，少俊徒美衫。海翻鯨突兀，嶽立鷲巉巖。頗疑南極宿，偶謫向塵凡。我欲請天帝，詩國建牧監。一任其黜陟，不容妄囂讒。易牙有老舌，甘苦辛酸鹹。一一細能別，外味盡落劖。旒斿乃贅綴，正幅必是縿。學詩不學杜，修辭何能諴？側聞諸老論，旁門斥必嚴。

遊攝山　四首之一

建業著名山，棲霞爲之冠。茲焉可攝生，松喬不足羡。俯首拾瑤芝，騰身入霄漢。玉女值投壺，仙童方戴草。親見老洪厓，指點將曲按。噫嘻天上奇，人間誰不戀。夢曾登靈巖，一一歷清院。今來愜所期，乍遘宛夙辨。

次韻久旱〔一〕

去歲雷公翻海溢，桃梗漂漂走相失。眼看土偶盡成泥，那知旱魃爲何物。今來袒臂正橫行，睢盱雙目頂上出。雲將雀躍陡見之，魂喪精銷命從乞。大抵此物亦天生，梟悍未易相唐突。天師符水呪老君，菩薩神通念我佛。土龍矯首勢蜒蜒，泥人拱手立秩秩。應上呼吁吁莫聞，法官曝死死誰恤。南門屬火閉不開，北坎爲陰掘非一。蜥蜴有足死成蛇，婁豬之尾燒到骨。諸法無靈魃愈怒，口吐焰光吞蓬蓽。雨師走偵門首闖，兩額先焦暗稱屈。道逢玄冥泣相憐，滄海乞與蛟龍室。扶桑萬丈高且涼，不識人間有炎鬱。電光閃閃雷車轟，魃鬼窮兇能幾日！

校記：〔一〕「早」疑爲「旱」。

武昌見友人畫龍作此贈之

春風吹上黄鶴樓，春日晴翻江水流。樓前雲氣動江水，中有神龍掉頭尾。墨染生綃二丈强，靈奇變化真無比。大書索價一千金，不然留待贈知己。我生曾睹真龍面，今看壁上生雷電。呼吸波濤頃刻間，依稀風雨重相見。借問畫者爲誰哉？嵩陽山人周崑來。讀書曾破千萬卷，襟懷只對江湖開。山人有两目，鑒物知終始。自言三女有清骨，嫁婿必得真名士。一字吴雲岑，一字黄赤子。一字吾鄉戴雪村，文壇人各執牛耳。山人有子亦能畫，小李將軍世争儗。其中肖者多人物，何嘗濡墨能爲此。山人山人聽我言，古來絶技多含冤。僧繇必得吴道子，方知數日坐前軒。倪雲林，黄子久，畫工近代稱高手。争似山人筆有神，胸中雲夢吞八九。摩詰空成身後名，鄭虔在日知何有。但聽樓前風水聲，與君且醉樓中酒。

王君條山以沃田沈翁過建隆寺偕同學暨法侶倡誦華嚴字母詩見示即次其韻

我老世味百不耽，惟於詩律愛精嚴。好詩日向竹窗讀，如僧梵唄流茅庵。王君昵好等蛩蟨，袖詩過我手搴襜。索我依韻爲屬和，金春玉應取諸咸。我謝年衰才力薄，敏捷何能學蘇髯。然而君請不可拒，詩雖未和意已含。又況沈翁迺詩老，有如龍象踞高龕。譚經説法傾萬衆，獨推聾啞亦未甘。因之見獵輒心喜，壽陵學步甯知慚。沈翁者誰沃田子，其名久播大江南。我與同鄉未覿面，精研禪悦誰能諳。王君爲我覼縷道，始稔心跡與頭銜。休文四聲本家學，神珙字母實玄參。選勝尋幽新詩作，因難見巧險韻拈。建隆方丈僧俗集，華嚴唱誦儒佛兼。何當我亦入蓮社，三乘大小同證探。金篦刮後眼翳盡，珠光一道透重簾。貝葉繙來心膜退，天花萬片飛優曇。文人結習未能脱，詩戰還欲横矛錟。定應摩壘勇可鼓，未容退舍師便熸。古寺高林日杲杲，斜陽暮靄鼓韽韽。詩罷互吟持供佛，旃檀沁鼻香馣䭲。我詩笑比骨浪舞，縱有音節終木杴。

冬日閒居次澄宇韻

日短天如逼，居閒地自寬。三餘冬可用，一室古爲歡。梅影横窗瘦，松聲到枕寒。阿誰相伴得，風細月團團。

次左學沖輪園韻

嘉子能閒坐，城隅斷衆聞。竹聲生細雨，樹影接高雲。山鳥窺吟席，池魚聽誦文。我來常破曉，歸去已斜曛。

送左五冠倫赴平羅

雨雪北風天，迢迢路五千。冰間行積月，馬上换新年。黑水黄河外，紅花青木邊。可能鄉思減，賴得主人賢。

左小沖送別有詩次韻酬之

情投不忍遽言別，風雨虞城小住時。分袂幾年驚會面，聯牀通夕快談詩。留人郭外千鶯語，送別橋頭萬柳枝。明日一杯難强進，知君懷我亦如斯。

贈青州太守

分符大國識才優，布政頒條事事周。官是漢廷二千石，地當禹貢第三州。朱旛皂蓋黄堂貴，緑野青疇翠麥柔。暢好两岐農唱起，不驚桑下雉優游。

送吴五文山歸省雨阻成詩即用爲别

征衣已著辦登程，急雨無端又阻行。永日蕭蕭桐子國，長江渺渺石頭城。繞闌散步君愁住，檢歷閒繙我卜晴。檐外乍聞乾鵲語，來朝好慰倚閭情。

柳絮

無定東風有意波，浮萍化跡問如何。他生夢斷黄金曲，前度魂銷白雪歌。芳草堤邊春思邈，斜陽渡口别愁多。横江欲去誰相伴，萬點含情漠漠過。

送鶴門還桐城

白酒黄雞紫蟹肥，故園風味夢依依。獨憐人去先於燕，不到秋聲已自飛。楊柳經霜難折贈，芰荷雖老尚堪衣。憑君寄語山窗竹，好護清陰待我歸。

九日從觀學使登大觀亭

九日高亭望眼賒，長空雲點雁行斜。紫開籬菊三秋雨，紅簇江楓一片霞。瀟灑神童他席酒，風流御史滿頭花。等閒落帽傳千古，笑殺當年老孟嘉。

白下逢李棄條

暖風如醉酒如川，又向秦淮泛客船。揚子江聲喧舊夢，白門柳色作新年。天將富貴爲春夏，俗以科名當聖賢。我輩升沉關氣運，莫徒争上大羅天。

時同獻賦迎鑾。

送友人南歸

暢好連宵把臂談，酒闌燈灺興猶酣。白雲何事忙歸岫，舊雨空勞憶盍簪。曉露鞭聲催遠道，夕陽帆影落秋潭。遥知獻壽高堂日，歷數交遊罄北南。

張若星四首

張若星 字東臨，號樂泉，監生，贈順天府治中。

放言

荆卿别燕丹，瞋目怒髮衝。白衣送易水，蕭蕭悲秋風。衛女思君子，甘心首飛蓬。萱草不解憂，惟念伯之東。士爲知己死，女爲悦己容。善哉趙襄子，不剸豫讓胸。千古有莊生，竟負陶朱公。所以張子房，辟穀從赤松。

渡汶水

北風捲地秋草枯，秋雲慘淡啼飢烏。征夫路遠不得息，黄昏日暮羸馬瘏。扁舟夜渡汶陽水，湯湯東注三千里。一行白雁落黄河，不知何處笳聲起。

周瑞峰侍御巡察山西孟冬過岢嵐賦贈二律

銅魚犀甲簇邊城，一片旌旗照眼明。獬豸冠膺三命貴，鳳凰池重十年名。陽春淑氣當空暖，秋水澄潭澈底清。可但唐民沐風化，江南還有舊書生。

扁舟自別越王臺，五載登樓首重回。洛浦秋高千里鶴，孤山春瘦一枝梅。青麟視草頒餘翰，白馬揚鑣拜軼材。向後雲泥更懸絶，漁郎何處問蓬萊。

卷二十三

徐　寅　蘇惇元
王　樾　馬起益　同校

張　煦二首

張　煦　字漱芳，一字素舫，乾隆間諸生，有素舫詩集。王晴園曰：『素舫性孤峭，言詩必稱杜陵，苦心搜索，或數日成一二語，一字或數十易。其佳者直到古人。五言如「風霜仍客路，歲月且吾廬」；「竹林移短榻，花架委頹牆」。七言如：「富貴幾時惟故我，文章千古亦虛名」；「昌歇共烟收芡實，茯苓將雨種龍鱗」，皆戛戛獨造，不復寄人籬下也。』

大水嘆

豆子打鼓何太急，平江一夜水壁立。水聲雨聲湧不休，處處山頭男婦泣。湖村十家九家破，老翁無炊只僵卧。看爾魚蝦水落秋，城郭岡陵何處游。

秋日漫興

白首蹉跎抱隱居，何曾一字向空書。千江夕照平沙外，萬壑秋聲落木初。鄰叟幻情尋夢鹿，校人得計説生魚。紛紛世事都休憶，目送浮雲過太虚。

張水容十二首

張水容 字汲華，號恥庵，乾隆甲午舉人，官奉賢訓導，有環山堂詩文鈔。汪稼門張學博傳：『吾邑多世家，而蟬聯爲公輔，於本朝者張氏爲最，至連城之張别爲一族。其初故宣城梅氏，明永樂時以婿於張，後因氏焉。學博幼師事劉海峰先生，爲詩、古文。舉於鄉，以大挑註奉賢訓導，閲四年卒於官。生平爲學，於詩獨深，所得多舂容自然，不免豐艷之作，至於理障學障，則卷中所絶無也。』張宗輝曰：『吾家先世以古文名家，自莘農太史始，吾叔父繼之，而教乃盛，若淡齋、勖園其流派也。』

游靈谷寺

松杉藏古寺，嶺畔白雲深。鳥語不相識，鐘聲何處尋？清泉流曲檻，落日滿寒林。四顧未能去，空山聞暮砧。

早　行

遠岫吐寒日，征衫雲氣侵。殘星低野樹，清露滴松林。客夢秋風斷，空山夜雨深。晨餐何處所，江霧影沉沉。

江上聞笛

夜色月初滿，孤舟人未眠。一聲殘笛裏，雁影落江烟。客夢青燈暗，鄉思緑荇牽。不堪傾聽處，漂泊在前川。

從諸丈夜飲

屋角殘陽送晚春，江天如洗月華新。家園午夜青州酒，里社豐年絳縣人。坐久尊前啼鳥寂，縱談窗外落花頻。相逢不減兒童態，醉說無懷太古民。

過廢宅

垂楊左巷斷橋東，臺榭無人曲徑通。明月不言愁似水，落花如夢夜還風。半窗殘霧啼驕鳥，一澗寒流卧古楓。歌舞不須傷往事，遠山蒼翠没雲中。

贈友人

深巷烏啼九月秋，江村烟景對寒流。文章問世無青眼，霜雪欺人已白頭。小隱蓬蒿三徑滿，敝廬風雨四山愁。縱談窗外移花影，天半纖纖月到頭。

望龍山

龍山迤邐雨初晴，絶頂孤峰削不成。天險北開桐子國，地回西抱皖公城。雲間怪石蹲獅象，風際喬松動旆旌。古渡夕陽危座久，江村愛對暮烟横。

三、四是龍山，移置他處不得。

讀黄雲昭閨中倡和詩

香閣相依筆興酣，誰將好句辨青藍。分題午夜摇紅燭，惜别春風對碧潭。解語名花應第一，當簾新月恰初三。布帆十幅斜陽裏，載得新詩過嶺南。

抵家日作

敝廬斜映緑楊汀，有客言旋户未扃。一葉遠浮秋水白，數重近對皖峰青。囊中金盡呼庚癸，篋裹書殘擲丙丁。笑問燈花曾結否，昨宵猶自望歸舲。

寄雯裳

碧天飛雁影雙雙，一抹寒烟冪遠江。落盡槐花君未見，月明如水夜窺窗。

初晴

遠寺微風送午鐘，晴湖輕颺碧芙蓉。江天野樹雲初散，吐出南樓八九峰。

登燕子磯

秣陵城外北山圍，突兀陵波燕子磯。爲近六朝王謝地，至今江上未曾飛。

張曾敞十二首

張曾敞 字塏似，號橿亭，乾隆辛未進士，官少詹事，有瑞莢亭詩稿。張氏家傳：『公爲文端公曾孫，宗伯廷璐孫，侍講若需子，年二十一成進士，改庶吉士，授職檢討。父憂歸，值乙亥歲祲，倡捐米出賑平糶，因以糶餘錢建倉積穀，備荒歉，所謂永惠倉也。後由侍讀，四遷至詹事府少詹事。己丑分校會闈，總裁劉文定公於房卷取中較多，揭曉，忌者於所中梁泉卷，縷摘其疵纇，磨勘罣議歸田里，未竟其用，卒。』謝啟昆曰：『余備員詞館，嘗與中畯先生令嗣橿亭少詹共事講筵，日在起居注館中。少詹獨嫺體制，每稱述掌故，若數其家事然者。蓋張氏自文端公至少詹直講筵者已四世，而群從父子兄弟，鳳翔鵷立，多至十人，儒臣榮遇固罕有倫比者矣。』惜抱軒集詹事張公墓誌：『公禮部侍郎葯齋之孫，爲翰林年最少，材器通敏，美容儀，洞達古今事宜、國家掌故，而持己清峻。爲文章託意深邈，其詩多憤慨沉鬱之詞。』按：先生瑞莢亭詩稿十餘卷，今梟銑丈檢存遺稿僅一卷，皆丙申客遊中州作也。

書示良襲兩兒

肩差两男兒，草然並嬌稚。其弟惟九齡，兄年裁十二。家居少繩督，芄蘭墮容遂。春舟載之來，佔畢就講肆。庶無見異遷，俎豆陳嬉戲。間與析四聲，小言對辟咡。一夕心孔開，弄筆成五字。連天寫溪痕，宛爾見清思。更詑荷池篇，鴛鴦浮水至。心花有靈根，或免蓬茅弃。曾翁昔在告，二祖方趨侍。聯吟動慈顔，溪鮮喜相飼。至今誦遺篇，奇童邁淑泌。詎用嫌早成，恐不爲重器。爾曹齒偶符，那足慕光懿。聊將破羇愁，受采欣有地。所期青箱學，無中黄孄剌。傳經在風雅，努力吾家事。

麥秋豐穫歌

來麥蘄蘄牟麥長，含金棲隴皆大穰。際夏爲秋日早至，夥够萬寶先登倡。亥生卯旺忌戊子，四時氣備農書詳。麟經載筆聖所重，繼絶續乏同稌粱。豫州五達天中央，南極淮汝西洛陽。臘雪生肥春雨渥，長桐秀蘄環四疆。花開永晝博穀語，青波俄作同雲黄。穗不蒼狼蚼蛆絶，孚甲二七森爲行。我聞多麥誇東方，溉利清濟黑墳良。豈知降康際率土，污邪甌窶豐萬箱。不須九穗詑涼國，但願再熟同高昌。薄糕飛塵面落雪，餅餤入市吹風香。童謳耄詠腹如鼓，勸稼笑倒漁陽張。應偕群社賽福習，篘酒擊𣪠還刲羊。惟愁阿翁羡十斛，新人入户捐糟糠。

結末用後漢書語，恐其狼戾捐棄，亦持盈之意也。

恭和御製祭先農耕籍元韻

帝籍洛東作，農祥已降徵。仰膏千畝切，躬稼四推乘。藴澤天孚應，資生地順承。群黎知遍德，擊壤慶豐登。

汴路即事

千載隋堤柳，春絲若個長。錦帆終卸纜，花石久迷綱。雨散歌樓伎，烟銷市舶商。津橋餘雁齒，波影試分行。

送師顔表弟入都赴銓

山丘華屋感羊曇，往事無人與對談。風翮出籠君已健，霜髭滿鏡我何堪。門材封遏都無恨，世媾朱陳雨不慚。一例牽情小兒女，謝家飛絮隔江南。

清明日偕姚春洛方元暉介兹馬薪傳王聖聰姪又直出遊

九十春光過大半，清明節近縱游遨。昨驚快雪封牛目，今見澄波上鴨尻。梁苑羇人還命侶，繁臺野興續登高。三年風物從遷化，青鬢那能不二毛。

喜王耔田兄弟過汴即送之京

十年做客不虚歸，手挈羹魚樂事稀。石氏淹喪無麥舉，鄭家精婢有蘭機。旅征易致征途邈，家食難要洊歲饑。雁序輸君好兄弟，天涯長作一行飛。

汴梁懷古　八首之一

黄袍朝擁屬猪人，慘黯俄瞻日月新。天啟奎躔五星聚，人窮艮嶽一峰神。研京賦詡周邦彦，求野書留趙德麟。莫漫两宫悲北狩，和林妃主亦沉淪。

錦　莧

庭陰紫莧錦離披，不逐蒲荷蚤變衰。五色錦成蛩語夜，十分紅到雁來時。殷天烏桕千林葉，照地珊瑚七尺枝。何幸秋光榮小草，新鮮特見化工奇。

題充公和尚照

歡地三千法界，善華十二因緣。未許惱維摩定，何妨参彌勒禪。卓錫鸚林鹿苑，開堂放鶴呼猿。微笑示弟一義，無言入不二門。

口占寄吴二絢

素韠何愁化浴塵，幽居琴卷日相親。輸君懷抱清如許，雪浪軒中釀雪人。

烈姬嘆

姬張姓，爲介休劉西園舍人妾，舍人嬖之間語姬曰：『他日我死，若無再嫁？』姬恥其志之不諒於舍人也，遽自經以死。　十首之一

粉黛争妍孰是非，蜣丸蘇合總充闈。千秋一洗紅顔恥，名義如山身命微。

張曾敭三十首

張曾敭　字師常，號秋涪，乾隆間監生，有畫裏山樓詩鈔。陳繩祖序詩鈔曰：『師常甫弱冠，著作裒然成集，計古近體如干首，略不矜奇立異而中正和平，獨親風雅，庶幾克紹文端之緒者。』宋維藩題詩鈔曰：『君也風骨本蹁躚，筆力由來曲而達。都城握手出新詞，三日餘音未嘗歇。酒酣振振發緒論，每尋大意略小節。君今寄我詩百篇，爲宋爲唐難就列。自然

光景劇清新，安用團花補宮襭。憐君坎壈尚未遇，此日唾壺行復缺。朂哉見異慎勿遷，我少知音不改轍。』劉海峰張秋浯詩序：『秋浯生長通顯，累世簪胄，而乃縈情歌詠，比擬詞華，雕鏤物象，囁嚵崎凌，浩渺鯨吞虬横，窮極奇變。』

雜　詩　八首之一

三月青春時，楊柳垂碧絲。翩翩誰家子，尋芳竟忘歸。桃李亦有容，不言下成蹊。蔦蘿亦有蔓，欲託無高枝。芳華委白日，坐使朱顔移。空閨艷陽夢，未許春風吹。可憐明鏡裏，猶懷婉孌姿。

曉　起

曉起盼庭樹，涼風蕭然來。我懷夫何如，睠言獨徘徊。幽鳥哢晨旭，院宇清無埃。孟夏灌木秀，緑陰黯不開。覆此池上亭，酌彼林下杯。信美非吾廬，荏苒年光催。名區惜清景，漂泊何爲哉。三徑自岑寂，落花滿蒼苔。

晚步湖畔遂入野寺

湖波澹將夕，浩渺涵春〔一〕容。濛濛水雲外，落日聞疏鐘。言尋烟際寺，遂覯林間峰。寂然感禪悦，流連塵外蹤。

校記：〔一〕『舂』，應爲『春』。

和劉後村題龍眠十八尊者

試嘗一滴味，乃識大海源。釋迦法普不二門，瓣香須參文中尊。誰歟畫法通佛法，神妙不似十指傳。往者吴道子，畫佛神翩然。夢中化作飛空仙，慈悲圓像清而敦。後來李侯得變幻，落筆蕩滌諸塵根。天台應真貌靈顯，一一神到秋毫顛。深山幽曠怪石立，下有蕩潏飛來泉。龎眉老宿結趺座，妙意自得夫何言。於菟左伏體疑石，夔魖側拱頭如黿。拈花微笑慈顔温，以手指地沙無痕。鬘華曇雲垂繽繁，青蓮花捧雙繡旛。逆風時時飄温馨，毒龍翻浪歸盂盆。蜿蜒江海氣已吞，或持一軸類梵唄，或涉或息來連犿。復有愀然憫塵網，静時珠現毫光圓。已超不死入何有，六千一劫完本原。破納入定神軒軒，一錫亘漢如騰騫。珠纓被體月滿頂，華鬘垂祖雲半肩。其一若暝不可識，两童夾侍相引援。芒手芴手諦沖漠，法身普現衆目前。我聞四大成幻身，偶然示法通幽玄，便須會悟人天恩。龍眠乃傳象外意，歡喜悲苦中靡存。後村作詩應見畫，伯時作畫真通禪。請君舉似西來意，莫嘆圖本隨雲烟。

盤曲勁健，具體坡、谷，不獨於後村爲勍對也。

宋龍池硯歌爲春浦作

陳郎石硯安得之，視昔所寶尤瑰奇。疑從鮫室割肺白，紫雲閃閃生華姿。開匣拂拭色淩亂，聯坳隱見光陸離。深潭百丈窈黝黑，下有潛伏鱗之而。驚霆一夕起山谷，拏空爪甲窺天池。乃逢巧匠斫靈異，規橅尚憶宣和時。昔時供御富文史，玉堂清晏多佳期。墨翻已足泣神鬼，勢疾似欲騰蛟螭。發其嶔崇磊落之胸次，書成縱横跌宕之文詞。已知快意足千古，一朝淪弃傳及兹。都市賤值得亦易，聊同瓦礫空留貽。今人貴玉不貴石，誰數岩谷窺精資。可憐冷落勿弗道，風塵土壤埋荒蘺。待價已無櫝可韞，揀金詎比沙能披。陳郎嗜古甘如飴，器惟求舊如調飢。昕夕相對神不疲，重之不減珣玗琪。予懷渺兮有所思，眼中擾擾知者誰？才高不達同弃遺，摩挲爲爾重賫咨。

送十洲由洛入都兼寄陈玉亭觀察

君昔歸來我行役，梅花開滿江南驛。今我歸來又送君，柳綿飄盡長安陌。行矣風塵事等閒，勸君樽酒一開顔。南行倘遇梁園客，爲報狂奴欲買山。

對雪憶梅花用廬陵詩韻同組橋作

我昔偃卧雙溪間，山深石古苔斑斑。老梅夾路俯溪口，花間雪静山蒼然。對花見雪動清興，何須翠羽翔綿蠻。坐石開樽暗雲滿，拗枝壓帽愁香繁。今我不樂遠遊歷，開簾不見江南山。眼前風花若蕭瑟，意中丘壑窮躋攀。是時入春已十日，飛雪未減三冬寒。思發花前亦徒爾，安得躡鞚從飛仙。墮身直在衆香國，紛紛偃白羅平川。嗟哉襄陽老居士，詩情驢背思當年。此時對雪意惝怳，惟餘高詠如蘭玕。空堂人静雪復集，歸夢冷落隨雲烟。長吟昔年斷魂句，地爐撥火宵無眠。

七夕篇

廣寒宮闕秋猶淺，瑤空寂寂愁雲卷。問夜何其夜未央，從知此夜情難遣。遣情萬古問如何，一年一度此經過。漫將接夕勞烏鵲，暫見牽牛飲絳河。絳河一水盈盈隔，此中會有乘槎客。客許重來一問津，持歸織女支機石。支機石上月華生，遺跡千秋寄此情。織素詎傳輸帝室，服箱還復訪君平。君平賣卜成都市，識得乘槎銀漢使。紅牆碧落渺相望，玉露金風空復爾。丹鳳城南永夕愁，銅駝陌上及清秋。七襄錦字剛成匹，五夜花枝乍入樓。樓中有女年三五，含情暗對流黃縷。燈燼蘭膏有夢魂，月斜鴛杼添心緒。夫婿從軍幾歲年，長城哀怨倍纏綿。風薰陌草知何限，笛唱梅花落可憐。可憐歲歲相思意，滴盡長更惟有淚。不道今朝蟢子飛，那堪昨夜回文織。織就回文意有餘，爲雲爲雨竟何如？好看東北浮雲散，佇見西南月上初。由來自古誇今夕，佳期迢遞爲誰惜。經歲經年莫浪傳，此時此夜應虛擲。虛擲秋風一晌分，浪傳消息枉紛紜。莫將蘇蕙璇璣意，比作陽臺朝暮雲。須知此意何人解，但願雙星鎮常在。只爲人生足別離，故傳天上多佳會。渺渺天街露氣清，淒涼樓角有三星。

何人夜起思家夢，一片秋光冷畫屏。

東坡聚星堂雪詩韻仍從歐陽禁體

疏林槭槭驚殘葉，開門喜見中庭雪。打窗淅瀝客夢醒，灑徑縱横人跡絶。檐低斜拂簾影亂，砌重微聞竹梢折。暮態縈回絮共飄，夜景虚明燭堪滅。徐侵樓瓦訝先集，急轉回飆正紛掣。誰呼明月出滄溟，恰對空堂晃衣纈。滿輪娟娟鬭破碎，四照盈盈動蕭屑。勝景當前知有無，流光過眼成虚瞥。不辭良夜發清興，坐令狂歌待傳説。聚星往事繼重題，毋讓坡翁筆如鐵。

廬州道中憶家

匹馬去天涯，孤城起暮鴉。山川廬子國，風雪野人家。三汊官橋路，一枝村落花。客程今夕酒，歸夢故國賒。

山行

山路兼沙淨，松陰十里斜。渚田流澗水，深壑隱人家。蠶熟初分繭，風香不辨花。閒中行谷口，無意夢東華。

無題

荳蔻含胎早，鴛鴦比翼齊。微波通脈脈，芳草正萋萋。下里原名北，儂家住近西。蘭橈蕩春水，應傍若耶溪。楊柳橫塘路，櫻桃霍玉家。鏡螺朝畫黛，宮袖夕團紗。子夜同心曲，清秋卍字花。緘情嗟昔昔，珍重折瓊華。

可入才調集中。

遣懷

閉門芳草喚愁生，作意東風未放晴。小雨一簾來社燕，飛花幾日又清明。事如春夢常無跡，衣卸吴綿尚有情。淹蹇懷人成獨往，爲誰税駕向山楹。

春懷

故園旖旎及芳春，惆悵花開散蠟辰。寒食輕烟閒雁齒，晚潮歸信託魚鱗。十三行字心情結，廿四番風客夢新。昨日惠連詩得句，池塘草長雨如塵。

寄懷吴緼橋吴門

千里離居悵別頻，經時尺素寄愁新。吴江水長三更雨，鄧尉梅開十月春。勝地韶華勞夢想，舊游蹤跡散風塵。尊前病起逢佳節，歲歲看花憶故人。

上巳舟中

浩蕩扁舟寄水村，客中佳節罷開樽。柳條無力空三起，花信驚心又一番。檣燕漸添晴晝語，岸波猶認去年痕。蘭亭勝賞方多感，漂泊離愁未可論。

牛渚雜詠四首 南州詩略選

長空日薄溼雲屯，絶壑回濤萬馬奔。自古三山雄地軸，當中一水下天門。沉沙夜擁帆檣影，殘雪寒封壁壘痕。逐鹿孫郎餘霸業，可知設險未圖存。

魑魅窺人益可傷，千春披髮白雲鄉。文詞舊慣留中禁，生死狂名到夜郎。牛渚有山憐謝朓，鎰湖無地伴知章。零烟斷雁俱蕭瑟，俯首高樓望八荒。

蒼茫天塹急長流，雄峙空磯對石頭。東晉江山餘灑涕，南朝花月重防秋。雲埋戰伐千年蹟，雪捲風濤一夜愁。我是運租船上客，蛾眉亭下獨勾留。

寒林遠嶂闇冥冥，絶頂孤盤剩一亭。鸛鶴唳風朝霧黑，蛟龍吹雨暮潮青。扁舟入夜愁江險，獨客逢春禁涕零。欲向高樓吹鐵笛，萬山岑寂與誰聽？

朱潤木評：『四詩氣魄筆力，足以振衰起懦。』

襄陽樂

嚧嚧襄陽船，渺渺襄陽渡。渡口望行船，是儂斷腸處。

歡言襄陽愁，儂言襄陽樂。歡是襄陽人，莫道襄陽惡。

消　夏

芳塍位置地幽偏，松葉窗虚竹架連。籬外紛紛豆花落，晚林風急打琴絃。

登朝爽樓

雨歇高樓柳外清，蟬紗初拓對疏櫺。誰從烏帽黄埃底，放眼西山萬疊青。

舟行

烟林向夕暗模糊，水驛行程記有無。夜半忽聞撾柁鼓，一枝柔艣下鍾吾。

重過淮陰吊舅氏凝清先生

人琴凋謝感茫茫，客淚西州灑幾行。暮雨扁舟花落盡，數聲殘笛過山陽。

寶應舟中

帆影微茫接射陂，晚程烟景望迷離。一犁初過鳴鳩雨，正是秧針刺水時。

夜泊露筋祠

烟消湖樹影離離，盡日微風颺碧漪。三十六陂天接水，月明重過露筋祠。

過銅陵

赭圻擊汰復揚舲，回首烟波杳莫憑。坐見青天上初日，亂山高下入銅陵。

張曾敭三首

張曾敭 字譽長，號枬軒，乾隆戊子江南鄉試第一，官至貴西兵備道。

趙北口同魯堂兄蠡秋弟作

雲埃紛趙北，烟景似江南。灼灼花當路，依依柳被潭。樃鳴殘月隱，帘颺曉烟含。征客驅車過，春風拂兩驂。

碧蓉齋題壁和蠡秋弟韻

鍵關贏得一春閒，散步橫塘第幾灣。記得看花向深處，杜鵑紅襯夕陽山。
黄埃官道幾人閒，消夏偏尋碧一灣。月榭風廊臨水坐，荷花香裏看西山。

張曾懿三首

張曾懿 字北暉，乾隆間邑諸生，有湖湘關洛詩鈔。

牛渚對月

皎皎吴江月，光連遠近洲。峨嵋自終古，天寶有高樓。樹暗涼蟬語，風横賣酒舟。清暉如可挹，客思正初秋。

雪香書室示諸生

五度洛陽庭下路，今來據席樂同群。燈前老眼猶佔畢，硯北英才望克勤。雲滿青霄騰鳳羽，花開錦苑正春分。敢言伊洛淵源近，藉共書帷益見聞。

荷　錢

乍見田田出水圓，略如鼓鑄帶晴烟。從兹榆莢休稱富，擘藕成絲看貫穿。

張曾秀二首

張曾秀　字臺峻，號湛園，乾隆甲午舉人，官黄陂縣知縣。

憶舊遊

昔年曾向漢南遊，歷歷晴州望眼收。十里笙歌成晚市，一江風月在高樓。鶴歸鷲嶺已千古，雁度衡陽又幾秋。回首汀洲芳草緑，碧天寥寂水悠悠。

巴　陵

驅馬巴陵道上行，林陰綴翠雨初晴。黄鸝學語音猶澀，飛傍高枝三兩聲。

張曾詒十一首

張曾詒　字志祖，號敔堂，乾隆丁酉拔貢生，有樂素堂詩鈔。馮郇雨序曰：『敔堂詩澹無一物，味有百端，所謂不著一字，盡得風流者也。其五言云「天涯初作客，柳色乍依人」，「大江吞落日，孤櫂尾棲霞」。七言云「一點兩點雨初歇，三枝两枝猶作花」，及題畫泊舟兩絶句，即雜之唐賢集中，一時難辨，何必薄今愛古，爲少陵所訶耶！』

秋　夜

秋月照我庭，木葉當窗落。不見清風吹，但覺羅衣薄。鄰家人未眠，瑤琴奏東閣。一紘一相思，淚滴珍珠箔。我懷在天際，清宵何寂寞。聞此撫琴聲，古調猶如昨。聲希不見人，殘星挂空漠。

貧　婦

行行采薇蕨，風雨東南野。郎入金馬門，翩翩好裘馬。賤妾守宮厨，姑嫜何爲者？呼郎郎不聞，哀哀淚如瀉。

緑萼梅花爲王森庭作

月明林下春雲凍，清寒不作羅浮夢。別具神仙冰雪姿，蒼苔白石花魂共。花魂清淺照湘波，恍向春風染黛螺。碧蕊堂前欺玉照，綠芬亭上映紅羅。疏雨淡烟誰管領，幾回愁寂春方永。枝頭翠羽悄無聲，月地雲階墮清影。

東　皋

雲山堪入畫，應許問倪公。葉嶼花潭裏，闌風伏雨中。鷺拳新漲碧，鴉背夕陽紅。欲識濠梁趣，何妨學楚蒙。

過周瑜墓　在盧江西。

赤壁鏖兵日，黄初對壘秋。機心怨生亮，天意欲亡劉。建業皇圖改，河陽王氣收。空餘遺恨在，墓草尚含愁。

雙溪即事

連空蒼翠掩荆關，點綴風光四月閒。鸎鵡緑浮雙澗水，杜鵑紅映九峰山。望中帶雨雲容幻，谷口無人鳥語閒。小有園亭因結夏，酒樽詩社鎮回還。

重九前一日柬王葯人

裁詩珍重走魚箋，莫負秋光似去年。一夜雨連黄葉路，十分涼過桂花天。暮烟殘照思鴻侶，拄杖登山計酒錢。明日相將共遊覽，數行衰柳聽寒蟬。

題觀瀑圖

峭壁樹寒泉，陰雪飛巖壑。欲取素琴彈，空山松子落。

泊船

二月東風颺酒旗，柳花如雪濺春泥。扁舟停泊日初午，深樹人家雞亂啼。

山中

濃翠烟巒樹半遮，朝來倚杖看殘霞。東風昨夜白雲合，開遍一村蕎麥花。

寒食亡妻殯所

浮雲荏苒送春華，泉路迢迢别夢賒。清酒半瓢香一炷，東風吹落野棠花。

春日湖上

湖上晴風颺酒旗，桃花如錦柳如絲。行人繫纜日西去，漁舍家家曬網時。

張曾培四首

張曾培 字根良，號因齋，乾隆中歲貢生，有因齋詩鈔。張碧漪曰：『傾群言之液瀝，漱六藝之芳潤，含咀英華，諧亮宫商，駸駸乎與古爲徒。』

社　燕

剪剪雙飛至，春分節氣迎。芹泥沾翼重，杏雨點衣輕。款款棲新壘，喃喃訴故情。亦知時物艷，花酒伴林鶯。

舟中即事

雙櫓日嘔啞，孤舟漸近家。歸心急流水，世事艶秋花。木落千峰净，天空一雁斜。前村新釀熟，對景興偏賒。

石門晚眺

乍雨新晴薄暮暉，山光水色共忘機。閒穿花徑香侵袖，坐對松陰冷到衣。魚躍澄潭流碧月，雲生翠岫護柴扉。悠然誰識塵囂遠，惟有詩僧伴客歸。

投子山慎和尚

洗鉢泉清水自流，煮茶香散野雲秋。自從白下歸來晚，多少山僧半白頭。

張曾鼎一首

張曾鼎　字存與，號拙吾，乾隆末諸生。

遊棲霞贈卓群和尚

誰參妙諦破愚蒙，般若臺高謁遠公。四十二章碑碣在，後先生死悟空空。

張蘭三首

張　蘭　字芳谷，號芝崖，乾隆間貢生，官桂林府同知、柳州府知府。

西洋坡

磴歷坡陀上，征行日易斜。亂峰如束筍，曲徑没修蛇。叱馭千盤險，投荒兩鬢華。故山巖壑好，空負舊烟霞。

平南古翁灘

直恐東流盡，高灘東百川。觸風驚虎嘯，激水噴蛟涎。岸插千尋石，帆飛一線天。經年嘗險阻，客鬢已蕭然。

烏衣鎮

爲訪烏衣駐客車，夕陽西去酒帘斜。殷勤笑語當爐者，知否王家與謝家。

張沅二首

張沅 字彦昇，號瞿溪，乾隆間處士，有深柳堂集。

赴松江

久識雲間郡，城西與泊舟。人烟連樹暗，潮漲湧橋流。往事華亭鶴，浮蹤海上鷗。機雲今不見，二俊已千秋。

偶成

空山悄無人，石上彈琴坐。穿林踏葉聲，知有樵人過。

張潄芳二首

張潄芳 字仙華，號澹園，乾隆間諸生，官鹽大使，有澹園詩集。

弦歌臺懷古

昔賢敷教地，繫纜一登臨。往事空延佇，荒臺自古今。烹鮮聯礪刃，流水想鳴琴。太息牽絲者，伊誰繼雅音。

讀唐書有感

龍紀空懷累世慚，東西遷幸不停驂。門生天子新無狀，阿父家奴舊不堪。黄閣委蛇憐鄭五，元戎跋扈任朱三。高談廟略終何補，徒使鴉軍隔潞南。

張　颿二首

張　颿　字用敷，號野人，純孫，乾隆間諸生，有野人詩鈔。姚迥夫五君詠：『野人身七尺，淳樸古所敦。布褐雖不完，誰知卿相尊？有時高歌竟，自起倒芳樽。寂寞數篇詩，哀老當誰論？』

琴興

春意上瑶琴，春風響遠音。絃尋千古調，人抱百年心。遠水渺寒渚，蒼烟迷亂林。鍾期不可見，明月萬山深。

同諸子游山

攜手采黄花，行歌空山裏。夕陽淡前村，丹楓照秋水。

張曾徽十五首

張曾徽 字竹涒，號菉園，乾隆間貢生，有菉園詩集。張氏家傳：『公生平好爲詩，沉摯雄古，得少陵遺意，晚更肆力於玉局、放翁。幼工制舉文，屢試不售。弟姪及門下士經其指授，掇科第者十數人，年九十卒。』馬雨耕壽張菉園詩：『一家牀笏將漏而，君獨冷落其如遺。以射教人輒中而，君自失鵠下飲卮。天高莫敢問，命定其數奇。』

雜　詩　三十首之一

禽中有鸚鵡，乃以能言名。不如鵲喳喳，無辭但聞聲。不如燕喃喃，似語無關情。能言即招尤，百悔徒自生。只宜啄紅豆，不然學誦經。

詠　懷　四十首之五

阮籍哭塗窮，楊朱泣路歧。四體曲好動，自貽纆擾悲。孔孟志行道，况瘁不知疲。下此遊説客，鼓舌究奚爲？人生有天命，出處須聽之。胸昧聖賢理，功名何妄期。生逢堯舜世，俯仰心融怡。莫謂博高名，翻受哲人嗤。

室中無長物，先人有遺書。遺書亦不多，精理紛紓餘。所學明性道，支蔓去煩挐。新奇肆漁獵，無益盈若虚。雕蟲誇末技，大事終躊躕。非不愛博洽，器識重璠璵。仁耕與義種，養身同菑畬。輕薄擅才華，誰謂耀門閭？

數椽構茅屋，餘地作小園。蘼蕪雜蕭艾，蔚然枝葉繁。並育不相害，造物無私恩。大度自宜容，榮枯任寒暄。古人心抑鬱，區別多寓言。小草究無知，生意隨隰原。安知不變化，何必香獨存。志士默觀感，努力培本根。

金以剛轉折，水以柔能湍。山以高致崩，谷以卑多安。人情肆驕傲，到處有辛酸。韓信胯下辱，終登大將壇。劉伶避雞肋，怒者帶笑看。謙卦六爻吉，尊光狹路寬。人本無猜忌，己自起波瀾。

朝菌無晦朔，蟪蛄無春秋。我年屆八旬，歲月足優游。人生期建立，如何空白頭。樗櫟匠不顧，荼蓼農不收。虛逢堯舜世，寂寞卧林丘。徒覺閲歷多，人情意頗留。静坐竊指數，薄訴轉招尤。人己兩無益，此身真贅疣。

蘇門行

夢松丈人吏如仙，邀我來上蘇門巔。青鞋布襪六七里，出城已見飛雲烟。到來攬衣躡蒼翠，疊嶂層巒特靈異。絶壁幾點艷赫霞，疑是老子丹爐熾。空際風撓萬松鳴，宛然長嘯鸞鳳聲。古人精魂不泯滅，恒多寄託留奇情。康節先生較年近，易中潛窺造化運。山澤通氣妙理存，蘇門泉源即詁訓。下看泉源跳琲珠，照見蘇門倒威紆。波摇影動紛破碎，一泉一山分百區。是時新簧哢栗留，紅簫紫笛空啁啾。汲泉煑茗聽鳥語，香氣真與山嵐浮。斜陽躑躅話歸路，光景縈懷屢回顧。丈人獨樂此遊多，他日見招還相過。

山中夏夜

遠峰微月上，風徑對池塘。魚翠入幽夢，萍花生細香。汲泉殘莽銚，支枕小繩牀。此際城居者，誰無竹篴忙。

和樊川詠艄翁

長年三老更稱翁，羨汝生涯路不窮。慣聽袁宏閒作詠，也因宗慤快乘風。烟汀月渚嘔啞裏，霧壑雲崖欸乃中。到處浮家隨意泊，結隣只在綠莎叢。

正月五日和方製荷出郭探春原韻

條風初吹草痕青，趨步相依踏野坰。但喜向長恒有伴，不嫌莊子説無町。解人茗當粘臺酒，古刹旙同擇勝亭。薄暮詠歸筋力健，陽春一曲和難停。

送姚師洛浙遊

寒儒那得養慵疏，難守丘園寂寞居。滿眼生涯三折水，半肩行李一囊書。陳蕃榻下今應似，宗炳圖懸近已如。回憶西湖曾買櫂，黄鸝翠柳正春初。

秋　葉

株株突見萬千枝，非復林衣密護時。棲鳥低回殊舊夢，落花漂泊合前思。别離未許昏烟鎖，留戀空勞曉露持。安得盡同松柏質，後凋不肯使人悲。

冬杪過製荷留飲即席口號索和

知己終身一製荷，龎公主客笑猶多。兩人對酌梅初發，三徑微開雀可羅。青簡文章供議論，白頭俯仰任蹉跎。送窮不去符將換，且喜春臺逐病魔。

竇將軍

黑雲四面壓孤城，骸爨家家慟哭聲。義救尩倪甘碎首，氣充霄漢本忘名。千秋血暈氤氲聚，一雨神光艴赫驚。競道望風蜂蟻散，壽春先賴靖欃槍。

五月十八日偶成

小園息影數弓多，何必幽居説澗薖。粉本偶能師北苑，楸枰難解似東坡。萬千好景三春去，七十餘年一夢過。今日又驚增馬齒，且偕老友看新荷。

張曾虔六首

張曾虔 字吕環，號蠡秋，乾隆間貢生，官宿州訓導，有秋妍館詩鈔。沈業富曰：『蠡秋爲橿亭先生難弟，具承明著作之才，未展其用。司訓宿州，嘗輯其一家四世十人官講筵者爲詩鈔。』

放舟金山

長江萬里岷峨通，奔濤滚滚流向東。衆流趨海下京口，吞吐日月連蒼穹。天塹奔騰壯南紀，屹然一柱當其衝。作鎮南徐壓江表，混茫一氣排寒空。金枝翠羽忽炤耀，飛來瓊島懸當中。有時天吴肆狡獪，中流跳蕩驚魚龍。廣陵之濤古來絶，拍手大叫開心胸。我來擊楫乘長風，隨波一葉淩飛鴻。月落參横乍回首，朝陽遥挂扶桑紅。雲路迢迢下鸛鶴，天門隱隱蟠雲松。頗欲尋幽支短笻，揚帆何事行倥偬。坐見連鑣噴晴雪，崇巒突兀烟嵐重。側身長望杳無際，登樓倘許懷蕭公。三山縹緲不可接，泠泠清梵鏗華鐘。

月夜登翠雲樓和吴退庵孝廉韻

瑶霄四碧天無風，廣寒仙人摩青銅。浮雲收盡劃秋水，一輪圓潔升長空。入户穿簾覓幽谷，層樓突兀東山東。我來拄笏事清賞，舉杯對飲三人同。何處歌聲起漁艇，遥看一葉波當中。南飛咿啞繞烏鵲，北去嘹唳驚征鴻。海天烟景那易得，却笑塵埃徒倥偬。不妨滅燭坐深夜，入窗軒敞光玲瓏。此時正好凝雙瞳，莫漫局促嘲冬烘。吟肩半聳發高詠，東方已白朝霞紅。

延令東齋同楊翟村話白門山水之游

火雲罥纖芭蕉烈，炙手無端客心熱。那煩褦襶迷黄塵，要使胸襟濯冰雪。奇峰空際生層雲，河流風起皴波紋。有客垂簾卧疏館，遥情結想徒紛紛。氤氳短榻茶烟上，碧簟如水漾書幌。縱談山水發清音，到處相逢愜真賞。曾憶支笻白下灣，碧波如拭蘸烟鬟。春浮酒舫歌樓畔，路轉紅闌碧榭間。浮蹤我寄青溪曲，渡頭桃葉流雲緑。著屐提巾二十年，雙丸跳轉閒愁觸。鬚也平生説浪遊，却從閩海櫂歸舟。年來不踏長干市，還記雲山畫裏收。此夕遥空過微雨，虚堂坐對燈花吐。彷彿同臨笛步濱，何時去作金陵估。我徒觸熱復西東，酒盞花枝不放空。宛轉爲君拓遊興，半窗疏月蕩回風。

十五夜偕陳雲伯江湘亭步月青溪

八鴻四合流雲劈，滉漾晴烟篆森碧。苔階露下撤瑶席，明蟾滿印青溪宅。鷲峰回光去咫尺，仙梵泠然詠遥夕。欲往從之破幽僻，手不扶笻頭岸幘。人影花陰蕩林隙，落葉無聲暗蕭摵。離情鄉思各紛積，歲云暮矣迫行役。及時行樂感疇昔，酒樓曾駐孫公跡，笛步誰爲桓老惜。今我來思從二客，遠寄高情託泉石。肯使駒光浪拋擲，當頭寒月生虚白。

夜望翠螺山

扁舟遥夜隔菰蒲，四望清光鏡面鋪。樓閣横雲雙鵲下，黿鼉窺客一亭孤。無邊風月連洲渚，如此江山盡畫圖。彷彿新秋换眉黛，晚妝深淺入時無。

石門寓齋坐雨和四兄訥堂韻

兄弟天涯百感生，歸期遥滯禦兒城。寒鴉戀樹窺霜信，落葉臨窗雜雨聲。衣薄乍驚風有力，愁深但覺酒多情。當時親舊如萍散，争逐輕帆事遠征。

張曾獻七首

張曾獻 字小令，號未齋，乾隆甲辰召試舉人，官分巡冀甯道，有未齋詩存。葉繼雯曰：『先生少孤貧，筆耕養母。乾隆甲辰南巡召試，賜舉人，官中書舍人，擢侍讀，奉命分校四庫全書，派繕御製詩文，充文淵閣檢閲。扈從熱河木蘭，勤於厥職，出守潞安，值歲大祲，捐金糴穀，勸富民出粟，益以官廩賑之，所活甚衆。其他如興書院，禱雨有驗，多善政焉。』

晨赴麻山夕宿慈濟寺

坐久日沉嶺，禪房暮烟暝。止宿桑下緣，飛鳥投林定。明月上松窗，清風生竹徑。長明一點燈，梵唄數聲磬。到老未閒身，此夜得清聽。攲枕待雞鳴，晨興躋石磴。

晚　泊

傍柳危檣定，鄰舟問去程。岸燈明野店，戍角助秋聲。枯葉蕭蕭下，寒螿瑟瑟鳴。回頭湖海路，情重布帆輕。

贈江孝子

其心如面潔，孝在一生貧。七十猶童子，三餐奉老親。少孤，年逾古稀不娶，獨力謀甘旨養母，至九十有八。天方成厥性，我得識斯人。自説無他好，從心耐守真。

舟歸紀程　十首之一

漢陽門外挂歸帆，天意雲心羨我閒。顧影中流生白髮，掉頭一望過青山。磯名江夏縣戍。

江聲日夜流今古，人事春秋遞往還。明月湖漢陽縣。西朋月上，與波東下湧潺潺。泊沙口。

答六兄蠡秋病中詢病

秦淮烟月晉陽塵，千里相思老更親。南北一時尋舊約，今夏余歸自晉，冬杪兄亦自金陵歸。田園三徑遂閒身。骨知風雪憐同病，心悟寒暄慣異人。余時病瘧。昨夜六花初告白，催賡新曲唱陽春。

歲暮得費二西墉寄留硯齋詩鈔

龍節曾經大海來，戊辰歲使琉球。星軺又自貴陽回。壬申歲使黔。文章各得山川助，草木均霑雨露培。一品洞天中外重，使外藩，例賜一品服，即用以名集。百蠻碑地古今開。田間送臘柴門雪，也寄春風嶺上梅。

試　茶

摘後剛逢穀雨前，色香莫負故山泉。我生幾日閒如許，爲補茶經手自煎。

張裕爌二首

張裕爌　字韓起，號休庵，乾隆初官秀水主簿。

龔參軍席上賞素心蘭　二首之一

花時誰遣到蠻荒，緑蔭來尋九畹香。風弄瓊枝含玉露，簾垂冰簟倚胡牀。未紉楚客新秋佩，如侑參軍竟日觴。從此同心得真賞，不憂嶺外號孤芳。

落葉　十二首之一

畫本天然筆筆殊，丹青點染亦何須。輕辭弱蒂飛偏急，瘦盡寒雲影欲無。谷口宵深聞過鹿，江皋月落有啼烏。未知向日茱萸沜，蕭瑟霜根尚幾株。

張裕犖二十八首

張裕犖　字又牧，號樊川，乾隆戊辰進士，官至國子監祭酒，有野薌園詩文集。通志文苑傳：『裕犖選庶常，授編修，官至國子監祭酒，纂修續文獻通考。癸酉典試山東，甲戌、己卯分校鄉會試，得人最盛。告歸著作益富，有野薌園詩、古文及館閣詩賦行世，卒年八十一。』

秋　夜

北户餞殘暑，西牆偃餘景。窗明心亦清，簾垂人始静。羇愁來無端，起視河漢永。游氛浄金飆，一碧浩萬頃。鶴性凛高寒，零露夕初警。蕭然苔蘚陰，散步語孤影。葭菼隔滄波，松桂渺雲嶺。時序倏已變，吟蛩共悽哽。

次韻酬北軒翁

挾琴爲齊彈，韞璧因荆剖。君才晚不遇，寬譬屢箝口。曩者城南隅，跌宕二三友。角藝相長雄，送難互繫掊。黄葉委荒階，荆扉不停叩。朅來二十年，忽忽霜侵首。兒今專觜距，翁俱歎老醜。君如百濟船，珍怪羅萬有。揚帆自溟渤，弭楫偶郊藪。明廷急良材，鴻鈞需鉅手。駑駘但驂乘，童孺敢先叟。小草乘陽和，猥看紅緑糅。軒籛九衢中，跼蹐眾賢後。書籤穿蠹穴，踐涔濡蹄内。平津分粟肉，太倉竊升斗。時論稍卑之，咄哉牛馬走。臣飢東方生，君勇北宫黝。老筆破雲雷，聲作天龍吼。貺我五字詩，商歌侑燕酒。極望楚山長，霜空一搘肘。

連日飲東園時牡丹盛開即事呈宋青立比部德沖司馬

東園粉澤勞天公，三春一雨千花紅。蒼蒼高木覆平地，花以畝計窈窱而玲瓏。朱藤欲謝尚妍媚，爲帷爲蓋爲房櫳。彼姝者子門生態，玉環婭姹豔且豐。縞衣素面姊妹同，冰綃羃䍥紅方空。柴茸瓔珞丹錦幪，就中忽現寶樓閣，玉彝金盞相曈曨。平生寒乞類郊島，比談姬孔驚群聾。花前瞥眼詫奇絶，欲語不語心忡忡。肯以弱筆撫豪雄，東園主人青立翁，籍咸之會推德沖。座有佳客濤秀戎，盃簪列炬動連日，酒杯瀲灩花空濛。春寒野陰風景暮，用杜句。暖香獨在幽人宫。酒邊吐氣霓與虹，醉倒欲挽扶桑弓。忽憶年時在隋苑，洛春堂側僧樓東。平山堂西偏牡丹花時，遊人甚盛。今歲來遊通德里，朱闌曲榭穿花叢。諸公好我有深意，謂我蹤跡無根蓬。會須以酒自湔洗，黄塵面目徒匆匆。花時不醉有如此，風姨聽者知愚衷。莓苔滴瀝起笑噱，九十韶華客宋中。

偶訪來章檢討適瀛可編修石君侍講在坐尋延彬侍講亦至石君索餅大嚼劇談而散用山薑集中移居詩韻奉柬來章并戲石君

泥塗拉搭闐門車，惡賓争詣投轄家。笑談偶得一餉樂，入林安必交麕麚。主人鍵户礪刀筆，執簡行走蘭臺街。有酒畏事不飲客，三孱眼熱風帘斜。坐中健啖有稚長，雙手連攫盤中花。汗流侍史頻呼茶，餅師絶倒聲伊鴉。涼秋更欲申後約，花前一試雨點撾。小友隅坐罰執燭，看我笙瑟調靈媧。

寄懷周宏敷時年七十

射鮫江水清而鮮，九華跗鄂堆青蓮。周侯少日讀書處，草堂面面皆雲烟。尚論先生已終古，三世琳琅壓筐筥。滄江夜静虹貫月，故家零落冰霜苦。紀群交舊極情親，憶昔追隨撰杖辰。墨花灑遍五湖水，白頭笑弄吴山春。曰歸不結紅塵韈，君忽莪蒿感明發。我亦飢驅十載强，枯萍海水春滄茫。即今回首論文侣，秋燈清淚何浪浪。前年偶一返鄉里，過從省我雜悲喜。征鴻社燕本何心，倦羽遥憐鶴在陰。五年又别綢繆意，書至還欣能細字。浮名泡幻無多談，投老榮期差樂志。此時䆉稏翻霜紅，主人支策雞豚中。經旬不巾亦不帶，笑看牧笛横山靄。香秔飽飯勝茹芝，百年多福爲君介。

九賢堂文讌詩用坡公清虚堂韻會者長洲座主翰編陳揚對庶常史歷亭中舍周□□上舍何二山王學舒陳百斯劉耕南家冠伯洎予集蔡芳三家時長洲公將假歸

雪晴九陌清塵沙，一輟投刺如休衙。碧桃紅杏不挂眼，廟市閒煞春前花。蔡侯鹽竈越三載，鏘戛食器驚鄰家。曉來折柬書細字，命僕速客先晨鴉。諸賢麇至作吴語，論難往復垂天葩。吾師退值九華殿，撰杖正欲分官茶。林燈檐月亂人影，僕夫三五停鞭撾。今我不樂日月邁，白髮種種誰梳爬。鹽車虞坂得無怨，白駒空谷行咨嗟。直沽冰泮峭帆去，真人天際凌雲霞。

題高房山山村圖爲汪攻石賦

汪君示我山村圖，筆墨黯黮烟雲籠。五百年來落君橐，云是房山尚書作。尚書筆力撫米顛，脱化畦町天機全。横披短幅潑墨疾，深冬雷雨蒸山川。南陽仇遠凡夫耳，避俗雅愛棲林泉。峰雲變滅自終古，高致乃與圖俱傳。君家家住平山前，紅橋緑水相夤緣。是時宸遊有園囿，構架豈必皆天然。五雲爛漫錦繡谷，難爲富媪窮雕鐫。匹夫懷璧古所歎，此圖秋肅非春妍。二儀清氣在懷袖，用慰窮老終殘年。盍不張之上方寺，大呼歐蘇二老把臂相周旋！

招諸同人小集寓齋聽范素書彈琴用欒城集中舟中聽琴韻

午陰匝地天新晴，檐鵲噪客啾啾鳴。窗虚晝永人語寂，四座目注焦桐横。昭文試手寓微指，豈謂挂壁無虧成。沙頭雁落梅弄笛，千絃千指紛送迎。絲簧乍静忽遼絶，倏焉百尺波濤驚。君嫻此曲妙無匹，把臂海上成連生。有嘶櫪馬但仰秣，暫遣俗耳回清明。何如羯鼓竟解穢，咄嗟杯斝羅前榮。後期再約擇佳日，秋堂更入松風聽。

孝女吟 女爲曾尚增女，父任郴州，母病遘火災，女以救母殉焉。

母兮遘疾疾不仁，晝夜轉側聞吟呻。有女十五髮覆額，日日扶持親枕席。腕輕力弱仆且僵，屏息不敢爲聲揚。哀哉母命一絲爾，女誓求生諱言死。何圖烈燄起烘爐，撲救俱化爲焦枯。女掖母兮母抱女，結股脚而連尻膂。祝融鬼伯嘯中庭，衙齋夜半燐火青。人生大壑同委形，此女殉母難所丁。君不見郛子之甍爐炭祟，伯姬蒙火申大義。孝烈名成回禄手，豈曰無端遇災異。郴江月墨青楓深，子規夜啼湘竹林。如摹黄絹碑中字，先聽吴儂孝女吟。

過鴻臚墨莊翁話舊有作

小來騎竹誇鳴騶，走趨巷陌驕公侯。花前無事或撾鼓，一日十上城南樓。草堂古寺圍松楸，天陰月黑風颼飀。少年三五掩書坐，吹燈畏虎衾蒙頭。稍嬰世故落塵網，歲華一擲三十秋。無情鬢髮白種種，寸禄只可供煩憂。公排閶闔超雲虬，我分菰蘆狎海鷗。與人家國一何補，兩黄鵠對聲啁啾。家園有田足饘粥，知公作計營菟裘。將車直指挂車嶺，清泉界道鳴相求。茅茨窅窕間修竹，自驅黄犢奔青疇。三年遲我皆山屋，公書屋名。與訪童時舊釣遊。

邵闇谷招同鶴嶠前輩及同年陳鐵巖汪持齋錢籜石圖裕軒福南岡小集賦詩報謝用家茌亭瓶中丁香詩韻

天公刻意琱瓊玉，故遣芳姿壓朱緑。鸞枝後出比紅兒，十丈彤雲亂銀燭。琴川公子真人豪，鬬酒花間學蠻觸。杯行到手吸如鯨，滿座讙譁轟陸續。不知許事毋多談，當筵且盡樽中醁。吾儕瓮底舞醯雞，未得閒身縱遐矚。偶然折柬盍朋簪，肯使馳駒頭上促。我笑庭花如静女，鬖髿雲鬟胥素束。主人較量短長檠，爛漫平生酬不足。何時富貴且行樂，高飛底羨雲中鵠。

小集梁階平寓齋爲持螯之會因得觀海外近詩走筆作歌

繡衣使者來嶺南，語笑猶帶羅浮嵐。青楊巷北有同舍，日日折柬呼朋簪。霜紅露白木初脱，潞亭水縮呈魚庵。三年海嶠厭鬱屈，泥中郭索性所湛。朝來捫腹食指動，揲策果象爲離三。芼薑下豉不專饗，速客並坼紅泥坩。厨孃研膾饌金玉，饔子解縛傾筐籃。群賢猛比飼葉蠶，我獨袖手如不戡。予因食蟹致疾，戒已屢年。廣場酒戰脱羈馽，中乘小駟真羸驂。未妨憑軾與寓目，監州嗔笑何饞貪。君才傑出晉魏上，下視六代紛朱藍。天教山海助詩筆，早闢絶境留潮儋。韓蘇遺跡閉榛莽，抉剔蠻瘴供幽探。奇姿豔奪孔鸞翠，洪響震發鮫魚甜。偶抽插架得此本，堅謝杯杓親餘甘。燭花城柝促吟諷，青紅海蜃相吞含。曩與數子畫疆索，魯齊大國卑檜鄶。橋門我頃繼君後，階平向任司業，閲四年而予繼任。談姬説孔面不慚。謂君精敏勤吏事，承塵不發詩書函。那知天驥騁絶足，善緣蟻垤攀谺谽。公餘頗亦構亭館，西園花藥青鬖鬖。試評雅鄭須閉口，與眾異趣毋多談。閨中有婦嬌且憨，一索再索舉兩男。客兒見客恣呫喃，跌宕文酒翁其堪。羇愁頓已回沉酣，秋來良會曾未諳，出門一笑天潭潭。

春江歸櫂歌送茂恒九叔還里

雍奴縣前春水曲，行子開帆萍葉緑。四十八牐春水平，篷窗坐聽菰蒲聲。扁舟到手狎鷗鷺，雙闕雲中猶指顧。十年青瑮厭含香，萬里烟霄勒回步。叔也早秀三槐廳，一經常守青氊青。出山之水何泠泠，還山之雲何亭亭。科頭趺脚茱萸沜，三尺綸竿傲黄散。况有先人種秫田，拂衣來就燒畬烟。蒼官青士舊遊好，山中自有羲皇天。我從膝上抛文度，收拾書囊趁秋賦。潞亭一櫂去夷猶，如草青袍照衰素。櫻堆火齊笋垂簭，到日家園足行樂。我慚匏繫不如伊，得附仙舟偕李郭。

兒巽偕歸，應試金陵，酉山表兄亦南歸同舟。

邗上感懷

風波平處有閒鷗，蘭茝香中一葉舟。明月二分今更閏，穠春千古不曾秋。輕烟細雨鶯花海，翠幕珠簾粉黛樓。隋帝喫虚真太拙，繁華辛苦爲人謀。

時閏三月。

題五老石刻遺像即次唱和元韻宋杜祁公輩五人退老睢陽爲引年之會各賦七律詩一首並圖其像後人因勒諸石爲祠祀之今石刻僅存祠已就傾圮矣

浮河丰采照林巒，趙宋風流此挂冠。繭紙須麋皆綺角，雞壇盟歃並躬桓。鵑啼洛下靈旗靡，馬渡江南玉座寒。此日七陵無社飯，荒祠松柏更誰看。

雨中小集李郁齋齋頭分韻

横窗新緑午陰涵，檐際流雲雨乍酣。燕市槐廳當研北，楓亭荔子望天南。文瀾捉筆淩千頃，酒政分曹罄一甔。卜夜莫孤櫻笋約，不辭霑溼送歸驂。

蕭翁仁丈以上巳一律見示走筆次韻奉呈

卧看滄州壁上圖，青瞳點漆未模糊。三春人境空花柳，一室天游任婦姑。不出豈妨榮啟樂，稱詩聊寄柳州愚。孫雛啼似嬌鶯滑，休訝先生斗酒孤。

蘆笋

芳洲钀钀茁平沙，薦共春盤二月瓜。禪悦味宜參玉版，書家手借斂薑芽。生含一片藏舟葉，光怯三秋卷雪花。辛苦蓼蟲忘蜇吻，却慚口腹累蒼葭。

和左環溪秋懷

霜冷鳴蜩月吊蛄，鳳槽敢復厠歌呼。天低雁陣汀沙晚，地隔牛眠壠樹孤。虎尾踟躕曾不咥，蚪鱗蹙縮詎難枯。求鴞見彈真良計，莫聽秋風始憶鱸。

送石曉堂之城步新任

瓦盆濁酒十年前，茅屋相逢對榻眠。京國去來衣化素，皖山迢遞夢遊仙。曩歲與曉堂共宿田家，自後屢於都門相聚。庖丁今試屠牛手，考牧難辭害馬鞭。草滿訟庭山雨過，不妨吟嘯對蠻烟。

送儲梅夫前輩假歸陽羨即次留别元韻 四首之二

乍抛手版出端闈，拂裏荷風送客歸。路入江雲天淼淼，人攀津樹柳依依。栽松丙舍青山好，珥筆丁年黑髮非。連日東門催祖帳，滄波又見一鷗飛。近程少宗伯、鍾閣學、宫銀臺、楊鴻臚，先後假歸。

家近何山愧點求，三何，吾鄉邑隱人。十年猿鶴怨林丘。牛眠黄壤三生願，馬首紅塵一種愁。先壠亦未卜。鉼水不波僧結夏，井榦無恙樹先秋。雕胡米熟鱸魚白，躑躅因公感滯留。

送馬于野隨舅入蜀

燕臺風雪點征裘，緑鬢人爲萬里遊。定有新文磨盾鼻，忽符佳夢入刀州。陣圖試按炎劉壘，宅相還同李郭舟。莫聽啼猿軫鄉思，錦官城上月如鉤。

二月下澣侍直宿梁瑤峰少宗伯寓園 二首之一

新持使節返蓬瀛，九面衡峰促雁程。鬢帶楚霜驚半白，襟涵湘水尚餘清。重趨禁近攀温樹，再領曹司厠列卿。去臘，由楚撫内召入直軍機，署宗伯。上日正逢仙露湛，銀幡彩燕遍春城。

爲崔浥荷題畫

君家世隱南山麓，嵐翠氤氳自默存。斷嶺松杉微有徑，柴門雞犬不聞喧。客爲秦漢人間語，居在荆關畫裏村。妙手更誰能寫似，登樓懷土苦消魂。

送蔣三之官嘉善　四首之一

草風莎雨過清明，十里鴛湖引棹行。滿眼溪山皆入畫，春波吹緑秀州城。

雨中集圖學士裕軒郊墅　六首之二

野徑斜穿麥隴行，杏花村落酒帘青。我如春社尋巢燕，又剪東風到草亭。
菊秀蘭芳傍釣臺，銜杯每趁夕陽回。坐中新有瀟湘客，袖得多情楚雨來。

張裕岱三首

張裕岱　字海嶽，號香雪，貢生，官湖北巡檢。張勳曰：『叔曾祖香雪公少孤，事母極孝敬。後橐筆遠遊謀生，客死於閩，遺詩十數首，清健拔俗，略見一斑。』

青蓮寺

蒲帆來海國，古寺愛追尋。匹練懸三島，孤雲入半林。僧歸殘照落，鴉噪暮烟深。回首登臨處，雙扉翠色侵。

白沙嶺

群峭聳霄漢，危峰遠接天。白雲迷古道，絶壁挂流泉。海近秋潮闊，村孤落照懸。不辭山路險，憑眺最高嶺。

謝公嶺

石棧礙孤松，飛湍挂絶壁。東連雁宕山，奇峰矗數百。

張元展八首

張元展 字亶夷，號遜庵，乾隆中監生。有也紅亭詩稿。劉才甫評云：『詩貴獨立，不貴附和。當深求本領而後博，以古人之風軌氣韻融液而神明。此昔人論詩之旨也。遜庵五言學漢魏，七言學太白，與會標舉而風調清深，自是出群之才。』

雜詩 六首之一

彈君白玉琴，酌我黄金巵。聽我繞梁音，歌君合歡詞。合歡當少壯，三五追芳時。庭花能解語，萱草生連枝。昕夕苦相守，生不識相思。浮雲有變化，明月屢盈虧。區區磐石志，千年永不移。

劉評：『具有漢魏遺韻。』

法源寺看花

旅遊競嬉春，搴芳極娱騁。嘉侣三两人，笑入衆香境。繞屋花萬株，婆娑弄新影。冉冉春烟濃，藹藹春林浄。坐久清煩襟，人閒僧復静。潑墨逞妍辭，分旗鬭山茗。悠然憺忘歸，明月含幽嶺。

劉評：『嬉遊勝境。』

偕同人北墅看花因憶檜軒八兄晉陽

驕雲散雨清明過，流光澹蕩天晴和。閉門寂寂一無事，芒鞋遍踏春郊莎。北山名園邃清景，桃花歷落含猗那。横溪繞屋百千樹，紅霞白雪交枝柯。我生雅有看花癖，彳亍不憚山嵯峨。尋源幸遇武陵路，高山流水恣婆娑。席地開樽向花坐，舉杯斟酌甯知他。人生歲月如轉軸，過眼空悲春夢婆。况復東西各奔走，當前好景常消磨。此日萍蹤幸復合，還應磊落驅愁魔。四座聞言競浮白，鯨鼇吸盡滄江波。載號載呶客盡醉，長袖屢舞還傞傞。夕陽欲落遥相映，花光洒態顔醺酡。極目天涯動遐思，有客三晉縈青緺。迢迢音信絶雙鯉，空教離夢迷關河。却憶去年當夏五，招邀出郭相逶迤。是時雨過天生凉，繞池萬柄生青荷。就中秀出浣紗女，蒨妝笑看人吟哦。倏忽於此澆春緑，思君不見愁如何？嗚呼，思君不見愁如何，請君聽我歌長歌。

劉評：『諸作俱學太白，此首又在放翁、青丘之間。』

送楊印蘧之武林　二首之一

落葉都辭樹，風生江上寒。浮雲起天末，聚散總無端。坐剪西窗燭，聽歌行路難。含情一回首，烟水正漫漫。

悼亡　四首之一

轉瞬韶光疾若梭，那禁涕泗更滂沱。舊歡似月圓時少，久病如蠶卧日多。秦鏡銷磨金錯鐵，天花隕脱曼陀羅。招魂終乏文成術，欲叩巫咸奈遠何。

雨後閒步

亂蟬嘶夕陽，小院初過雨。三徑無人行，落葉深如許。

劉評：『妙悟。』

魚山神女祠

絶代風流跡已陳，畫衣剝落點陰塵。青山色映潺潺水，不復迎神與送神。

王右丞集有魚山迎神送神曲。

春日雜詩

深屋寥寥睡起遲，紗窗静掩坐敲詩。夜來枝上社公雨，落盡海棠人未知。

張樂二首

張樂　字先邪，號洞庭，乾隆時國學生。

訪山家

半嶺人家住，行行傍翠微。落花紅滿徑，高樹綠成圍。竹笋穿牆出，山雲入户飛。徘徊愛清景，日落竟忘歸。

送昜園試金陵

一尊古渡餞行舟，天際飛帆到石頭。遠樹夕陽瓜步晚，亂雲黄葉秣陵秋。千家柳岸遥停棹，十里烟花一轉眸。好待泥金聞報日，重遊花下倒金甌。

張讀五一首

張讀五　字多叟，號蘭谷，乾隆時人。

早秋遊谷林寺

峰盤鳥道勢岧嶢，佛閣登臨逼紫霄。絶巘流泉看飲鹿，空岩古木聽鳴蜩。松窗雲護庭陰滿，竹徑風來暑氣消。把酒層巒頻極目，龍舒山水望迢迢。

張彩一首

張彩　字映壯，號默齋，乾隆間九品職。

晚眺

春風鬱芳叢，春光一望中。草迷湖水碧，山襯夕陽紅。小閣杏花雨，平橋楊柳風。臨歧猶未返，前澗月如弓。

閨思

一夕春回萬里愁，幾經凝睇望汀洲。春風緑遍江南柳，又遣飛花上小樓。

張昭二首

張昭 字輔青，號西岡，乾隆間國學生。

閒詠

悟得蘧然趣，何須坐榻穿。閒鋤花裏地，静掬水中天。趁月尋松徑，停琴聽竹泉。烹茶掃紅葉，風裊滿爐烟。

竹房曉起

竹種千竿繞屋西，四時喜見緑陰齊。巢來多少雙雙鳥，不管人眠只管啼。

張　湄一首

張　湄　字曉梅，乾隆時人。

讀　史

霏霏雨雪北風時，歇後平章事可知。不管紇千山上雀，灞橋驢背説詩思。

張元禮六首

張元禮　字持載，乾隆間諸生，有孚翼居詩。張驫秋序曰：『持載天才放逸，出語每驚人，而滂葩冪兀，奔發卓犖於摇珠横錦之中，翛然獨得於塵壒之外。』

秋日遊攝山　二首之一

林光開朝陽，溪影散寒霧。遥知夜來雨，溼盡山前路。衣銜石氣涼，徑逐樵聲誤。休問六朝僧，心空本無住。

武昌送人歸里

武昌城外柳，今日又飛花。不及長江水，隨君直到家。霄聲下歸雁，曙影上晴霞。望望開帆去，愁聽津鼓撾。

歲　暮

窮巷下黄葉，村居門暫開。野風檣影聚，落日市聲來。江海一孤艇，齏鹽三兩杯。莫嫌行偪仄，且共此徘徊。

江上夜感

夏口武昌相望中，一身西上水流東。寒天獨夜雪霜白，春市隔江燈火紅。聽盡楚歌隨賈客，學來蠻語憶兒童。當年酒伴休相問，吴下依然舊阿蒙。

秋　河

流雲耿耿動晴虚，案户纔臨七月餘。終古無梁通析木，經天有水注歸墟。涼宵月墮千峰外，小院人眠一雁初。顛倒世間兒女事，不知靈匹定何如。

莫愁湖櫂歌　四首之一

莫道佳人是北方，折梅愛向水雲鄉。江頭桃葉青溪妹，那許儂家住洛陽。

張元茀五首

張元茀 字茀康，乾隆間太學生，有秦中、江南詩草。

春日遊西山

乘興看山去，山青花欲然。路隨芳草轉，橋共緑楊眠。人醉斜陽外，樵歸曲澗邊。來朝好風日，還挂杖頭錢。

重臺蓮

緑波新出更重臺，好傍荷廳著意開。翠蓋一莖承露早，紅衣千疊送香來。疑從佛座分曇植，却訝天工費剪裁。相對漫誇能解語，倩他清潔映冰懷。

龍眠山中

春滿龍眠十里程，小桃含霧柳藏鶯。翠螺山色柔藍水，一路人從畫裏行。

春閨漫興

記得郎從江上去，杏花紅雨薄寒天。那堪屈指懸帆日，楊柳春風又一年。

春原曉牧

紫陌紅塵望眼賒，杏花村裏一鞭斜。風風雨雨朝來慣，短笛吹過賣酒家。

此頤莊八景之一，外有『秋林潑墨』、『月賓攤書』、『古寺疏鐘』、『屏嶺歸樵』、『野渡觀魚』、『麥隴課耕』、『曲沼觀荷』，與方寄巢先生所詠十八景又異。此右軍所以慨今昔於蘭亭也。

張裕勷一首

張裕勷 字彦衡，號又枝，嘉慶間官上林知縣。

由泗郡至天峨 二首之一

一水飛岩際，奔騰萬馬聲。路從溪草没，魚逐浪花驚。問俗瑶苗雜，觀風太古清。下車翻作喜，莫負此蚩氓。

張裕熉十一首

張裕熉 字位三，號石髮，乾隆間邑諸生，贈翰林檢討，有覆瓿集。

晚遇左心阮即别

遠從江上來，秋深返茅屋。九日一相尋，孤蹤不我卜。何意山中行，得以慰幽獨。楓葉晚蕭森，飛鴉噪寒緑。怊悵欲□□，別君出林麓。

山中秋夕

向晚薄寒生，蟬聲在古木。風烟既孤潔，秋泉媚幽獨。偶拭龍脣琴，高彈淥水曲。娟娟秋月來，清輝映空谷。故人當夜至，共此林下宿。

春晚旅懷

春老樹生烟，林陰響杜鵑。山鐘蕭寺發，江月草堂懸。去國經周歲，思家悵遠天。夜深吟獨苦，一紙寄龍眠。

江口送別

帆影挂江烟，江干月正懸。晚雲迷大壑，春雁落遥天。魂夢故山外，愁心戍笛前。別君還悵望，芳草緑無邊。

柬仲岳

柴關掩岑寂，樹木臨前池。空山暮來雨，落葉寒風吹。悟道既云静，吟詩還自披。誰復當清秋，憶我山之時。

得家書

高梧葉落空庭際，丹桂飄香獨對閒。一紙書來天上雁，半秋人憶畫中山。關河綿緲浮雲外，烟樹蕭條夕照間。眼底風光悵離别，開緘聊復破愁顔。

雪後山中懷畫溪

烟外亂鴉啼，雲際疏鐘發。殘雲暮相思，獨對空庭月。

山中夜讀韋詩

山齋冷孤烟，月色浸天宇。夜讀韋公詩，落葉疑秋雨。

春秋山下人家

群峰積蒼翠，水石淡清幽。日午炊烟絶，滿林黄葉秋。

别方雪堂

寥天木葉下寒波，淼淼空江雁正過。别後君應望明月，江南秋思晚來多。

題石谷畫

斜日清寒鳥倦還，秋山無際水雲閒。幽人杖策歸何處，黄葉滿林山寺間。

張梯雲二首

張梯雲 字根固，號韻梅，一號改夫，乾隆間附貢生，有東籬剩稿。方根健曰：『乙巳歲大歉，根固收債於吴，獲千金。沿途賑貸，抵家則已盡矣。』

書懷

夜熱秉華燭，燭焰亦作威。颯然清風起，微涼始透衣。安得無六月，使我心不違。

伯兄令黔中屢勸乞歸不省近復調劇以詩見招依韻奉答

歸去來兮福自求，百花彫後即深秋。名成能吏終非幸，歡結當途亦可憂。冷眼書生常曳尾，熱中令尹急回頭。黄昏駿馬羊腸道，莫認人間第一籌。

張元襲十首

張元襲　字緒庭，號柘岑，嘉慶間監生，有見山樓詩鈔。弟元裕序曰：『吾家自高祖文端公有篤素、存誠堂集，曾祖宗伯公有詠花軒詩集，祖侍講公有見吾軒集、考少詹公有瑞萸亭集、伯叔父有訥堂詩集、秋涪詩集、螽秋詩集，四世相承，均有詩集，膾炙人口，稱揚遠近。六兄九齡失怙，因家貧不能竟學，遊幕於燕南、趙北間，凡應試，七薦而不售，訖無所就，歸老里門。其一世轗軻潦倒，不得已發爲詠歌，聊以見志。余不忍視兄之亡，併其可存者亦與之俱亡，爰即其所存篇卷彙以付梓云。』

雜　詩　三首之一

池魚適游泳，不慕江海寬。倦鳥託一枝，棲息便羽翰。涉世有定分，觖望徒滋嘆。知足樂天命，慮淡身自安。

擬謝康樂遊山

弱齡覽圖經，丘壑夙所誌。晨興策枯藤，始到忘機地。穿路披荒榛，循皋步香蕙。初日上林端，薄雲宿巌際。春鳥相和鳴，探幽解客意。勞勞息塵鞅，於兹洽神契。寄言同心人，結廬倚空翠。

秋雨嘆

墨雲壓高城，十日雨不止。秋花紅黯淡，衰草緑披靡。不礙黍低頭，但慮禾生耳。蝸涎粘壁膩，苔痕上階紫。况挾淒風來，颯颯鳴窗紙。孤燈焰如豆，薄衾寒似水。中宵愁屋漏，欲眠還屢起。安能驅癡龍，分潤及桑梓。慰此望歲心，豐年兆閭里。

食鰣魚

蔞蒿滿地楊花飛，刀鮆欲上河豚遲。櫻紅筍綠際初夏，嘉魚獨數江東鰣。銀鱗出水宛皎皎，莘尾觸網何簁簁。朱門給解走漁父，千錢坐費囊中貲。厨娘漑釜事烹飪，配以菽乳薑桂滋。淵材苦恨爲多骨，未免下箸攢雙眉。今我老饕恣所欲，物其有矣惟其時。雪鱸切玉泖湖曲，霜鯽礌鱠灤河湄。雕盤列薦得未有，庶幾式食占觀頤。潯陽九派接皖口，嬋妾肯遺乘潮隨。嗚榔舟子駕小艇，沿流濊濊罛空施。舊聞鸜鵒不踰濟，將毋物產同于斯。當魠稱名載爾雅，多識誰補風人詩。東隅老傖嗜此族，郲莒小國從譏訕。殿春况復艷花信，一簾香氣尊前吹。

花有以鰣魚名者。

舒城夜雨

欲雨不雨農夫憂，欲晴不晴行人愁。宵來一雨翻盆急，曉看雲氣連天溼。街頭滑滑泥没骭，對之我欲增三歎。逼仄茅檐坐卧難，濁酒那得開心顔。

两頭纖纖詩

两頭纖纖新月彎，半白半黑雙鬢斑。腷腷膊膊宵柝寒，磊磊落落窗中山。

秋　草　四首之一

峭寒惻惻結新霜，遠色連雲劇莽蒼。日落平原下雕鶚，風高大野見牛羊。白衣命酒東籬晚，紅葉停車石徑涼。點綴秋容歸爛漫，肯教寂寞度重陽。

黄鶴樓

昔年崔顥題詩地，此日登臨倦眼開。黄鶴自翔寥廓去，高樓曾閲古今來。烟波江上帆千里，絃管樽前酒一杯。却憶鳳凰臺畔客，只今誰繼謫仙才。

楊香海遷居

歸田賦罷又遷居，十畝閑閑樂遂初。栗里先生應種柳，碧山學士早焚魚。結鄰讓水廉泉地，得味撑腸拄腹書。暇日玄亭人問字，共傳才調似相如。

采蓮詞

接天蓮葉緑參差，夢到西湖六月時。郎愛荷花儂愛藕，玲瓏心裏最多絲。

張元輿三首

張元輿 字璟題，號湘波，乾隆末布衣。

登北極閣

振衣高閣俯崇墉，極目平原萬緑濃。沁水橋横通小市，大行雲起作奇峰。風吹古木濤聲壯，日照新荷蓋影重。盤谷山川遊未遂，碧檀聊許寄從容。

南　歸

短策驅車返故關，野田豆莢雨斑斑。思歸豈爲蒓鱸切，又看江南萬疊山。

春　遊

緑楊如薺繞芳堤，嫩葉初抽燕剪齊。欲覓桃源何處是，漁舟載過小橋西。

張元僡五首

張元僡 字閒鷗，號泊亭，嘉慶中廩貢，署天門縣丞，有泊亭詩鈔。

題汪本槐參軍命字圖

君家家住海陽里，翩翩甲第凌雲起。一從移棹渡錢塘，結茅愛近西湖水。黄鶴高飛去緲然，仙人樓閣俯晴川。君來聽笛江城裏，亂落梅花十五年。風霜歷盡朱顔改，烽火連天更數載。轉運軍儲倍苦辛，論功未得專城宰。問君遭際胡如此？君曰無過命而已。披圖示我索我題，彈冠雀起爲君喜。男兒有志事功名，大器由來屬晚成。末秩沉淪無足慨，幾人頭黑到公卿。爲貧而仕尋常有，休辭捧檄風塵走。好將事業答昇平，達人造命君知否？

王二文學饋醉蟹索句

酩酊三蕉玉女漿，甕中肌體遍生香。初疑黄甲逃名客，少飲青州入醉鄉。一死幸能埋麴糵，雙螯仍可佐壺觴。多情慰我錢昆癖，百拜登盤喜欲狂。

山城春詞

艷影枝頭色半酣，杏花消息在城南。無端幾日廉纖雨，不放春晴三月三。
百錢聞自杖頭分，小憩園亭日未曛。數遍梅花三十樹，一聲清磬隔林聞。
睡起春融自煮茶，水仙盆貯两三花。興求攜取湘蘭譜，小飲東鄰阿阮家。

張宗岳二首

張宗岳 字汝鳴，號黄麓，乾隆間處士。

漁　家

半夜收筒月滿天，桃花門外繫漁船。朝來換酒橋西市，活潑金鱗柳線穿。

暮春偶成

篆鑪清曉火猶紅，睡起香簾怯早風。近日文園成懶病，可憐春盡落花中。

張元文六首

張元文　字□□，乾隆間諸生。

秋杪過訪陳蔭嘉書室偶賦

山雲踏破謁高朋，攜手危樓第幾層。句寫黄花敲白雪，杯添暖酒話寒燈。夜闌窗鎖千峰月，心浄潭空一掬冰。我愛風流遺世外，此君清況究何曾。

社　日

鼕鼕鼓角響村莊，知是農家社日忙。放眼風前花有信，治聾杯内酒餘香。欣將歲熟頻祈麥，話及春晴早下秧。一曲田歌人盡散，歸來扶醉卧斜陽。

懷同學諸子

握别雞窗三十年，幾番棖觸幾悽然。蒼茫雲樹人千里，零落琴書我一肩。問字難忘樽内酒，談經多在夢中天。萬松園裏梧桐月，猶照東山舊講筵。

和彭羮和重九前三日飲野人山居韻

一路丹楓映夕陽，高朋群約陟崇岡。茱萸結珮花盈座，鴻雁來書字數行。海内弟兄樽内酒，籬邊風雨鬢邊霜。今朝且作登高醉，多謝鄰翁爲解囊。

對新燕感賦

掠過池塘柳絮春，天涯到處任棲身。烏衣巷口斜陽路，莫問當年舊主人。

送别周立庵表叔

一曲驪歌淚漫彈，客中送客酒杯闌。解攜何限流連意，千尺雲封萬仞山。

張　京二首

張　京　字文瀚，乾隆間諸生。

月夜泊榆樹嘴

足藕槳登舟，烟波逐水流。艣聲頻碎月，帆影不驚鷗。兩岸蟲聲滿，千山樹影稠。涼風深夜裏，泊近酒家樓。

喜客至夜話

相逢雖晚未爲遲，每集蘭亭共賦詩。惠我西窗頻剪燭，期君東閣占高枝。已將彩筆題鸚鵡，更看凌雲沐鳳池。獨悵浮蹤違咫尺，莫能如舊任相隨。

張周仲二首

張周仲　字應婁，號梅村，乾隆間諸生，有蠹餘草。

新秋晚晴

村墅新凉至，桐陰一枕間。蟬琴鳴夕照，螢火點秋山。砧杵聲初急，楓林葉漸殷。石橋閒徙倚，流水自潺湲。

春 興

到門車馬聲常少，放眼林泉興倍添。粉曬蝶衣尋午夢，絲牽蛛網繫丁簾。花因雨過皆含蕊，山爲雲多只露尖。欲到旗亭寒貰酒，杏林缺處挂青帘。

張德用八首

張德用 字文翰，號亦林，乾隆間諸生，有撲塵集。吴訒甫序集曰：『亦林生有異禀，讀書數行下，爲文操紙筆立書，而體裁贍麗。顧困於諸生，年未及衰而遽逝。其子觀海以其詩稿示余，則知君以殊異之才，而窮力於學問之奥，其寄興高遠，涵濡深厚，不必沾沾於比聲傅采，而其蒼秀之色，淵雅之音，自有合於古作者之意。君雖齎志以歿，而篇什之存，今猶炯然如新。蓋其精光之鬱而必發，即棄擲沉埋之久，而不可泯没者，自著也。』

秋夜偶成

蟋蟀當階吟，老鶴臨風警。秋聲不可聞，惕然動深省。望遠天一涯，嵐氣蔽山嶺。静中有真機，此境誰能領？空庭發嘯歌，明月淡孤影。

坐　雪

寒氣砭人骨，瓊林縱目迎。曉天驚一色，夜月訝雙清。呵凍吟難就，呼爐酒易傾。風光誰主領，春動老梅横。

過許莊呈三兄 二首之一

問字今初過，攜樽近曲阿。弟兄歡聚少，貧賤别離多。地僻容疏放，時清合詠歌。詩成爭刻燭，長日易消磨。

五言摘句：黄山：『井泉龍隱霧，石洞虎眠雲。』

桃花

開盡梅花雨未休，夭桃依舊發綢繆。數枝豔拂留香院，幾樹紅敧賣酒樓。晉代洞餘秦日月，楚宫人是息風流。元都觀裏春何限，記否劉郎兩度遊。五、六奇確，匪夷所思。

七言摘句：□花：『錦瑟和香終斷夢，玉盤迸淚可招魂。』秋懷：『一枝出穩憐烏鵲，萬里風雲羡冥鴻。』蟬：『疏林殘月天初曉，野渡斜陽雨乍晴。』

續桃花扇傳奇

金樽檀板不禁秋，玉樹飄零古石頭。一曲興亡千載恨，南朝宜想舊風流。

夢姪嶺梅

朝昏嗜學死猶精，手執遺編淚自含。一夜殘燈孤館夢，傷心還共輔嗣談。

秋海棠

當年淚點滴輕紅，腸斷閒階曉露叢。二十四番春不到，只將薄命託秋風。

送陳飲和赴金陵

采石磯連燕子磯，山青水碧弄透迤。布帆安穩秋風裹，好詠澄江小謝詩。

張森若一首

張森若　字崇陽，號薈林，嘉慶間諸生。

獨　坐

旅館夜迢迢，爐烟尚未消。風清簾半捲，何處暗吹簫。

張　鳴三首

張　鳴　字耕南，號訒庵，嘉慶間諸生，有訒庵詩草。

逐客行

秦王厭聽縱横策，下令國中驅説客。負書擔篋走紛紛，崤谷函關留不得。上蔡狂生獨上書，意氣慷慨言徐徐。客不負秦秦負客，指陳歷歷良非虚。此令雖教中道止，此情積漸何能已。擁篲前驅不復聞，坑儒燔書從此始。爲憶燕昭賓館開，求賢高築黄金臺。師事郭隗亦偶爾，昌國翻自青齊來。秦關燕闕俱流水，極目蒼茫殘照裏。世運興衰何足論，千年遺事徒青史。君不見閻樂乃戕胡亥生，荆卿猶爲燕丹死。

送顧劍南旋里　四首之一

江左論門第，君家世澤長。芳名垂竹帛，遺業託縹緗。焦尾欽常侍，顧雍。醇醪飲建康。顧凱之。一身堪負荷，名德並文章。

早　春

早春天氣似殘秋，剪剪輕寒襲敝裘。淒絶夢回孤枕上，一帆風雨過真州。

張斯覺二首

張斯覺　字慕蘇，號顛白，嘉慶丁卯舉人。

春日閒步

十里平湖路，尋芳未覺遥。夕陽紅半樹，春水緑平橋。晴雨占山色，愁吟入柳條。江村風景好，處處賣餳簫。

過石冠堂　堂爲先大父太史公、世大父户部公讀書處。

軾轍文章重帝畿，清芬猶滿故山薇。遺經堪抱悲衰落，獨立西風冷葛衣。

張應森二首

張應森　字禹門，號槐蔭，嘉慶間諸生，有拾餘草。

醉眠口占

我欲騰身海上舟，乘風破浪訪仙儔。乞來爐火千年藥，療去關山萬斛愁。蘇季客裝慚躡屩，仲宣鄉思懶登樓。不如泥醉酣眠去，心緒朦朧一枕幽。

雄縣聽歌

十五盈盈女，琵琶抱滿懷。曲終羞不語，低首看弓鞋。

張宗幹三首

張宗幹　一名幹，字馭六，號竹塢，乾、慶間布衣，有釋鋤詩草。

白杜鵑花

啼遍千山血淚枯，枝頭羽化更清癯。魂歸鳥道聲初歇，影入珠簾淡欲無。萬里鄉心傷寂寞，三更月色共模糊。冰肌玉骨依然在，一洗繁華謝故都。

龍眠道中

松篁深處住誰家，望是當門路復斜。倦倚蒼苔石上坐，山風吹落野桃花。

山前送別圖

數點青山半白雲，一春芳草語流鶯。天涯到處逢知己，莫唱陽關第四聲。

張學奎十八首

張學奎 字□□，號覺庵，嘉慶間諸生，有六如齋詩草。覺庵自序曰：『詩以發乎情也。古人於詩，大都其地其時有所感，而情難自已者焉。雖漢、魏、六朝、三唐、两宋流派孔多，體裁互異，而其感人之深，入人之切，要不外此。余束髮時喜詩。先祖、父，皆工韻語。嘗教之研字句，諧聲律。稍長益好之。洎弱冠後，三十年來，運途顛躓，拂鬱多端，每有所觸而詩魔作祟，縈纏不解，尋章摘句於無何有之鄉，而不知自返。時耶地耶，情之所難已耶，以取證於古人之本乎情、發乎詞而意態各出者，其庶有合耶未耶！』按：覺庵吟詩有云：『奇情欲肖難爲力，妙想將成暫閉眸』。『筆落但知吾輿好，文成似與古人謀』。『懸思却自空中結，取境翻從險處求。』可想見其擁被捋鬚之况。

古意 四首之一

昔者邯鄲女，采桑城南隅。彈箏對趙主，五馬空踟躕。亦有陸氏婦，二八已從夫。夫戍既不返，終身孝於姑。妾雖忝古人，所願抱區區。莫掃階下塵，塵飛污我衣。莫飲濁池水，水濁污心脾。春風生池畔，爲我揚其波。衣垢尚可浣，心垢將如何！

有感 二首之一

商歌發慷慨，吐氣如雲烟。身居蝸牛角，心遊太華巔。山中有好友，蘭臭通前緣。輕車時來往，款款意纏綿。有酒共君飲，有詩共君傳。人生寄迹耳，當惜蜉蝣年。

醉　吟

我欲訪武陵，不識桃源路。我欲訪淮南，不識飛升處。愁海亦何寬，惟酒可能渡。少飲暢情懷，大飲無驚怖。若遇好風月，飲酒亦能助。其詩有長者，見説心多惡。孟嘉語桓温，公未識此趣。

惜陰亭懷古

典午崇尚莊老書，王謝嵇阮皆其徒。朝野靡然化其習，蓬頭跣足談空虛。禮法蔑弃如土梗，舉世何人爲真儒。陶公當年稱傑出，坐鎮八州作都督。縱理巨務不辭勞，屢省庶事咸稱密。木屑竹頭籍掌之，事後方知初不識。檢察寮佐多戒詞，郡府當時無弛職。永昌咸和晉祚危，欃槍四起妖星飛。王敦敗後蘇峻出，金戈鐵馬窺京畿。乘輿播越宫闕燼，四方争誓勤王師。公直荆湖赴國難，沿江數里揚旌旗。建康既定賊授首，王室再造功巍巍。爾時同濟惟温嶠，泥首羞殺庾元規。幃幄決策垂奇勳，向論東晉曾幾人？樅陽在昔傳惠政，至今廟貌長江濱。塑立神像供禋祀，傍有惜陰亭子新。羲輪如駛忽西逝，縱有長繩不可繫。人生那可自玩愒，轉瞬榮華即憔悴。在世無益歿無聞，以故陶公云自棄。登斯亭者年復年，我來俯仰多幽思。座間有榻净無塵，柳外微風輕掃地。不聞人談運甓勤，時有客來高枕睡。

泛莫愁湖

高城雉堞何崇嶐，城下河水灣如弓。焉知此水曲流去，却與城西湖水通。我客金陵餘匝月，久欲攬勝遊無從。昨偕同人買舴艋，款款桂檝聆淙淙。是時白日忽西暝，水面颯颯生秋風。萬頃湖光碧無際，一輪皓月升青空。澄波潏蕩姮娥影，清鏡照徹蛟龍宫。水氣蒼茫露華白，遊船倒插燈火紅。吴娃低唱江南曲，清音宛轉湖之東。却將繁華憶當日，畫船簫管遺無蹤。我輩及時須尋樂，百年幾度遊湖中。但愛一湖好風月，何須六代吊英雄。

同友人登山

衆嶂合天碧，晴嵐浮更收。偶尋斷峽去，忽見大江流。風静汀烟遠，潮平島影遒。荷花思采采，更上木蘭舟。

陳五琴云：『一氣直下，渾然無迹。』

慰朱芥生

閱歷人間事，極知天道幽。多男常易壽，獨子反難留。愛種何時滅，情根觸處稠。昨朝與君話，相對淚潛流。

地藏王

唐代暹羅子，儲蹤渡海波。二童去不返，九子愛如何？道自中華顯，恩施冥府多。衆生尊象教，香火遍巖阿。

下九華山

行從雲際下，漸覺曉雲開。仍作世間客，恍如天上來。風腥疑伏虎，澗倒訝奔雷。隱約鐘魚起，招提隔水隈。

近　況

荷芰爲裳薜荔衣，烟霞久與寸心期。池泥未濬魚遊淺，户向新開燕語疑。最愛好山環北郭，慣栽幽菊繞東籬。朝朝紅日茅檐静，是我勤勤課子時。

自金陵回舟中作

飛鴻嘹唳下雲坳，向晚腥風渡老蛟。波轉征帆横荻浦，海浮新月上蘆梢。江東歸去名姬嘆，幕府行來路鬼嘲。我有舊巢棲息穩，好將泉石締深交。

落花

華筵列酒餞春歸，榮落年年自有期。小院飛英人欲醉，殘魂別蒂樹無知。元都正憶重遊日，高閣閒思送客時。恨未因風飄錦席，又隨流水去何之。

山居偶詠

僻境幽棲謝世氛，藜牀初起日初昕。地高山就門前列，石聳泉從屋角分。煮茗竹間零曉露，彈棋松下過閒雲。怡情誰是忘機侶，曲徑時多麋鹿群。

附七言摘句：桐山道中：『閒雲幻出暮烟紫，斜日滿空行客孤。』答友：『美名之下憂難副，君子雖高耻獨爲。』即事：『當門茇柳因妨月，隙地栽花不礙田。』村塾：『遠山淡與清秋稱，霜樹紅宜夕照時。』楊柳：『渡口碧勾三月雨，城頭穠補萬家烟。』株守：『貧如司馬翻多病，懶似嵇康又嗜書。』酬方若秋：『人向梅邊迎月上，客隨壽意入山來。』江寺：『儒不通禪根亦淺，詩非得酒興難豪。』夜坐：『鐺生蟹眼茶烟細，簾捲蝦鬚月影底。』

夢先子 三首之一

乍見還家坐，趨庭喜漫驚。醒來何所望，欲泣不成聲。

録別

花下觴傾酒數巡，驪歌幾疊促征輪。斜陽芳草江南路，愁煞河橋送别人。

上元燈詞 三首之一

火樹高撑去不停，踏歌聲調夜堪聽。最憐簇擁橋頭過，水上燈連水下燈。

看梅

遠近疏籬繞路斜，小橋横過兩三家。溪雲隔斷無尋處，忽得寒林無數花。

純陽道院　六首之一

錫住沖虚養逸姿，往時鐘吕久相期。山中白石年年煮，不似人間有歲饑。

張宗輝十首

張宗輝　字晉卿，號藴巖，嘉、道間歲貢生，有高館詩鈔。

訒庵兄就館定遠過余話别

山暝宿寒雨，庭昏澹夕陰。河梁不可上，靄靄春雲深。獨恐遲征轡，勉爲折柳吟。昔我從君遊，譬如治鑄金。今我與君别，譬如絃離琴。一彈不成曲，两淚空沾襟。蘅蘭莫可采，園圃復誰尋？尺書尚惠我，勿使雙魚沉。

聽王曼雲談楊大將軍遇春事

欃槍一掃白蓮開，小原嘯聚轟蚊雷。王師薄伐天威赫，孰躡危棧殲渠魁。元戎偃蹇偏裨蹙，奇功乃出楊無敵。百戰身無一劍瘢，振臂漫空飛霹靂。帝初未識將軍面，圖形馳奏如親見。畫像描摹褒鄂來，英姿颯爽凌烟殿。幽并豪士龍驤裔，會向長安見驃騎。酒酣拔劍斫地歌，慷慨爲言當日事。當日崤函賊蔓延，倒戈翻欲撼中權。是時諸將分途出，旌門大纛日孤懸。元戎手劍倚戎檻，顧謂諸軍動者斬。賊已臨濠尚未過，忽聞山後千軍喊。誰領千騎楊將軍，爲護元戎驅寇氛。元戎傳令將軍退，將軍飛箭已超群。賊瞰將軍已近壁，齊挽雕弧擎怒鏑。將軍一揮賊膽寒，倒退狂奔不敢擊。回身勒馬疾追逃，血染征袍污寶刀。但持鈎鉏棄兵弩，不教肝膽塗林皋。上功元戎親酌酒，羅拜皆爲將軍壽。將軍跪飲萬人扶，萬人命託將軍手。倏忽兵銷二十年，斥堠萬里無烽烟。北門管鑰歸掌握，豈有戎馬能窺邊。河朔黄巾復煽亂，黄花未落李花爛。時謡云云。天公將軍已伏辜，地公將軍猶作難。范陽節度持軍符，逗遛甘受杜郵誅。帝念元勳思舊德，函徵世將殲遺賊。趙括徒能讀父書，馬援空復屯襄國。詔遣將軍隷節麾，鋒車星夜赴戎機。敂關不見元戎出，投刺頻經虞侯揮。將軍滅賊性如火，豪氣騰驤終不墮。虞侯爲傳元戎言，緩帶輕裘甯見我。將軍解識元戎意，左屬橐鞬右鞭轡。兵帷詭謁請師期，元戎欲待徵兵至。將軍謂宜乘其急，若俟兵集賊亦集。願率死士二百人，先由間道銜枚入。令下將軍執契劍，出門上馬如奔電。直入其阻折其衝，劍槊有聲人不見。百人皆生一人死，已出重圍復入壘。赤手奪回死士屍，笑爾么麽何足齒。元戎十乘方啟行，黄巾逆入濮陽城。城堅更有隍湯佐，鐵騎雲屯衝不破。穿渠掘地舉火攻，火壯不讓水妃過。將軍鑿險窮幽隱，鐵礮凌空部署謹。一震地裂山爲崩，濮陽萬骨成虀粉。班師詔使公卿迎，策勳飲至邀殊榮。帝捋卿鬚向卿語，乃功不異常開平。即今坐鎮涇原路，朝廷倚若長城固。如此人真大將才，豈惟汗馬功名著。我昔聞風已心折，及聆雄談尤動魄。恨不相從壁上觀，且剪燈花浮大白。酒闌燈炧江月生，蛟龍出没波濤驚。試聽千巖萬壑松風起，猶似將軍叱咤喑嗚聲。

和吕幼心明府留别原韻

黄葉落幽徑，白雲生晚晴。攀轅一爲别，忍淚兩無聲。雁使忽相過，魚箋何限情。可能更借寇，上考已書成。

登太白樓

一片開元月，千年太白樓。昔人嗟往矣，今我復來遊。古木寒烟擁，長江終古流。騎鯨何處吊，山色自悠悠。

贈許叔翹

未老參軍已白頭，興酣横槊尚風流。金戈鐵馬錚鏦地，玉帳牙旗嘯詠秋。檄到果真能却敵，功成何必定封侯。况聞天語親垂慰，許爲胡中丞團練鄉勇以狀聞，御批奬慰。便較書生勝一籌。

古意

妾方乘潮來，郎已乘潮去。潮去有時回，郎去難再遇。

舟次絶句

瀼瀼烏江水，流經石拔河。千秋尚嗚咽，不見憤王過。
花馬劉何在？空勞一矢遺。只今過荻港，獨有靖南祠。

村居

柳絲憔悴不成陰，秋老菰蒲蟹舍深。忽聽草泥行郭索，两三星火出疏林。

讀　史

清談無實竟何成，空使深源負盛名。一様東山閒養望，謝公終不負蒼生。

張元麟二首

張元麟　字毅堂，號㠊齋，嘉慶間郡庠生。

宿準提閣

向夕雲烟斂，涼風生井梧。四垂星在野，一碧月當湖。旅雁聲多少，殘燈夢有無。故人都作客，何日共提壺？

將之粵留別諸友

知有陳蕃榻早懸，輕裝一日出龍眠。離家百里還千里，浪迹江天又海天。水驛未償前度負，蠻鄉更結此生緣。故人莫謂行寥落，野草山花處處妍。

張聰咸三十二首

張聰咸 字阮林，號傅巖，嘉慶庚午舉人，覺羅學教習，早卒，有傅巖詩集。劉孟塗集張阮林傳：『阮林弱不勝衣，其筆力精悍無前，爲詩宗法少陵，其深造者幾欲神合。近時之學杜者，未能或之先也。姚惜抱先生嘗見阮林所作，嘆曰：「其文與詩皆有雄傑氣，可謂異材矣。」阮林於經，通左氏傳；於小學，通音韻；於史，熟漢晉逸事。著有左傳杜注辨正及經史質疑録。余識阮林及先後識聿元、匡叔、六驤、石甫，當時意氣相許，以古人爲期，歲過從歡宴無間。每當酒酣耳熱，阮林則高歌杜詩，以洩其悲憤之懷，滿座聞之，爲之動容。阮林性簡傲，一時目爲狂士。其詩刊除浮艷，或不能悦衆目，然思力深厚，精氣盤結，神光外燭，必不能終掩塵土之下。阮林卒時，年僅三十有二。』光律原阮林權厝銘：『阮林早慧，成童時喜爲駢儷文,後更舍去。博覽傳記,好爲古人詩,尤宗法子美,能會其音節。城北有方氏園,盛竹木,阮林時與余輩飲其中。酒後歌秋興、諸將、詠懷諸什及歌行樂府,沉鬱忼慨,令人勃發,忠憤之意不能以已,如親接子美,聆其謦欬。是時里中好古之士咸樂交阮林。阮林雖刻勵爲詩,然當時考訂之學,又勤力焉。嘗之金壇見段先生玉裁,退爲音韻之學。見阮宫保芸臺,退爲考證之學。乃試禮部留京師,益鈔録薈萃,窮乏昕夕不輟,又時出己見辨難,與言漢學者角勝,遂以積勞喀血卒。所著有經史質疑録、左傳杜註辨正、後漢書補逸、王隱晉書補逸、傅巖詩集。』胡小東傅巖詩集識後:『阮林精於考證,以經生自期,不欲僅以詩見也。其爲詩博麗雄深,沉鬱頓挫,蓋追蹤少陵,開、寶以下非所志矣。少時交里黨間若劉孟塗、姚石甫、光栗園、李海帆、左匡叔、徐六驤諸子,性情才力不必盡同,要皆器識深遠,異乎今之學者。至於爲詩亦皆各有深造,而論才則首推劉、張,乃阮林先殁,而孟塗後十年亦卒。天奇其才而阨其遇,又靳其年如此。』

勵志詩　十七首之一

芝桂多芳馨,曷由烹鱠鮮。敢以雞黍供,羅之賓客筵。明發感所懷,小子思析薪。落葉雖去枝，春波起寒川。取漿上堂躋，聊爲嬰兒眠。百年在斯須，童蒙尚慎旃。以兹河海慈，能不思塵涓。

山　居

既明日未出，四野何茫然。山居耽蚤起，寒月猶在天。霜華委庭樹，遠水晴生烟。牧人霧中過，林鳥原上旋。南風昨夜來，微陽生高田。麥秀固所欣，萬物氣爲宣。入郭每不適，在山常苦還。曠哉荷蓧翁，去住終閑閑。

九日偕馬水部元伯姚庶常价人左廣文欽敫徐水部詠之徐孝廉六驤光比部聿原胡庶常小東内兄姚編修伯昂舍弟介淳孝廉同過黑窑廠因憶劉明東姚石甫

清秋閟幽朔，疾風吹高岡。楓林露既下，西山日爲蒼。我行猶初秋，索居憂歲長。幽思被潛霍，令節成吾鄉。同心皆燕鴡，精氣猗誰强。車轍彌上都，故舊安可忘。結綬亦軒朱，過時遵逵康。風景固不殊，極望相低昂。少昊令嚴肅，萬物當隕霜。青帝將巡春，百草爲先芳。乘時各異材，進退安所妨。熙熙登臺人，相顧毋徊徨。

春暮阮芸臺閣部招同王伯升學士胡墨莊編修郝蘭皋農部紫藤花下叙飲

高門背城隅，車馬無時休。鸞衡總柔轡，塵外多索求。招隱飲椒漿，麟經新冥搜。鄒顔不可見，劉董成懸疣。邵公或未盡，補綴今古侔。庭蔓蓴紫蕤，井華沿清流。折葵給饔人，豆苗侑芳羞。末學頗膚受，謬稱白屋儔。握髮親下士，况乃勤宸謨。

上巳日偕徐樗亭馬北顧馬元伯徐詠之姚幼楂胡小東遊釣魚臺

驅車周平原，道出城西門。帝京已三月，稊柳寒不新。佳晨三易歲，歲歲成故園。晴曦薄芳甸，岐路遺纖塵。西嶺雲逶迤，横出萬木巔。高臺臨蒼穹，石徛鳴飛泉。短垣出桃萼，遠阜潛松鱗。故人昨歲歸，今日愴離魂。芍葯不可招，禊飲難重陳。昨日感逝波，况乃憂離群。緣溪意不極，陟巘風轉騫。村南吹酒旗，瓴甋坐次捫。村北賣漿茗，椒飴甘吾脣。玉京聚群仙，樓觀臨紫宸。九靈鮮結術，三景誰潛真。衆芳皆及時，惜此京華春。

徐六驤詠之胡小東攜果饌問余疾成此報之

朔風振林柯，當户不敢開。門有車轍聲，中道將遲回。向晨與僮約，客至爲滌杯。有頃趨室中，道我三益來。側巾出牖下，日午當户棖。搴帷慘執手，諦視顔色衰。色衰非所虞，胡轉予於恤。未能審精微，而亦察虛實。陳思感厲氣，元晏苦痺疾。皆能不輟誦，況我本秘密。血氣雖則動，神守未爲失。然以故人情，愛深憂轉怈。憂怈不可輟，五液滋以充。置饌出海溢，得繼十日饔。啖果宜樝梨，荷蜜寬吾中。匪核以爲美，匪餚以爲豐。綿綿江海意，持以明寸衷。再拜受玆饋，爲我儲藥籠。

寄懷劉明東

錢塘江流不入楚，故園春色送風雨。雷陽故人歸未歸，門前橦梓青無主。今我落落吴都賓，文章點綴湖山新。松舟之遊不足惜，望窮天目垂青雯。嗟爾亦作孟嘗客，高門寂寞走朱舄。拂衣慨慷心爲傷，交道存亡竟今夕。平生知遇皆俊髦，意氣激烈陵吾曹。匡廬神君子所識，鄭莊驛馬嘗相招。何不上泝潯陽水，徑入蓮華衆峰裏。不然便作具區遊，與子相逢越海頭。李君節概猶曩昔，念子恢奇如對席。江間八月生靈潮，舟人漁子輕波濤。以子卓犖好身手，即未斬取陽侯蛟，余亦隨之策六鼇。

慎旃行送族兄相如歸省

我家中季多昆友，親誼皆生賢吏後。家人豈必膠漆投，三族得之見親厚。舊時鄉曲相往來，妻子歡呼動左右。十年輾轉不相見，風塵忽忽同奔走。君去鄉關咸冠年，東門軷道行暮天。高堂色笑出怡悦，霜雪不使盈頭顛。君家仲叔又豪俊，手修十様韓家箋。邇來幼子已齊腰，我行吴越君幽燕。中間去住皆異數，天地微茫隔烟霧。杜陵亦有鶺鴒歌，士衡竟作鸞龍賦。人生耿耿如螢燭，欲明不明向天曙。古人籍末知行藏，百年但是猶朝暮。前年早春來上都，看君躍馬將馳驅。鑾輿獻賦擢恩遇，歸來詔繕靈臺書。况能小篆師李蔡，下筆縱横動虛籟。摩挲石鼓盤蛟螭，梏苛鋒棱見豐殺。君以工書頗累身，霜蹄幾蹶京華春。兄乎已作趨庭人，咸也胡充觀國賓。天清鷙鳥猛相向，枯樹蕭森官道上。風沙捲地河水鳴，高秋落日心猶壯。北來霜信方秋深，語君病骨生太陰。朔風八月冷人骨，慎勿六氣相陵侵。

小阮每謂本朝學杜者，惟陳東浦方伯，以其氣格蒼勁而能沉著也。此首在東浦集中亦爲傑作。

懷太倉蕭子山明經

蕭郎別我青溪曲，歸去嘐城結茅屋。雲乖雨絶那得知，一載千秋何太促。門前時容長者車，席上終懷卞生玉。文章才力老更堅，泰岱青松會稽竹。東南詞人各綺麗，往往新聲見杼柚。取材徐庾別僞真，弁髦曹劉羞面目。蓬萊群仙朝玉京，或鼓靈簧振林木。安得鸊鳳鳴提扶，要使驊騮豐骨肉。惜哉大雅今不復，開寶神龍難卒讀。當時碩儒事章句，頗笑才人工刻鵠。相如徒作封禪書，子雲豈入宣尼室。皆由蛙黽聒炎夏，遂使風騷泯塵俗。忽思吴淞春酒熟，海潮夜作魚龍蹙。三更漏下燭花偏，四座風聲爲謖謖。高談時務竦寒儒，新裁黼錦安天鹿。君爲鯤魚嗟窮溟，我亦雛鵬感雌伏。即今久傍青門宿，月食天困三斛粟。雪寒坐客常藉藁，作書無紙經反覆。習聞朝廷寬大詔，已覺台垣恩寵足。盛時臚言達天市，安見豎儒獨緇辱。興發憑高破幽獨，晴初霜旦西山麓。作詩誠會古人意，律不能中轉豢束。偶然心手得相副，快意犧純恣饜腹。乃知才力非所難，太羹甯給千人欲。乘時欲作群輔録，臨歧莫學楊朱哭。淮王賓客留桂樹，具區秋山生盧橘。吴中美人常參辰，日下鳴鶴徒躑躅。天高易水風蕭蕭，思君欲擊漸離筑。

小阮苦追杜陵，蒼拙堅勁，庶幾具體。惜年之不永，未能心手相副也。

舟行高郵

近水天無岸，居人室不門。亂波平屋脊，荒壘立烟墩。蘆葦新編户，羊牛强散村。行舟經過地，搔首問乾坤。

舟行江口

淮南秋正肅，客子蕩舟回。江遠一帆立，天清九子來。殘雲燒竈石，落日射蛟臺。會入浮峰裏，幽樓定幾回。

遊西山宿圓照寺贈普雲上人

山寺安禪少，荒寒落日遲。蘚痕銷碣石，雲葉下堂楣。榛莽隨人合，軒楹逐露衰。所欣千嶂列，更與上方期。

畫壁無完土，殘花倚殿陰。瓦皷檐額寺，灰劫佛身金。樹合叢苔古，雲埋斷石深。倚階一清磬，誰復奉鑾音。

筆勁語渾，具體少陵。

亦有明王殿，何來結習身。清秋無宿客，白日自陰燐。鴿藉伽藍葉，蜂巢屋角塵。東頭容憩息，石室次魚鱗。

野水煎新茗，鄰醪不取錢。紅憎椒實烈，碧愛韭花鮮。星火當檐宿，松肪繼燭燃。憑軒舊巢燕，秋去已三年。

山市閉門早，羈棲入夜連。蛩孤憐斷壁，鐘遠下諸天。境僻難成寐，宵寒正壓肩。明朝尋北寺，行道出西偏。

五篇鑄語渾成，宋元以來學杜者，未之或先也。

枯樹

我家枯樹動高秋，烏鵲驚飛莫更留。落魄鄙其終好讀，感時宋玉復深愁。席門車轍淹窮巷，環堵榛蒿有敝裘。何日循陔奉怡豫，巴西烽火宕渠憂。

酬石甫九月晦日登西山作

蒼藤白雲絕壑深，崖下緑竹雜楓林。得此放懷堪飲酒，惟君感遇相傾心。塵迷劍水隔巴國，目斷羊城望海潯。掉頭慷慨已無語，獨立秋風誰復尋？

與諸子紅藤巖登高

風磴雲坪絕徑懸，諸峰羅列各齊肩。河沙浩漫千峰外，人世蒼茫萬壑前。山氣西來青障日，江光東盡白垂天。登臨有淚休沾臆，况復吾曹盡少年。

江上喜逢徐六驤

君自姑蘇向楚津，三山晚泊浪痕新。歸帆異我爲行客，斜日横江有故人。且喜扁舟容近繫，未妨言笑一相親。篙師忽解沙邊纜，又逐離思到水濱。

舟過蕪湖

寒江塔影挂雲孤，片席東飛曉入吴。激石蜈潛收浪静，捕魚鷹疾趁風呼。靈墟山遠朱霞斷，夢日亭高白草蕪。莫望靖南征戰處，空留祠廟枕于湖。

海樓夜望

海門冰雪隱高臺，邊戍師徒宿水隈。晝角五更吹月落，寒潮萬里動城來。窮年遠隔滄江暮，生事愁看白髮衰。舟楫應須早歸去，荒陬何事久低徊。

三、四直逼杜陵。

贈金壇段一丈玉裁

錦水何年罷食魚，曲阿歸去更移居。江南舊學推三老，海内何人解六書？鬢髮飄零逢越上，湖山容與入春初。太沖巳賦岷邛事，猶借張華博物譽。

三老謂錢竹汀、姚惜抱及段也。段注說文，於六書之學最爲精備。

徐六驤將南歸賦別

故人幾輩在長安，去住誰知道路難。自是才名追孝穆，强將蕭瑟問刑官。燕臺風轉單車疾，瓜步潮來八月寒。此别江南莼正美，相知千里月同看。

時聿元初由庶常改刑曹，余與同居，故四語云然。

客裏驪駒又獨回，風前鷹隼更誰猜。鄉愁四起成新夢，濁酒重逢賴舊醅。廬岳劉郎公幹筆，海隅姚令彦升才。緇塵驅逐甯吾願，長劍崆峒撥霧開。

贈呂幼心明府

一官既黜燉煌外，十載重逢京洛中。都尉進賢誰報最，江南循吏久論公。漫將雙鬢驚殘雪，但惜分陰見古風。下邑早期陶令至，舊來民俗肯從同。

過萬柳堂酬姚幼�

渚雲南卷薊城孤，嶺日西收萬壑晡。大澤莞葭交水草，露臺鐘鼓下金鋪。救時卿相曾忠憤，近代風騷孰步趨。便與凡鶩開道路，誰從鳴鶴辨笙竽。

聲韻噌吰。

奉姚夢穀先生三十韻

今代誰高節？吾鄉獨老成。侍中朝北闕，秘監出西清。議奪元辰席，榮霑紫禁櫻。春鴻過省壁，秋隼出都城。風雨辭霄漢，江山悦性情。陶潛尋壑去，桓範薦書呈。天地青蠅集，烟霞白髮生。波澄滄海闊，月净翠虚明。經術星辰朗，文章老宿驚。每刊荀郭謬，方駕欒裴名。鳩杖三吴地，雞籠六代京。幾回更絳帳，再見握銀衡。藻鑑留曹掾，賢冠動上卿。花邊時立馬，竹裏共聽鶯。弟子承風誼，寒門藉友聲。淮南多桂樹，雲夢有香蘅。網絡潯陽合，陶甄大匠精。不才膺受學，常慕作爲程。張纘懷音賦，盧欽雅尚評。詎無牙後慧，且息舌頭争。驥尾蠅初附，龍光駿欲并。久思當北面，未便卜南征。知遇千秋感，深心半死傾。先生應壽世，吾道欲躬耕。明晦晨星速，升沉鳥翼輕。古今傷腐草，去就逐鳴嚶。倜儻何人在，悲歌只獨醒。懸匏甯不食，獨鶴向誰鳴。日月淹伊洛，風霆擅霸宏。商山有四皓，天下正承平。

遥夜

遥夜出庭際，月清林影稀。久知涼意甚，莫典客中衣。

白下送朱芥生

江水冥冥渚荇青，江雲羃䍥石頭城。行人送客廣陵去，三泖寒潮秋又生。

姑蘇舟中

江南春色水雲涯，畫檻青簾越女家。路入楓橋應曳舵，推篷初見木蘭花。

李效曾使山陰

聞道剡溪六月涼，茂林修竹古流觴。行經漁浦秋應到，且坐蘭亭啖蔗漿。

張鈞一首

張　鈞　字人鑑，號蓉塘，乾隆丁酉舉人，官歸順知州。光栗園曰：『君官歸順州，居粵西南，徽俗多嚚兇，君嘗覆按一獄，得其情，請於上官改讞再三，卒不聽，君曰：「吾不能殺無罪之人以居官也。」遂拂衣歸。』

落花和韻　二十首之一

牆頭蛺蝶戲經時，緑蕚深深弄影遲。殘月曉風尋去跡，登山臨水賦新詩。可隨流水題芳潤，欲共攀條怨别離。脈脈嬋娟悄無語，未知樓燕更依誰。

張萬年四首

張萬年　字竹野，號青士，嘉慶庚辰進士，官翰林院檢討，早卒。

送胡小東歸省

秋氣正蕭瑟，送君勞我思。遥知小陽節，應是到家時。春暖滋蘭秀，堂高愛日遲。莫將飄泊意，説與老親知。

九日偕方漱六姚紱卿馬伯顧城南訪菊

年來謝客抵山居，偶趁招攜興不虛。沙路軟宜微雨後，野花寒帶短籬疏。行行健步斜陽外，落落孤懷晚節餘。世事不須勞問訊，醉持霜蟹劈徐徐。

龍江關曉發

風利横江月正高，布衾猶自卧春宵。覺來殘夢無尋處，坐聽江聲走夜潮。

秦淮水榭誌感 五首之一

風檣水櫂路迢遥，人影衣香更寂寥。何事緑窗寒雨裏，隔簾時度一聲簫。

張綸翰三首

張綸翰 字墨村，號西園，道光初歲貢生，有西園詩草。

登四望山

振衣直上撫蒼穹，縱目真教四望通。鴻雁南飛星北拱，金烏西逝水朝東。高峰翠挹千巖雨，古木青摇萬里風。到此乾坤供一覽，心遊碧落氣騰空。

遊龍眠別峰庵

山過險處路初通，問柳尋花興不窮。巖壑蒼涼泉作雨，松雲盤鬱鳥呼風。笋抽屋角門添緑，鶴隱林梢樹鎖紅。却喜老僧偏愛客，一樽先與洗塵空。

龍山訪友人

山外青山雲外雲，雲連山色望中昏。東風吹得遊人倦，十里花光直到門。

卷二十四上

方林昌　吴福崇
張　勳　蘇求莊　同校

馬孟禎一首

馬孟禎　字六初，號泰符，萬曆戊戌進士，官至太僕卿。明史本傳：『萬曆二十六年進士，授分宜知縣，將内召，以徵賦不及四分，爲户部所劾，詔鐫二秩，甫三日而民逋悉完。鄒元標、萬國欽輩亟稱之，續授御史。王永光、張嗣誠、姚文蔚、陳治則以附政府擢京卿，右都御史沈子木年幾八十未謝政，並疏論之。大學士李廷機被劾，奏辯，孟禎駁之。王錫爵辭召，密疏痛詆言者，孟禎並上疏極論。尋陳僉商之害，發工部郎陳民志、范鈁黷貨罪。又陳「通壅蔽、録直臣、決用舍、恤民窮、急邊餉」五事，請召用鄒元標、趙南星、王德完，放廷機還田里，皆不報。三十九年夏，怡神殿災。孟禎言朝政、士習、民情可慮，帝亦不省。李獲陽忤税監，下獄死。孟禎爲頌冤，因請貸卞孔時、王邦才、滿朝薦、李嗣善等之在獄者，且言楚宗一獄死者已多，今被錮高牆者，誰非高皇帝子孫，乃令至是，皆弗聽。四十二年冬考選科道，中書舍人張先房、知縣趙運昌、張廷拱、曠鳴鸞、濮中玉，以言論抑不得與，孟禎不平，具疏論之。是時三黨勢張，忌孟禎讜直，出爲廣東副使。天啟初，起南京光禄少卿，召改太僕，以憂歸。魏忠賢得志，爲王業浩所論，遂削籍。崇禎初復官。』陳鼎東林列傳：『按山東時，福王之國奏請贍田二萬，山東應給四千四百餘頃。王意欲奪民膏腴，孟禎不可，計租準值如故事，王左右復誘王，遣承奉至登萊覈田，郡邑騷動。孟禎列其暴横狀，謂：「會典所載，各王府不許占買民業，欽賜田畝租税例赴州縣上納，不許輒自收責，煌煌祖制，世世守之。况山東東連遼海，西則河漕，疾騎抵都不過三日，可使卧闥閒卒有震驚不測之憂乎！臣甯負福王，不敢負陛下。」王就國，初由舟行已，欲改從陸。孟禎復止之。請待奏報，王不懌而止。魏忠賢竊政，善類斥戮殆盡。王業浩劾孟禎倚恃權奸，且與左光斗善，削奪爲民。光斗被逮時，詣孟禎，以子孫爲託，孟禎慨然曰：「吾事也。」以曾孫女許配其孫之乾。』何文端篹遺德碑記：『公立朝偉業，日月争光者悉數之更僕。在鄉言鄉，公居是土，大族不敢擅權而斷擊，豪猾不敢多黨而侵陵。壬戌、癸亥，公預有隱憂，議捐穀，佐不虞。城守更議，仿古義倉法，備守望助十餘年，賊果逼城下，洵李文靖之爲聖人也。正德中，流寇過鈞州，以馬尚書家在不合圍。客歲桐民倡亂，相戒勿犯馬太僕公家，公與端肅食報何不爽也。』李忠肅篹墓誌銘：『公賦性讜直，入朝巖巖山立。論輔臣徇私，京堂冒濫，請御殿開講，召用舊臣。巡長蘆鹽政，禁私販，却陋規，以蘇商困，捐金修河堤，貯穀備水旱。建天門書院，暇則講學其中。

巡按山東，墨吏望風引去。福王就國，宵小因緣，嗾王請膏腴，索踏丈，請内臣收租。公歷據祖訓，陳其不可。疏凡七八上，神宗改容，報可。天啟逆閹盜柄，公昔所糾者，劾公奪職。公更爲左少保任其家事，以曾孫女字其冢孫，不懼也。崇禎初，起太僕卿，秉銓者復修舊隙，望公以書通，公曰：「吾老婦，晚媚人邪。」遂不復起，以清俸置田備祭，授子姪各數畝，訓以禮讓，平居不以片牘干守令。惟民間休戚，則極言其可否，卒後桐民流涕，立遺德碑於孔道。』

示學者

爲學如登萬仞山，層巖須用小心攀。前途儘有無窮路，只在工夫不斷間。

馬懋功十五首

馬懋功 字長卿，萬曆乙卯副榜，官湖西兵備道參議，有介石齋稿。安徽通志：『福王時，高宏圖薦授杭州通判，去從萬元吉，守吉贛，擢監軍僉事、湖西兵備參議，出督水師，被截焚舟，赴水死。』馮集義贛州殉節考略：『方水師久頓南安未下，元吉必俟其至。參議馬懋功往邀之，將次抵贛，大兵聞之，截諸半道，焚巨艦數十，懋功赴水死，一時死者甚眾，中書舍人范康生、袁從謌方巡城，見二十里外火起，趨謁元吉，請發援兵，龔芬以爲過計，元吉亦不應，故遂至於潰敗。』桐城軼事：『所箸天文占驗二卷，爲時所推，目擊時艱，益求用世之略。』胡業宏曰：『先生久居戎幕，晚被薦章，洊歷參藩，遂成大節。詩稿四卷，兵後悉已散亡。此鈔選本所存大都崇禎以來之作，而神采音律上規杜老，下法劍南，篇什無多，不啻吉光片羽。』姚椿曰：『公精天文象數，所爲詩五七律尤沉雄，有杜氣。其慨盧宜興諸公作，感憤激發，輒使人流涕不已云。』

宿阮堅之太守山莊

微雲林外卷，寒露庭前白。宵分殊未眠，獨坐松間石。秋高月逾澄，山空星可摘。對此巖扉静，懷哉塵俗滌。風流舊賢守，道心生寂歷。嗟予四方人，惆悵此行迹。

對月遣興

秋澄夜氣清，天高露華潔。誰憐他鄉人，猶見故鄉月。嗟余遠行役，望舒幾圓缺。萊服歎寂寥，兵戈驚阻絶。遥念倚閭情，予季念彌切。安得化雲飛，庭前度佳節。惆悵對清輝，來朝生白髮。

寫憤

秋蟲叫四壁，秋風耿孤鐙。攬衣起徬徨，中夜百感增。憶自遊錦里，還復向帝京。時與飄風遇，竊附青雲登。節使篤忠藎，孫公傳庭。大府徵才能，阮瑀方入幕，終軍初請纓。欲靖黄巾賊，將泐太華銘。吁嗟天下計，得失繫朝廷。奈何封疆事，遂成潰敗形。鼎折覆公餗，力小重弗勝。誰使防賢路，坐致誤蒼生。小草徒榮枯，大樹俱飄零。淹忽驚歲月，徂逝歸列星。獨餘滄江叟，忠義感精靈。憂勞念北闕，流落向南溟。欲叩九閽訴，悲憤填胸膺。

送吴孝廉入蜀

萬里長江水，扁舟獨客行。東風人易别，西蜀道難平。雲棧天無際，春潮地有聲。子規清夜發，莫漫悵離情。

送瞿給事

相逢更何日，握手淚沾襟。封事傳西掖，遷官去上林。風雲雙闕迥，烟水五湖深。宣室終前席，無爲澤畔吟。

經國

水旱繼兵戈，閭閻病若何。桑麻非舊業，賦税有新科。竊恐流亡甚，還令盜賊多。樞臣經國計，猶望凱旋歌。

胡屺堂曰：『洞悉時病。』

懷楊機部編修

慷慨參軍氣，遷官爲諫書。上方徒請劍，下澤且乘車。部曲聲名在，山河戰伐餘。盱衡身世事，豈得老樵漁。

久不得故園消息

塞上馳驅罷，秦中歲月深。亂離驚老眼，留滯負初心。馹路已時斷，鄉書何處沉。烽烟頻悵望，愁絶皖江潯。

關中

潼關一路黯秋光，匹馬戎衣入戰場。千里晚烟浮渭水，半天斜日照咸陽。每依北斗瞻喬嶽，漫指南雲望故鄉。待得王師鐃吹返，招摇旗幟盡飛揚。

此參白谷幕中作，時尚未出師也。

悼盧督師

上將天官第一流，不教攬轡奠神州。大星殞落前軍夜，寒日蒼茫易水秋。誰遣重兵中使擁，空嗟飛騎羽書投。出師未捷身徒死，壯士悲歌淚不收。

書事二首

上相專征出未央，御門推轂重恩光。正從三楚收三峽，頓破襄陽與洛陽。裘帶從容空自詡，甲兵精鋭恐全亡。中原回首成殘局，一念遺黎一斷腸。

樞庭當日負深知，潛善奸邪衆所疵。議沮勤王鼙鼓斷，禍貽撫賊羽書馳。方州破亂無安土，當宁憂危更喪師。一死鴻毛難塞責，似聞軫恤尚恩慈。

朱歌堂曰：『可稱詩史。』

送孫尚書督師出關

三年訓練卜師貞，督戰頻煩奉詔行。節帥久知征繕苦，諸君誰識戰攻情？霜清華岳牙旗肅，風滿函關畫角鳴。翹首官軍多氣象，鐃歌計日奏昇平。

白谷出關，由中涓奉旨促之。讀四語，已知出關之非計矣。

周農父鄧柬之見過

問字元亭盡勝流，廿年浪跡四方遊。山河殘局歸青史，烽火餘生到白頭。漠漠江雲還作雨，蕭蕭木葉又悲秋。石城自古銷魂地，便向新亭學楚囚。

入都途中有感

崎嶇蜀棧向秦關，五載蕭條兩鬢班。夢寐公麟圖畫裏，秋風吹客又燕山。

宋鄧剡詞『懊恨西風催世换，又吹我到天涯』，末句正同此意。

馬懋勳三首

馬懋勳 字四銘，布衣。家傳：『先生天性純篤，孝事父母，家世貧素，而嘯詠自如。詩宗少陵，爲怡園六子弁冕。』

寄友人

秋水長天外，伊人未可忘。曾登青雀舫，漸老白雲鄉。蒓菜思千里，蒹葭憶一方。向禽堪合傳，佩服芷蘭香。

卜居

卜居浹歲已三遷，並失吾家一舊氈。行處每添工部債，庫間無復右軍箋。避兵但恨登舟晚，返里惟應展墓先。奇字倘然蒙惠問，玄經新草漸成編。

山行

過山聞犬吠，望望有人家。遥[一]見翠微裏，開門掃落花。

校記：〔一〕『遥』，龍眠風雅作『瞥』。

馬懋德四首

馬懋德　字爾常，萬曆中諸生。曹晟序遺稿曰：『先生讀書過目成誦，爲文探源經術，中歷坎坷，肆志詩酒。晚喜詞賦，蒼涼沉鬱。』

憶同門諸子

河汾諸弟子，今尚幾人存。死者無封樹，歸來但種園。斯文如欲喪，吾道復何言。古處偏零落，新交莫更論。

宿友人宅

雲樹蒼茫集暮鴉，非君誰爲駐巾車。曾觀揚子篇千石，獨掣何生簟五花。文可逢時偏罷舉，貧難避地亦移家。龍眠圖畫迎歸旆，種柳成行院漸遮。

喜孔璋歸

故山春草正芳菲，獨爾淹留燕子磯。無恙布帆從客借，多情寒汐送人歸。秋聲始踐書中約，風色同緇陌上衣。滿眼干戈誰樂土？願封馬鬣莫相違。

夜　思

攲窗高枕夢初闌，不願聽雞唱曉寒。多病只今憐皂帽，避人何處易〔一〕黄冠？繞林楓散霜千樹，近浦沙明月一灘。回首十年無限事，起來磯上把漁竿。

三、四以管幼安事、及文文山語自況，可見介節。

校記：〔一〕『易』，龍眠風雅作『理』。

馬之瑜十首

馬之瑜 字君璧，萬曆間諸生，有湖上草堂詩鈔。張輔贇序曰：『先生少負盛名。晚丁季運，築室湖上，課耕終老，不交人事。文章著述亦罕流傳。蓋外託肥遯，内持苦節。其跡愈晦，其行愈高，先生殆庶幾乎？』姚通意賴古居詩話：『外家扶風世傳文學。天啟時有怡園六子。怡園，太僕公别業。六子：懋勳四銘、懋學爾升、懋德爾常、懋贊子翼、之瑜君璧、之瑛正誼也。竹林騷雅，盛極一時。百餘年來，四銘、爾常僅存數首，爾升篤學躬行，子翼清修徇節，詩皆散佚，惟草堂遺詩感慨時事，多可誦者。』

寄諸同學

吾鄉罕武備，衣冠聚城郭。寇禍逞秦豫，先機警風鶴。嗤彼中樞言，賊弗江干虐。代馬北風依，越鳥南枝託。孰知瞬息間，已見烽烟作。幸假軍門威，得聞凱歌樂。勢豈鴻遇風，危如燕巢幕。兵戎氛未掃，守禦策猶弱。誰能捍桑梓，盡爲起溝壑。義勇望吾曹，聲名慰寂寞。

武昌將軍行

武昌將軍遼左雄，身經百戰勳名隆。將軍剿賊勢無敵，詔加平賊觀成功。功高位重志漸肆，驕蹇不復來趨風。初輕督師不爲用，九檄不至耳如充。特起侍郎爲趣戰，軍潰河決亡開封。問誰一夕大噪走，群賊蹴踏諸營空。倉皇開府罷官去，將軍衮帶猶雍容。遂令笳鼓作悲健，舳艫千里旌旗紅。江漢滔滔南國紀，可憐飛火光熊熊。更縱偏裨恣淫掠，花裙抹額沿江東。死傷流亡相枕藉，居民轉徙號哀鴻。是時將軍久釋甲，坐看全楚烟塵中。不肯殺賊翻作賊，頻來索餉煩司農。側聞宵旰憂深宮，哀憐民命遭烟烽。愛惜爾才宥爾罪，國法豈爲將軍窮。君不見，長安市上尸元戎，曾經十萬誇軍容。噫嘻！毋恃十萬誇軍容！

九日書感

舊恨三秋老，新悲两鬢華。壯心銷白酒，愁眼對黄花。海内兵干满，江邊賦税加。可堪驚婦子，無計守桑麻。

督　軍

督軍曾誤國，使相又中樞。蜀道憑天險，襄陽控地輿。死亡嗟太甚，精鋭惜全虚。豈料承優詔，君王宵旰餘。

哀江南

諸將蝸争甚，元凶虎視驕。烽烟誰北望，歌舞自南朝。尚擬中興頌，空嗟王氣遥。大江流日夜，亡國恨難銷。

新春感事

中璫元惡已潛消，四海同欣舜紹堯。曉日光華瞻復旦，卿雲糺縵照層霄。更聞枚卜登賢輔，佇望陳謨答聖朝。賈誼少年憂國淚，無煩霑灑到深宵。

此莊烈帝改元時作。

半世

半世飄摇氣未平，潮來秋水載揚舲。人驚鏡裏雙蓬鬢，天殞江干衆將星。北望烽烟迷故國，南行涕淚灑新亭。招魂欲訪湘纍去，霜雁哀音不可聽。

次韻錢唐懷古

龍飛鳳舞鬱周回，半壁南天氣象開。豈有金繒能却敵，何如薪膽共銜哀。傷心歷數紅羊劫，滿目山河白雁來。終古諸陵寒食節，隔江風雨杜鵑催。

遣　愁

百年心事久蹉跎，閉户閒看歲月過。見説兵戈猶未熄，崖山風雨竟如何？纖雲四卷碧天開，秋月長空照客杯。欲寄愁心向天末，隨風吹到粤王臺。

馬之璋五首

馬之璋　字孚若，崇禎乙亥舉賢良方正，官桐鄉縣丞，有半畝園詩鈔。通志：『孚若嘗撰崇禎事略，吴偉業跋之，稱爲詳實，故所作綏寇紀略，多取資焉。』吴道新曰：『孚若夙負經濟，遭遇時艱，其所記載，胥足以考見得失，别白邪正。閒爲詩歌亦皆雅健足傳。』

追悼同歲阮實甫夏元夫

憶别城南路，先皇籲俊年。楚歌方動地，杞淚共憂天。不謂成今日，相看似古賢。誰成忠義傳，毅魄定能傳。

過燕子磯

霜色拂緇衣，重過燕子磯。海潮看夕長，江雁忽群飛。客至還香茗，僧居尚翠微。新亭遥灑淚，風景舊京畿。

當時

當時奏賦頗陵雲，此日甯親隱不文。結襪未能煩長者，布衣猶可揖將軍。百年養士誰相殉，萬里佳兵必自焚。寸舌雖存還閉口，主臣今世只蘇秦。

吊古

北固傳烽及石頭，新亭猶學晉風流。已知紈扇當秋擲，豈憶明珠但暗投。江國一涯成異域，海天幾處詠同仇。傷心火燼薪傳日，剩水殘山泣楚囚。

暮歸君璧兄草堂有作

冉冉輕橈向夕還，依依鐙火出籬間。江湖滿地風濤惡，耕稼終身夢寐閒。侶結高陽招易集，門如栗里設常關。行吟憔悴非無恨，千載誰知命獨慳。

馬之瑛八十四首

馬之瑛 字倩若，號正誼，崇禎庚辰進士，陽江知縣，順治初薦授定陶知縣，遷兵部主事，有秫莊詩集。一統志：『知定陶，值李化鯨陷城後，民物凋敝，招集拊循數年，漸復其舊。又以僞印事，邑中株連數百人，委曲移訊，無辜盡釋，邑人感之。』廣東通志：『知陽江，接士以禮，作興學校，催科一意撫字，民甚德之。秩滿遷去，載道攀留不絕。』通志：『知陽江，以廉卓徵。知定陶，盡革陋例，均濱河夫柳之役。陶地多豪右侵佔，丈實匿地二千餘頃，豁免空糧，爲陶永利。擢兵部主事，以勞卒官。』潘蜀藻曰：『公詩從不示人，殁後始得秫莊集四十卷於叔子之手。吾鄉實學尚韞藏，公尤深自斂晦，不賈虛名。』賴古居詩話：『秫莊集詩篇繁富，體格高邁。』方東樹跋：『五言古佳處出入陶、杜，得骨得髓，淡語愈濃，淺言彌深，近世作家尠臻此境。七言古興象高華，氣體豪駿，極似高常侍。七律導源輞川、東川，多與梅村、定山相近。其五律絶句兩體皆佳，同時諸公未之或逮，而顧不甚有詩名，可謂藝林怪事。』璈按：公集最富，惜未鋟板。今其原稿藏元伯水部家。又公有自祭述懷七言長排詩一首，至一百二十韻，中多警句，惜篇幅太長，未能全録。

憶蔡芝生因悼王永錫皆予同門友

白日落高原，長空去飛鳥。時序逼深秋，雁到音書少。蕭蕭暮雨寒，咽咽鳴蛩急。中夜有所思，空庭時佇立。與君初別時，憶在金臺下。短髮不勝冠，長弓且學射。我爲被放人，君亦下第客。兩兩不得意，各悲蓬鬢白。勸君勿再悲，髮白亦自好。亂離二十年，朱顔半枯夭。古道重衣冠，客路笑藜藿。閱盡世途難，方知交態薄。風鶴自淮南，險要在京口。長江千里餘，瀰漫誰人守。良覿渺難期，玉體君其愛。獨惜中郎亡，何言虎賁在。

出塞行

輕兵度大漠，日落黄雲集。軍壘壓敵營，月黑防潛襲。康居道未通，餽餉遠莫給。萬里乞援師，死生決呼吸。鋭馬如遊龍，渡河不沾溼。東南塹已填，西北攻更急。風起忽揚沙，敵勢稍稍戢。夜半突圍歸，黎明及馬邑。吏士幸生還，驚定猶飲泣。越國非萬全，懸軍忌深入。但保玉關回，何必功名立？

提師三十萬，主將好用多。鳴弓朝夕馳，前臨無定河。帳下無人色，帳内舞且歌。組葦約流澌，冰堅士暗過。轉戰十餘日，腥血横琱戈。殺人非所願，介胄恥言和。軍吏翻見推，刀筆恣譴訶。封侯誠已矣，其若戰士何？

贈程丈

君住山中久，山中奚所事？炊火汲清泉，耕田驅瘦牸。村鄰兩三人，淳樸不識字。荷蕢亦相訪，濁酒時共醉。經年始入城，生平未見吏。繞舍種桐梓，歲久可爲器。白髮秋來生，冉冉老將至。非不念男子，多男乃多累。卜鄰每負君，避世良匪易。

方植之曰：『陶公。』

書情

行散無名園，避人依土室。聊以謝譴訶，敢曰希高逸？邑里盛金緋，我獨下士秩。餘祿得幾何，復自渡江失。哀宗多男子，問字齊繞膝。存者六丈夫，所生乃踰七。天寒裁複襦，大布裂數匹。雖與名山期，安得婚娶畢？短髮固蕭蕭，晨興不廢櫛。悲來即作歌，積久亦成帙。霜下掇菊英，秋後收橡實。被褐更何求，負暄就冬日。

感遇

螢飛知向夜，夜永螢還飛。豈無熠燿羽，更借明月輝。秋露淒以冷，偏溼遊子衣。黄鐘亦可棄，白璧乃云非。茹荼豈自悼，啜菽將安依。生我不能養，哀哀願獨違。

少年行

殺人邯鄲市，亡命赴漁陽。軍吏募趫勇，拔我列前行。牙旗朝忽折，敵鋭不可當。將軍迷失道，麾下盡張皇。躍馬挽長弓，辟易左賢王。論功推第一，衣繡還故鄉。天子貰前罪，意氣何揚揚。讐家不敢問，盡室反潛藏。閭里諸俠少，匍伏進酒漿。人生等死耳，羨此少年場〔一〕。

方植之曰：『真魏人詩。』

校記：〔一〕末句，龍眠風雅作『不如死沙場』。

方潛夫先生山莊

夫子名籍籍，十年官不遷。車轍謝城市，嘉尚託林泉。山腹露屋角，日晏見厨烟。課童鈔道笈，養鶴啄秋田。常與村中叟，同釣谿上船。櫂動峰忽轉，潭澄月獨懸。藥圃入夜吸，松聲當晝瞑。絶交曾廣論，空色亦參禪。饘粥莫敢侮，月旦無間然。不識天下士，何者更稱賢？

山居行

山居不鑿井，井鑿久亦眢。一村共一泉，搰搰無朝昏。夜汲忘秉炬，怪獸對我蹲。寒犬未敢吠，我歸自閉門。鄰舍三兩家，有無相與言。去年娶新婦，今年各抱孫。高峰蔽朝日，亭午乃得暄。聚居將三世，綢繆非一婚。黍稷滿前廩，雞豚盈後園。虎多盜自少，植棘可爲藩。昨日兵忽過，百物無一存。將軍能殺我，嘆息向誰論？

寒蠅

秉質非歲寒，撓夢無昏曉。適從何處來〔一〕，止棘紛營擾〔二〕。永謂炎風薰，甯計秋霜皛。氣候既乘除，撫翼非昔矯。弱喪自依塵，不待塵尾摽。耳目雖暫清，生成更不少。

校記：〔一〕『適從』句下，龍眠風雅有『素絲汚其皎』。〔二〕『紛營擾』，龍眠風雅作『一營營』；下有『類聚旋擾擾』。

農　家

晚禾喜秋暘，晚蔬喜秋雨。拮据各自私，天地誰適主。寒早禾苗萎〔一〕，婦子空〔二〕作苦。嘉蔬摘復青，改田蓺作圃。

校記：〔一〕『苗萎』，龍眠風雅作『既稀』。〔二〕『空』，龍眠風雅作『徒』。

喜聞方密之至匡山

所思杳無極，萬里藤峽陰。忽聞遊子至，已在廬山深。盈几皆秘〔一〕笈，放歌悉商音。惟有彭澤宰，千載知此心。

校記：〔一〕『秘』，龍眠風雅作『貝』。

雙柏 先太僕公所手植者。

雙柏初種時，余髪猶未蓄。封殖三十年，虬幹高逾屋。翔鳥不敢巢，盛夏無熇燠。戎卒昔踐蹂，盈城棲五棨。無限貴遊園，皆爲茂草鞠。何幸室猶存，更喜枝未秃。元真失其威，霜霰詎能蹙。其下可徜徉，展書且盡讀。

税穀行

算緡及舟車，關征久爲厲。抑末寓微權，五穀獨無税。一自秋場登，千艘憑鼓枻。天災動流行，有無庶相濟。加榷肇何年，史公丁丑歲。維公惠且廉，清風襲两袂。但以兵戎興，偶出權宜計。本擬汔小康，榷罷關毋閉。未敢聞度支，正恐沿爲例。何意逮今兹，恪守如王制。私糶動經笞，闌出必追繫。使者自監臨，會計誰敢戾？持籌析釜區，汎舟依次第。賦斂雖有程，輸納實無藝。估客豈急公，求羸計纖細。緩急善持人，恫喝能遊説。操艇自逍遥，我稼日留滯。鼠雀苦益多，催科求早貰。金粟不相權〔一〕，農夫反受敝。履畝亦何殊，况當旱暵際。公庾頗告盈，毋乃非豈弟。澤未霈遺黎，利乃朘季世。寄言創制者，經久畫利弊。

校記：〔一〕『金粟』句下，龍眠風雅有『徵賤乃其勢。立法本征商。』

示〔一〕桂氏

抽簪非不蚤，僕僕復奚之。我行方自訟，女子未易知。何以佐晨炊，塒內有伏雌。歲暮當遠別，百物無一遺。惟爾安我貧，緋纑勉自持。布席禮金粟，精鑿久不移。諸孫争繞膝，含菽代我飴。我常獨循省，僮僕私語時。夫人雖不禄，攝者幸亦慈。我生飽憂患，四十鬢如絲。食指日以繁，有田蕪未治。辛苦立門户，經亂無仳離。征徭井邑迫，行矣當託誰？關塞逾千里，未敢定歸期。歲時感霜露，采蘩湘釜錡。

校記：〔一〕『示』後，龍眠風雅有『室人』二字。

擬〔一〕塞上曲

塞草盡燒荒，秋防已孔亟。募卒僅三千，兵法方部勒。偵諜託降丁，真僞未可測。暴風自何來，吹我牙旗踣。平安火不傳，吏士色如墨。殺人近邊牆，監軍猶諱賊。

校記：〔一〕龍眠風雅無『擬』字。

雨中

檐溜不停聲，河流一夕廣。天衢如砥平，瀦水皆漭瀁。深淖役車稀，購薪必遠訪。賓從斷經過，科頭恬俯仰。我昔隨宦遊，此地生且長。風土宜相安，何事亦怏怏。重裘不禦霜，密室猶飛坱。習與故園親，語畏殊方迋。傴僂笑坎軻，邁征悲倜儻。屈指故人多，厚禄憑分餉。

讀高達夫詩〔一〕

常侍磊砢姿，才譽藉天寶。篋中人日篇，傾倒杜陵老。一出即名家，學詩何在早。佳句至今傳，風流委蔓草〔二〕。英爽如可親〔三〕，大雅共追討〔四〕。

校記：〔一〕『詩』後，龍眠風雅有『達夫滄産也』。〔二〕『風流』句，龍眠風雅作『遺跡無從考』。〔三〕『如可親』，龍眠風雅作『郁名山』。〔四〕『大雅』句，龍眠風雅作『後起有何人，大雅還共討』。

詠燕

羽族爾雖微，導氣亦能蟄。春至體始輕，雨迅飛偏急。舊巢留雕梁，翔集未嘗入。徘徊更擇楹，層累泥猶溼。趨舍豈無心，牖户欲自立。却笑鳩何貪，鵲居暗相襲。

定陶小邑人易爲豪成賦額畝不知自何年隱千七百餘頃額不可少乃加賦小民曰均實不均也予力釐之仿古井田法引繩丈算隱者盡首實所虛加者可削矣數年後能無復去其籍者乎爲之愾然曰吾以盡吾心已爾

兖州鄰徐豫，河濟流所瀦。作十有三年，民力甫得舒。屬邑陶褊小，城中百室居。任土昔定賦，萬頃猶有餘。豪强肆兼并，籍爲害已除。計頃十損一，則壤亦成書。富室避夫征，鮮民其勞與。河决常蕩析，賊至多丘墟。皆歎九式制，不及萬曆初。我來百年後，經界法益疏。焦心獨荒度，尺寸未許虛。前驅無吏騶，暮宿必僧廬。疆埸稽舊畝，耒耜辨新畬。引繩億塍接，披圖萬井臚。原隰相裒益，丘賦溯權輿。田疇誰喜伍，法立始踟躕。庶土忽改闢，積巧乃盡祛。畝略增豪右，税實減里閭。税減耕自深，比屋漸有儲。雖增亦未增，按籍適相如。敢望輿人頌，因回使者車。兵備督視屬邑，獨未至陶。但恐歲月久，抗法復恣睢。民事安可緩，平政即衣袽。

招友

空巢梁上無棲燕，自夏徂秋如逝箭。耿耿銀河披素練，何事經時不相見。看竹鄰園亦應遍，餌砂燒汞能無倦。桂樹叢陰生小院，開窗緑照端谿硯。作贊久完高士傳，待君明月成良讌。吾黨相期狂且狷，禁臠侯鯖非所羨。淡交共許心如面，奔走風塵徒自賤。醉鄉咫尺麤堪戀，君但前驅我爲殿。

送友

聞君艤櫂蒹葭裏，萬里之行從此始。誰云元祐少全人，猶聞衛國多君子。交友平生我最嚴，作書欲附二三紙。相逢略爲問寒暄，吴門市肆嚴灘水。才子從來好壯遊，聲名籍籍今方起。大風忽發大江寒，一日開帆數百里。

寄和友人

銀河耿耿秋風清，棲鳥無聲秋月明。此時對月偏長歎，坎坷惟君志不平。左右誰言封即墨，行年方壯因投劾。夏屋何堪借虎羆，秋疇又盡殘蟊螣。南渡蟬冠闕下多，憂天未敢即嗚珂。偶向上林徵夏橘，常從下里和春歌。歲時麥飯甘如旨，城守猶堅家未徙。民間猶自懷王孫，卜者實非成帝子。通籍明光近忽除，何曾一斬舊時祛。未見武侯窺蜀井，空令何點作齊書。苒苒流光難久待，山陽故侶今安在？養母惟愁饌不豐，飴孫還許車同載。白石南山幾度春，莫教伐國問仁人。敢如阮子親追婢，却笑劉生自誓神。入市何妨持便面，人生安往非貧賤。柳蒲但恐易逢秋，雨雪遥知先集霰。十年薄海遍風塵，巢燕争辭舊主人。章邯未見爲秦死，曹志猶然作晉臣。大抵軒車多束縛，欲求解脱惟丘壑。浣花谿上布衣人，自許詩成能避瘧。

懷陳同文並寄張田中舊尹

邗口城屠樞相死，江南烽火從兹始。挂冠同出石頭城，遥知子國有顔子。三載桐鄉遍種花，健兒不敢犯民家。素心可照蛟臺月，爽氣惟餐鳳嶺霞。與我交親同眷戀，千里仁風未覿面。承平契闊且如斯，老死亂離誰得見。二子之生同里閈，干戈漸偃可安居。下里尚餘朱邑愛，山中齊寄吕安書。

過秋浦追悼胡文瑜

憶昔寓居秋浦城，青絲白馬何縱横。清谿千室一夕燬，野火夜照城中明。惟時胡子與彭子，素心共誓大江水。千里音書恨莫傳，隔江生死悲誰誄。江上青峰尚宛然，故人又買渡江船。雲天宿草今何在，慟哭黄公酒肆前。

招友飲

猶自前宵一相遇，何事城中頻徙寓。知君精讀少陵詩，脱字能補身輕句。小徑相過未可遲，竹牀雙叕聽黄鸝。來朝風雨如開霽，又是山間展墓時。

步月

棲鳥無聲庭院静，春分纔過宵猶永。娟娟皓魄下頹垣，露井風柯耿疏影。此時有客獨徘徊，戍漏將沉香篆灰。舉杯欲飲還邀月，鄰笛何人吹落梅。輕寒不畏高簾捲，爲愛明河夜清淺。卜居幸有醉爲鄉，寄愁天上矗能遣。

罪言

我昔解組粤江天，松楸急欲謀新阡。霜露奄忽近十載，三喪猶未歸黄泉〔一〕。時平已獨悲暴露，一聞風鶴尤顛連[二]。誤人最是青鳥説，龍耳牛眠豈偶然。君不見賈人贅婿之孫子，馬鬣猶封祭有[三]田。

校記：[一]「三喪」句下，龍眠風雅有「偏使災祥憑術數，遂因惶重成迍邅」。[二]「一聞」句下，龍眠風雅有「不知禮教誰相尼，自慟便宜未敢專」。[三]「封祭有」，龍眠風雅作「能祀祭」。

答無可[一]

軍府迎降先署狀，仰視飛鴻劇惆悵[二]。彦回名士壽偏長[三]，子卿足下歸無恙。故國千峰可寄家，兜鍪原不妒袈裟。金陵舊恨空沉鎖，丞[四]相新堤自築沙。國成誰秉邦離析，黨禍亦由君子激。林宗何必獨仙舟，賓碩纔能共復壁。烽烟幾載歷江湖，萬死全憑佛力扶。遊子尚堪依母隱，仇人俱已伏[五]天誅。素心自指井中水，任是波瀾風不起。入社何妨有白衣，誤人不信皆青史。我亦雲林學駕車，風塵翻令飯餐[六]加。爲語山靈休見拒，從君還一轉蓮花。

校記：[一]龍眠風雅詩題作答隱者。[二]「仰視」句，龍眠風雅作「寧肯副車椎博浪」。[三]「長」，龍眠風雅作「業眠風雅作「多」。[四]「丞」，龍眠風雅作「宰」。[五]「伏」，龍眠風雅作「仗」。[六]「飯餐」，龍眠風雅作「業因』。

放歌

歸舟一醉東籬酒，名山自喜爲吾有。棲心老氏五千言，適興古詩十九首。年年丘壑寄孤蹤，村舍盤鈴野寺鐘。幕府幾曾依僕射，富人亦未客臨邛。趨祿名城惟旅寓，征車往往爲予駐。玉環纔欲買韓宣，褊帶又聞求樂鮒。何云吏隱似江南，幕下棲棲久更慚。半夜悲歌人自苦，三升粗飯客難堪。風塵滿陌春將暮，何不移琴海上住。童女雖隨徐福逃，神山或與安期遇。爲我河干謝故人，西風常有庾公塵。半生不偶空回首，三徑雖荒亦乞身。

宿田莊〔一〕

舊榭惟存礎，新篁已及檐。牖開風亂帙，庭淺雨沾簾。荇動遊魚過，枝垂宿鳥添。長宵〔二〕偏易醒，攬幔月纖纖。

校記：〔一〕龍眠風雅詩題作『宿莊上』。〔二〕『長宵』，龍眠風雅作『宵長』。

山行

地僻兵稀至，良疇近尚蕪。草深牛背没，河漲馬轕濡。問俗山中樸，求鄰野外孤。百錢雖挂杖，村釀向誰沽。

哭馮夫子

烏屋瞻誰止，龍髯望易遐。君亡甘〔一〕就隱，國破自無家。宅列新栽柳，村餘舊種花。讒人猶未殛，恨不滅〔二〕懷沙。此當爲哭馮大司馬元颷。

校記：〔一〕『甘』，龍眠風雅作『寧』。〔二〕『恨不滅』，龍眠風雅作『目不瞑』。

示客

閒關江海後，誰不戀丘樊。肆設方儲酒，兵遷各啟門。雞憑鄰叟祝，蝨共故人捫。擾擾何爲者？詩書乃尚存。

獨　酌

貰得新豐酒，何辭斗十千。自甘爲噲伍，未許在盧前。學稼常占歲，知非不待年。閉門人事少，隨意簡殘編。

與劉臣向飲

危閣俯芳洲，平江檻外流。濤聲同日夕，帆影異洄游。博學名卿許，諸生相國讐。縱譚鉤黨事，淚溼舊征裘。

王丈以生魚見貽便留小酌

剝啄破炊烟，雙魚柳葉穿。君乘秋色至，我正醉鄉眠。暑退藏紈扇，茶香煮石泉。還如劉處士，寄鱠侍中船。

寄枚及

空谷多芳草，春風到不遲。結廬欣地僻，盡醉荷天慈。山果爭馴鴿，園蔬竊野麋。贈君無麈尾，隨意折松枝。

贈姚休那

辟召年來少〔一〕，山林意轉親。筍衣無適主，園笋可分鄰。此巷居雖陋，因君俗更淳〔二〕。道中誰守劍，是昔盜牛人。

校記：〔一〕此句，龍眠風雅作『相國不復作』。〔二〕此兩句，龍眠風雅作『志校同鄉恕，詩編自祭真』。

寄來元成

一自投簪後〔一〕，吳門不再過。孤桐淮甸阻，修竹越山多。讀易知憂患，傷時廢嘯歌。至今遺愛在，天柱共嵬峩。

校記：〔一〕『後』，龍眠風雅作『去』。

登北山

千峰新雨後，北郭快登臨。密樹暗潭水，輕雲生澗陰。夕陽人影亂，歸路落花深。欲解杯漿渴，田家只隔林。

野次獨步〔一〕

振衣無定處，縱步信春風。小市數家接，雙塘一水通。犬聲茅屋下，人影落花中。欲挽乘軒客，心期恐不同。

校記：〔一〕『步』，龍眠風雅作『遊』。

旅中送爾止返京口

客舍相依久，秋聲又送君。孤舟從此別，哀笛未堪聞。有襪爲生結，無金許仲分。焦山還待我，亦擬櫂江雲。

送錢周臣授經因憶先業師

尚書今古異，授業夏侯勤。縱有藻芹贄，皆爲棣蕚分。宦歸翻失宅，兒長漸能文。回首猶龍嘆，松風不忍聞。

答吴士新

夢入江南路，桃花帶雨開。畫船三月集，名士四方來。屬客修琴軫，題書致酒材。如何乘興處，游子未知回。

葺舍

能得多時借，憑教榻可容。偶栽彭澤秫，莫種草堂松。鄰近垣須補，霜嚴户必封。旅中常灑掃，仿佛郭林宗。

贈許參戎[一]

髯紫聲如虎，行間久識君。望塵知敵數，飲羽失雕群。養士皆輕戰，投戈仍[二]學文。雁門烽火急，推轂故將軍。

五言摘句：『楚人蘭作珮，劉氏竹爲冠』；『晚砧千樹月，野渡滿船霜』；『機雲方入洛，燕許獨名家』；『事忘須夢補，宦薄作遊看』。

校記：〔一〕詩題龍眠風雅作『贈許弁』。〔二〕『仍』，龍眠風雅作『亦』。

贈歐陽參戎

瑞靈春杪繡幢過，曾向壺邊聽雅歌。賴有仲昇侯萬里，可無虞詡募三科。軍中久説山難撼，海上今看水不波。仿佛金城方略遠，健兒千耦荷農蓑。

憶友白下

芳草春山飲褉晨，遲君桃渡獨迷津。行吟沅水思公子，卧病甘泉賦大人。龍鮓尚推同學博，牛衣猶泣舊時貧。莫將著述參譏刺，側目其堪貴近臣。

追感

秦督潼關一失機，坐看賊騎兩河飛。連營禁旅登陴散，列省援師入衞稀。甯鎮貔貅堪[一]北徹，鍾陵弓劍可南依。不知國計誰相阻，空對雲山慟落暉。

禁旅援師，無救於宋之亡，何有於明？至撤邊兵，勸南遷，當時建議有人，無如撓阻多端，竟亡明社也。詩聲情激烈，讀者欲碎唾壺。

校記：[一]『堪』，龍眠風雅作『當』。

記聞 十六首之三

金繒既遣不防邊，使相權輕藩鎮專。草澤竊懷當世志，公卿方頌太平年。上書鉤黨重興獄，下詔軺車復算錢。最是獄辭疑莫決，囊頭三木午門前。謂王之明。

羨奏司農月不常，全將財賦託貂璫。議和漫割盧龍塞，賜復先從白水鄉。黄髮乞休翻下吏，蒼頭告密便爲郎。血飛北寺都成碧，誰許孤臣葬首陽？

乘輿誰請幸澶淵，天子焉能自待邊。寄得黄門錢百萬，募成白望卒三千。操兵有吏求張儉，守闕無書救鮑宣。召對微聞樞密畫，北師將近即先遷。

劉總憲請幸中原，四鎮争詆之。

漫興

艨艟日道守黄河，刁斗無聲任諜過。灞上軍還空議戰，會稽使遣未求和。舊招猛士封侯少，新附降人入侍多。辛苦督師誰與應，書生誓死不投戈。

雜感〔一〕

分閫無如黄鎮鋭，師貞移赴荻江招。誰沉北固千尋鎖，不上西陵六月潮。景略心猶存晉室，子山家尚在南朝。一開告密多收捕，夜夜青燐遍内橋。

四鎮惟靖南忠壯，心存明帝，而群奸不念國步，方以告密，收捕黨人矣。

恤緯無人不隱憂，猶將罪己詔潛收。移宫修怨先翻案，定策〔二〕論功盡許侯。内地止聞添禁旅，上流空自忌江州。試看堂皁三薰沐，誰祝君王記射鉤。三、四道盡阮、馬竊柄伎倆，當日甘心北款而必不欲左師東下，情事朗如。

燕去還存舊草堂，北窗引枕即羲皇。敢云白社尋高士，差並黃冠老故鄉。小婦只爲司饋聘，衰宗多自遇兵傷。橫箏休唱開元曲，鶴髮宮人欲斷腸。作者遭時不遇，而自比於黃冠歸隱。其感時述往，與白髮宮人有同悲矣。

校記：〔一〕詩題龍眠風雅作『雜作三首』。〔二〕『策』，龍眠風雅作『册』。

感作

五夜微行勢已危，世臣猶令守閽辭。元妃自請霜紘慣，貴主親揮血刃悲。下吏百官輸犒薄，勤王諸將渡河遲。宮車即使圖遷早，侍從先愁馬力疲。此詠甲申三月事，可參正史。

金陵懷古

建章宮樹晚淒淒，木末亭前積甲齊。狎客詩成新綺閣，相公吏散舊沙堤。晉人遺事多江左，李氏家聲墜隴西。冷落狹斜諸女伴，采蓮不敢到青溪。

金陵感懷[一]

楚鎮全師發上游，防淮倉卒撤貔貅。將軍授鉞先求第，相國籌邊漫倚樓。鐵鎖誰沉牛渚月，金莖空濯露盤秋。青衫濕盡商人婦，再抱琵琶已白頭。

鍾山虎踞接龍潭，園寢猶餘[二]王氣含。神策既監軍始横，南陽不問吏尤貪。强藩茅土容多請，秘閣絲綸許獨參。一自揚州城破[三]後，無人烽火隔江探。

江城春雨菜花新，乳雀低飛不避人。楚國善悲惟正則，漢廷多忌獨平津。交情每自窮時見，舊業翻從宦後貧。差幸買山還協卜，一抔今已妥雙親。

校記：〔一〕『感懷』，龍眠風雅作『懷古』。〔二〕『園寢猶餘』，龍眠風雅作『誰道金埋』。〔三〕『揚州城破』，龍眠風雅作『景陽歌罷』。

呈客

歸舟幸蚤發青谿，向午飄風忽自西。關吏張皇都尉虎，吴兒輕薄會稽雞。干戈海内車書阻，稼圃山中秉穗齊。此後避喧塵世外，門前凡鳥任頻題。

寄左三山侍御

烽烟日夕指江東，虎踞咸占王氣終。曠野有人悲匪兕，後車無夢載非熊。要君豈盡如岑晊，草疏誰知即馬融。黨禁雖寬猶未解，還將名姓變蘆中。

懷包長明

二月歸舟別小孤，至今音問隔江湖。建安名士餘龍尾，沛縣功臣半狗屠。曉漏初紝黄浦布，高秋先納鶴汀租。東吴饒有葫蘆種，陸子曾攜入洛無。

當時之爲華子魚者，大都舊時名士，漢魏後之勳貴，半屬屠販，何獨沛縣功臣！

校記：〔一〕『初』，龍眠風雅作『催』。

懷王直臣

韋祠花下同君别，每見花開即憶君。退食但烹甘露瀑，省耕常宿敬亭雲。再來狗曲羞江子，從此鵝籠狎右軍。我亦草堂初息駕，北山未許勒移文。

會稽沈湯日見訪信宿便别詩以贈之

桄榔樹下昔鳴琴，抗手崧臺遂至今。沛國獨行惟趙孝，并州故吏有盧諶。孤航偏泝三江險，短褐猶披二月深。我欲留君留不得，蘭亭禊事待山陰。

過張子猷舊居

因君不到酒爐邊，每憶風流動泫然。重見蓬蒿開故徑，尚餘楊柳似當年。素車誰是生前友，薄業惟存郭外田。最是斷腸霜露久，孤墳還未卜牛眠。

與孫儀之飲次成

輕陰忽散月臨階，皎皎流光入客懷。敢學灌夫常使酒，偶同周澤一清齋。賦歸皆惜人空老，將隱無如母是偕。君欲南遊何日發，桃花畫舫斷秦淮。

懷龔孟章

春晚巴江雪盡銷，杳無消息附征軺。空憐蘭佩三年夢，多在花溪萬里橋。白社久邀開士諾，青雲漸覺故人驕。及門當日惟君少，却慮朱顔近亦凋。

與碩人簡之飲

年來公等遊皆壯，楓葉吴江水未波。偏是乘車甘下澤，至今飛舄秘荒蘿。晉陵豈肯輕相餉，懷祖何曾偶見過。稍喜小兒麤解事，漸能擬古作長歌。

東白門

相期佳麗報潛夫，自去秦淮一札無。客裏衣從秋社薄，山中人對月明孤。通侯棨戟門全撤，寢殿黿螭徑欲蕪。寄到封書翻惹恨，知君援筆即踟蹰。

山晚投宿

空山烟樹漸歸鴉，悔不前溪早駐車。野碓自能舂橡粉，樵風偏易落梨花。鐘聲縹緲雲中寺，鹿跡分明雨後沙。欲學烏衣堂上燕，飛棲處處可爲家。

辭辟上馬督府

野浦霜寒眾荻鳴，挂帆小艇御風輕。廛中白袷多卿族，江上青山是客程。禄似曼容常願免，名非枋得莫〔一〕催行。獨憐井邑多灾苦，寬貸煩公緩二征。

校記：〔一〕『莫』，龍眠風雅作『亦』。

憶止安

草堂重起應徵書，君若遥知定阻予。處士才多皆是累，名山亂久未堪居。何妨偃室公常至，但有雄文嘆不如。鄉里自然推盛德，潁川憑駕太丘車。

期　遊

積愁惟有遊差遣，幾日春光變柳條。村舍牛羊歸牧晚，獵場狐兔逸圍驕。山回孤嶂深藏寺，溪匯諸流驟溢橋。猶共〔一〕江南風景似，知君乘興不須招。

校記：〔一〕『共』，龍眠風雅作『與』。

有感 朝城陳君贊化曾令桐城，距今三十餘年，詢其里人，竟無知者，爲之志慨。

我生備見諸循吏，愷悌惟公政更平。祠下幾人猶墮淚，碑陰當日亦書名。掖垣大節歸尤早，盡室長齋果自成。故里此時無一識，嗇夫留葬有深情。

按：先生有寄張田中詩，即張公利民先令桐，國變後爲田中和尚也。此詩所云陳公贊化，新舊邑志皆無其人，録此以補志乘之闕。

七律摘句：『從軍但樂從都尉，結客争誇結健兒』；『交通媪相如公相，盡護南軍與北軍』；『廡下故人新犢鼻，牆東先子舊菟裘』；『景升兒子皆豚犬，黄霸功名有鳳凰』；『蔣生徑有千竿竹，蘇子文如萬斛泉』；『書中畫馬皆無尾，豆内供豚但有肩』；『起家即至二千石，不稼居然三百廛』；『鶯聲導客尋芳草，蝶羽留人醉落花』；『長公性喜留人飲，次道書常借客看』；『阮舍有人居道北，陶公何日在籬東』；『竹簡但存三十乘，木奴何讓一千頭』；『前導能爲回鶻墜，後車争託富平侯』。

武帝

遠求西王母，近舍東方朔。尚不知神仙，神仙安可學？

李陵

深入浚稽山，軍散鼓不[一]起。縱使脱身歸，亦就刀筆死。

校記：〔一〕『不』，龍眠風雅作『下』。

舟行　四首之一

野岸無人跡，孤舟港足容。疏林風忽至，天外數聲鐘。

閨詞

雁飛已是授衣時，刀尺頻看可適宜。記得向來同妾立，妾長曾不及君眉。

過半舖

農耒全消〔一〕駐戍旌，深村虎跡曉猶明。兒童生長干戈裏，不信從前有太平。

傷亂之詞，語極奇確。

校記：〔一〕『消』，龍眠風雅作『荒』。

戲贈醫者

多藝聞君慧異常，禁方今請學青囊。何如兼學青烏術，縱失東隅補北邙。

虐謔亦確論。

即事

長松如蓋草爲茵，微雨初晴月色新。我自欲眠君自飲，醉鄉原與睡鄉憐。

馬之瓊十首

馬之瓊 字孔璋，號恕庵，崇禎初縣學生，有恕庵詩鈔。齊繩祖曰：『先生篤行純素，詩不多作，而興會清發，迥拔時流。』

送伯兄正誼之官陽江

涼風應候至，念君遠別離。別離向天末，握手心傷悲。仰視浮雲翔，長懷征雁飛。安得假羽翼，毋或相參差。川原渺無極，雨雪淒以霏。萬里行此始，百里民所依。願言繼清白，彈琴生光輝。三年佇報最，驤首雙鳧歸。

舟次有述

薄海值屯剝，群盜頻縱横。愧乏捍禦策，時廑流亡驚。過江聞犬吠，繞枝見烏情。千鈞殯宫重，一葉鴻毛輕。奉櫬寄秋浦，移家寓石城。哲人萎大化，亂世迷平生。精靈果有無，涕淚獨屏營。三喪一朝葬，吾羡石曼卿。楹書萬餘卷，手澤貽後昆。丙舍兩三區，松楸蔭墓門。付託有至重，其他焉足論。嗟余清白裔，孱此弱小孫。側身風波惡，回首烟塵昏。城郭已瀕危，郊野何由存。消息懸望眼，形影餘驚魂。屢欲呼天訴，上帝閉九閽。

返里三首

去住何飄忽，聚散如烟塵。昔爲他鄉客，今爲故鄉人。人生固如寄，接交會有因。鳥翔求其巢，馬鳴思其群。各有晨夕戀，矧此枌榆親。夢寐不能忘，居處胡乖分。願言掃蓬蓽，長甘賤與貧。

揚帆溯江渚，杖策旋故山。我行逾幾時，所遇無歡顔。耆舊半凋謝，交遊少追攀。言念同姓人，不禁出涕潸。流亡邈遐域，死喪罹憂患。天運固若此，生命奚偏慳。我辰蹈艱險，念之摧心肝。

遥遥望舊里，曖曖迷歸塗。阻絶痛兵燹，變亂積榛蕪。先疇數百畝，敝廬兩三區。掃門三徑在，開荒一年須。夙志丘壑間，遭時患難餘。誓將伏畎畝，從此侶樵漁。窮達奚足道，守節終不渝。

海　内

海内干戈滿，江閒歲月愁。洗兵明主意，括餉重臣謀。何計餘生遂，深懷後死憂。遥聞罪己詔，霑灑向林丘。

宿君璧兄草堂因贈

湖上遥聞發浩歌，草堂終日對清波。沙明恰喜容輕舫，潮漲猶嫌没淺荷。元亮窗間高卧久，靈均澤畔苦吟多。旁人不識先生意，獨自披裘理釣蓑。

寄伯兄　二首之一

客去黄河水急流，中年兄弟尚離憂。幾時盤谷身將隱，此夜山陰棹尚留。只有雲烟頻落紙，誰憐風雨倦登樓。平生蕭瑟逢摇落，滿眼關山草木秋。

哭從兄文海君啟　兄間道省覲，山中遇賊，脅降不屈死焉。二首之一

白雲親舍萬山隈，雁影翩翩去屢回。今日新墳度寒食，斜風細雨野棠開。

馬之璜一首

馬之璜　字佩兩，號浪岩，順治初諸生，有聽濤閣集。

呈正誼兄

粵嶠三年政有聲，扁舟端返皖江濱。家如彭澤休官日，門謝元亭問字人。絃入松風吹酒醒，罌收梅雨煮茶新。七經分授看諸子，何羡東鄰列鼎茵。

馬敬思四十四首

馬敬思　字一公，號虎岑，增生，有虎岑詩集、碎錦集。府志：『虎岑孝友端峻，性嗜學，不事生産，著作甚夥，書畫亦知名。』姚經三無異堂集馬一公詩序：『余嘗論畫，至於化重爲輕，匯多爲少，合識與力而斂之於法，作者不知所以然，觀者或知其所以然，斯性情之遇矣。今讀一公詩，倏而爲陶、謝、王、孟，倏而爲徐、庾、温、李，術屢變而益工，穠郁之至乃臻平淡。今而後，一公之有造於余畫者深矣。』連雲堂紀名録：『馬氏敬思一公、孝思永公、繼融愚公、教思臨公四人。』張齡若序一公：『驚才絶學，不可一世，而於詩尤深，其敏妙淵涵，於登臨宴集，感時觸物之際，未嘗不更唱迭和，酣暢淋漓，然皆本於諷誦，出於性情，以庶幾於古人矣。至其慷慨激烈，好任俠，喜交遊，又士君子中不多見者。』朱雅曰：『先生詩多新雋，一空塵俗。』

閨情

妾住大江南，君遊大江北。相隔未千里，何以無消息？仰看秋雁飛，雙雙常比翼。作書付歸鴻，妾字君能識。上寫早歸來，下寫長相憶。門内無男兒，黄金不得力。自昔郎别時，從未離閫閾。每日望酒旗，遥以占風色。

寄遠

有客來遠方，裁書苦不長。鯉魚結冰雪，剖腹訴中腸。寄我相思淚，滴滴血成行。開書未及讀，化作雙鴛鴦。

龍眠行贈王山人

王山人，號披雪，畫山畫水稱雙絶。壁間島嶼數峰青，令人對之忘暑熱。恍然坐我天蚱下，如此松風真無價。何年得共向子遊，須待男婚並女嫁。畫山不必畫三山，畫水不必畫五湖。吾鄉本有奇絶處，但寫龍眠歸隱圖。龍眠蒼蒼烟雨暮，百頃良田莽回互。畫得一人驅犢行，蓑衣蹋向林間路。

寄遠曲

腰鐮非不利，刈草不斷根。妾心非不剛，感君一夜恩。青松與皎日，誓死君家門。君今一去幾時歸，妾自織機爲君衣。

贈張子千〔一〕

世人作書多愛肉，張子作書獨愛骨〔二〕。醉中噴墨两三升，早起揮豪〔三〕千百幅。魯公善書紙背穿，智永臨池〔四〕筆頭秃。君家古帖滿繩牀，每日坐觀手畫腹〔五〕。古釵屋漏俱有情，專嗜〔六〕都忘寒與燠。書罷不知春草深〔七〕，嫋嫋餘風動新竹。

校記：〔一〕龍眠風雅詩題作贈張敦復。〔二〕『獨愛骨』，龍眠風雅作『能療俗』。〔三〕『揮豪』，龍眠風雅作『臨池』。〔四〕『臨池』，龍眠風雅作『嗜草』；句下龍眠風雅有『羲之之後有獻之，張芝之後復張旭。鍾繇索靖非等倫，世南懷素皆欽服』。〔五〕『手畫腹』，龍眠風雅作『常閉目』；句下有『我有尺素薛濤箋，乞君數字光茅屋。開窗對坐看君書，筆墨淋漓饒起伏。縱如歸猿攀故枝，瘦如孤鶴凌群鶩。微如石澗瀉清流，振如秋風掃林麓。媚如美女臨風整素衣，勇如鐵騎當關獨馳逐』。〔六〕『專嗜』，龍眠風雅作『見者』。〔七〕『深』，龍眠風雅作『绿』。

贈許逸人〔一〕

小隱碧雲端，高懸處士冠。樹桑供繭箔，種竹作漁竿。欲雨山窗晦，將秋草閣寒。別來籬下菊，樽酒共誰看。

校記：〔一〕龍眠風雅詩題作「贈山中許逸人」。

閨情

萬里遼陽戍，空閨獨夜情。暗鐙隨燼落，斜雨打窗鳴〔一〕。粉黛啼時損，羅衣病後輕。昨宵曾夢見，數語未分明。

校記：〔一〕「斜」，龍眠風雅作「細」；「鳴」作「聲」。

田家

田家原作苦，生事一秋强。山郭酒旗亂，村翁社鼓忙。鳥啼楓子赤，雁集〔一〕稻孫黄。自嘆先疇薄，豐年未免荒。

校記：〔一〕「集」，龍眠風雅作「趁」。

雨中喜三弟歸里

聞道歸期急，思君日幾回[一]。客占烏有喜[二]，人約雁同來。布被多時夢，鐙花昨夜開。柴門三徑在，親自掃莓苔。

校記：〔一〕『日幾回』，龍眠風雅作『却更猜』。〔二〕『占』，龍眠風雅作『知』；『喜』作『信』。

舟泊蕪湖

鄉思杳何極，迢迢旅客情。罾懸湖[一]有信，風順浪無聲。十里橋邊市，三更月下城。嚴關無用怒，書畫入官征。

校記：〔一〕『湖』，龍眠風雅作『潮』。

同祝山如遊龍井訪竺公因宿其蘭若〔一〕

昔傳三笑意，不解俗人聽。黄葉正迷路，白雲空滿庭。琴生因失譜，筆禿爲鈔經。一幅佳山水，都來入畫屏。

校記：〔一〕龍眠風雅詩題作同祝山如遊龍井訪竺公蘭若因留信宿却賦二首。此其一首。

江行即景限青字

野浦〔一〕漁罾密，舟過水亦腥。蓼花殘尚紫，楊葉〔二〕冷猶青。古刹分僧火，寒槎共客星。數峰天外隱〔三〕，何處吊湘靈。

校記：〔一〕『浦』，龍眠風雅作『埠』。〔二〕『葉』，龍眠風雅作『柳』。〔三〕『外隱』，龍眠風雅作『際外』。

南　塘

南塘雙槳日，十里藕花多。楚客青衫淚，吴姬白紵歌。秋山眉有岫，春水臉生波。不信留人處，翻教唤奈何。

江頭對月

秋入家山夢，涼風吹客裳。酒分荷葉緑，衣帶藕花香。河朔非吾土〔一〕，江南是故鄉。團欒〔二〕今夜月，偏照估人航。

校記：〔一〕『土』，龍眠風雅作『侣』。〔二〕『欒』，龍眠風雅作『圓』。

隔　水

隔水問乘槎，銀河一帶賒〔一〕。鴛鴦文字鳥，荳蔻女兒花。屋擬黄金貯〔二〕，窗憐碧玉遮〔三〕。大堤春色好，楊柳暗藏〔四〕鴉。

王、楊餘響。

校記：〔一〕『賒』，龍眠風雅作『沙』。〔二〕『擬黄』，龍眠風雅作『不煩』；『貯』作『鑄』。〔三〕『窗憐』句，龍眠風雅作『人還比玉嘉』。〔四〕『藏』，龍眠風雅作『啼』。

題陳隱士山居

羨爾深山静，連宵不掩扉。秋潭鶴影瘦，霜草鹿胎肥。歲酒先儲甕，園絲半在機。此中多隱者，相識姓名稀。

五律摘句：『浮家舟是宅，銷歲硯爲田』；『一杯桃葉渡，萬屐雨花台』；『線痕存尚密，綿性定奇温』；『桑柘影初緑，棠梨花正開』；『流泉穿石細，野竹護沙肥』；『水味當秋潔，爐烟傍午圓』。

李仲山至

數載曾爲汗漫遊，憐君雙鬢只〔一〕緣愁。到門客是陳驚座，横笛〔二〕詩成趙倚樓。楚澤蘭叢空舊〔三〕怨，吴山木葉又新〔四〕秋。揭〔五〕來自有江淹夢，好寫花箋詠玉鉤。

校記：〔一〕『只』，龍眠風雅作『定』。〔二〕『横笛』，龍眠風雅作『下筆』。〔三〕『舊』，龍眠風雅作『有』。〔四〕『又新』，龍眠風雅作『早知』。〔五〕『揭』，龍眠風雅作『邇』。

少年行贈友人

相逢陌上少年行，雙劍芙蓉匣内鳴。身欲許人猶有母，臣誣盜嫂本無兄。結成海内皆豪俠，羞向尊〔一〕前説姓名。醉後自歌還自泣，彈箏一半是秦聲。

校記：〔一〕『尊』，龍眠風雅作『燈』。

署中别弟

故鄉浪説滄洲好，到此蕭條即欲還。薄宦門庭真似水，過河地勢總無山。風摧槐柳官郵冷〔一〕，霜落蒹葭卧閣閒。私把萊衣教弱弟，承歡代我奉慈顔。

校記：〔一〕『摧』，龍眠風雅作『催』；『柳』作『葉』。

訪李當衡〔一〕

青衫雙袖獨翩翩〔二〕，自築柴扉遠市廛。萬劫有情皈大士，十年無病學神仙。忙中覓句成詩癖，老去棲心託畫禪。餘得日長高枕後，閒讎秋水馬蹄篇。

校記：〔一〕『衡』後，龍眠風雅有『先輩』二字。〔二〕『獨翩翩』，龍眠風雅作『两朝前』。

讀史

把杯擊箸恨如何？一代興亡自古多。烏鵲夜啼荒苑樹，黃牛朝飯舊宮莎。偶逢毛女詢秦事，却憶金人別漢歌。芳草不知亡國恨，春來依舊上銅駝。

歎息南都，感深離黍。

晚眺

故國春深犢路斜，夕陽古道水穿沙。一聲初感鄰翁笛，十載前爲酒媪家。但見芳洲生杜若，不逢人面似〔一〕桃花。題詩石上苔痕滿，潦倒清樽看落霞。

五、六用舊語作對，自然清俊。

校記：〔一〕『似』，龍眠風雅作『比』。

秋風

颯颯秋風葉葉催，單衣怯上最高臺。乾坤有礙寬猶窄，歲月無情去莫回。知負襄陽明主問，吊殘湘水故人哀。淮陰漂母楊家妾，何事荆〔一〕釵解愛才。

校記：〔一〕『荆』，龍眠風雅作『金』。

江行同二弟分韻

村岸漁翁各有家，柴門一道逐江斜。竹因土暖多生笋，梅爲春寒尚帶花。凫浴不驚青草渡，鷗行常篆白堤沙。遥遥天末迷前路，蕩漾東風任小槎。

贈友人納姬

明珠十斛買娉婷，紫玉爲簫白玉屏。一剪〔一〕秋波横眼碧，半簾春草上眉青。暮歸峽内常行雨，生小人間便唤星。扶却侍兒嬌不起，海棠花下醉初醒。

校記：〔一〕『剪』，龍眠風雅作『寸』。

喜晤愚公禹公两舍弟

桃葉秋深一問津，木蘭舟小僅容身。帝城花萼懷中夢，故里桑麻亂後親。洗馬渡江緣病弱，士龍借屋爲家貧。憐君却似烏衣燕，縱入高樓亦傍人。

晤前内相徐許二君感賦

白髮先朝棄置身，居然老衲自沉淪。變名市上爲吴卒，賣餅橋頭識漢臣。昔是玉皇香案吏，今稱天寶舊宫人。閒來細述當年事，司馬青衫淚滿巾。

贈起文上人

何事買山棲碧嵐，坐趺雙樹即瞿曇。忘情元亮堪同社，多病維摩可共龕。采藥雨收蒼耳子，種蕉春署緑天庵。拈來半偈閒中話，蹋破芒鞋不放參。

過友人别業

探幽夾道暗松篁，流水清清石作梁。山路屐隨牛跡去，樹根衣惹兔絲香。安絃軫上修琴譜，卧病庵中寫藥方。猶記子西詩句好，日閒真覺似年長。日長如小年，宋唐子西詩也。

江上同人[一]飲酒肆

幾番零落渡江東，買得扁舟[二]未買風。紅頰蓼花[三]如少女，白頭鷗鳥[四]似漁翁。晚霞殘照光猶豔[五]，霜葉微酣意最[六]工。今日與君同覓醉，青簾橋畔記[七]黄公。

校記：〔一〕『江上同人』，龍眠風雅作『江行同友』。〔二〕『扁舟』，龍眠風雅作『舟帆』。〔三〕『紅頰蓼花』，龍眠風雅作『紅面蓼薬』。〔四〕『鳥』，龍眠風雅作『鷺』。〔五〕『光猶豔』，龍眠風雅作『人爲畫』。〔六〕『意最』，龍眠風雅作『詩更』。〔七〕『記』，龍眠風雅作『是』。

送姚彦昭訪何道岑黄州

笛吹蘄竹倚高樓，目送烟波感壯遊。地近荆襄原負險，文推屈宋舊悲秋。千行賓客尊前席，五馬風流居上頭。最羡使君清興永[一]，朗吟[二]猶似在揚州。

校記：〔一〕『最羡』句，龍眠風雅作『羡却使君吟詠好』。〔二〕『朗吟』，龍眠風雅作『相傳』。

重陽前一日登投子山

醉采茱萸繫臂間，顧予顛頷鬢毛斑。常年佳節多愁雨，今日先期早看山。特地尋僧逢病起，過橋乞菊帶霜還。秋峰好處都堪眺，何必來朝〔一〕始一攀。

校記：〔一〕『來朝』，龍眠風雅作『重陽』。

秋日懷姚彥昭楚游

黄雞紫蟹愛秋遲，鐙火熒熒夜校詩。坐上素輕程不識，人中獨感魏無知。漫忘戴笠乘車約，誰是傾筐倒篋時。此日布帆風正好，懷君應醉習家池。

祝山如席上仝錢飲光先生夜酌

熟讀離騷夜雨殘，牀頭周易共盤桓。鵑從蜀破猶稱帝，松自秦亡懶署官。鉢冷瞿曇歸後托，詩工摩詰晚年看。草堂幽處梅花發，偏與人間鬥歲寒。

得方爾止先生書

三載移家桃葉春，釣船烟雨芰荷身。他鄉白髮驚新長，故國青山似舊貧。座上曾逢周鐵虎〔一〕，車前猶〔二〕泣漢銅人。南朝多少尊官塚，冷落高低卧石麟。

校記：〔一〕「周鐵虎」，龍眠風雅作「秦壁使」。〔二〕「車前猶」，龍眠風雅作「祠前争」。

舟中即景

雙槳蘭橈獨自乘，忽然風雨亂春燈。沙汀有警鷗先覺，水驛無更雞可憑。古樹露根堪繫舫，敗蘆垂葉半藏罾。青青柳色龍眠岫，勞我終宵夢裏登。

梅花詩和祝山如二首

雪裏吹香暗裏聞，雪飛花散惜離群。根埋古寺依寒石，枝度横江亞暮雲。南内娣姨蛾淡掃，西湖妻子鶴平分。尋常最愛橋頭月，茅店烟消帶夕曛。

冰散沙堤路未乾，支笻潛聽鳥聲殘。水雲迷處渾無影，香雪和時可共餐。幽性從來輕富貴，孤芳原不借欄杆。久聞鄭谷詩情好，一字重吟便覺安。

偶憶

東風消息獨徘徊，久閉柴門手自開。寒食晴〔一〕逢人病起，梨花香在燕歸來。竹鐫詩句春痕細，石補蒼苔雨意催。昨日偶從堤上過，遺簪翡翠却攜回。

詩格似趙承吉。

七律摘句：『人道季方難作弟，我如令伯願爲兄』；『移竹無時逢上巳，灌蔬有地課園丁』；『買來市上韓康藥，典盡花前杜曲衣』；『春根雉子常依母，霜籜龍鍾已抱孫』；『金牀玉几同朝露，甲帳珠簾捲暮塵』。

校記：〔一〕『晴』，龍眠風雅作『暖』。

可歎

玉笛横吹九辨秋，美人烟雨曉粧樓。無情最是青銅鏡，纔照紅顔又白頭。

宫怨

消瘦東風愛綺輕，漢家三十六宫名。君恩那得如春草，肯向階前舊處生。

春思

眉黛秋山畫綺窗，君遊越海妾吴江。停針妬殺池邊鳥，縱繡鴛鴦不繡雙。

傳兒女意，口吻逼肖。

蕪關

榷〔一〕税千艘日不閒，于湖官吏踞嚴關〔二〕。扁舟若問東來貸〔三〕，詩在秋江畫在山。

郡志：「虎岑過關寺題此詩於壁，甚爲人所傳誦。」

校記：〔一〕「榷」，龍眠風雅作「報」。〔二〕「于湖」，龍眠風雅作「蕪關」；「踞」作「抱」。〔三〕「扁」，龍眠風雅作「小」；「東來貸」作「私藏貨」。

清明哭亡弟禹公〔一〕

去年風雨寄書來，繚繞鶯花處處催。今日江村寒食路，長干寺裏野棠開。

校記：〔一〕下有「弟櫬寄江寧寺中」。

馬孝思二十首

馬孝思 字永公，號玉峰，邑諸生，有覆瓿集、屏山詩草。潘蜀藻曰：「永公兄弟皆工詩，足登制作之林。金昆玉友，視列朝集，皇甫子浚昆季無讓焉。』姚羹湖曰：『永公祖太僕公官侍御時，講學東林，擊璫削籍，及易簀時，戒後人毋入我鄉賢。永公與一公、愚公、臨公，比肩齊名，時稱四馬。』

雜詠

吾憐王偉元，慟父不克終。攀柏日號泣，柏枝無春風。讀詩廢蓼莪，罔極思無窮。如何御衣血，乃有嵇侍中。食禄期報主，豈〔一〕不念若翁？兩賢各異趣，忠孝理亦同。

荆卿遊燕市，屠沽相與嬉。擊筑同飲酒〔二〕，復有高漸離。歌泣自有意，旁觀安所知。匕首入强秦，太子猶嫌遲。蕭蕭易水寒，壯士身先危。或疑所待客，偕行尚可爲。不見報仇〔三〕人，博浪又空椎。直須赤幟起，天運方轉移。

校記：〔一〕『豈』，龍眠風雅作『非』。〔二〕『同飲酒』，龍眠風雅作『酒同酣』。〔三〕『仇』，龍眠風雅作『韓』。

遊礙玉峽懷外舅方龕山先生〔一〕

青山無用買，即此可圖安。谷響晴聞雨，巖深夏覺寒。江湖縈逸興，池館任凋殘。輸與荷薪者，閒來抱膝看。

校記：〔一〕龍眠風雅詩題作『游礙玉峽』。

陶丘清明

客中此日倍淒然，陌上〔一〕逢人挂紙錢。未有青山埋故骨，但從平地起新阡。春增婦女襟邊淚，風動牛羊草際〔二〕烟。回憶虎岑亡母墓，松楸料亦望吾還。

校記：〔一〕『上』，龍眠風雅作『路』。〔二〕『際』，龍眠風雅作『底』。

錦　瑟

清幽最愛琴兼瑟，五十朱絃操更繁。按拍可堪愁裏聽，高歌誰向曲中論？空留峰影臨湘水，不共竿聲到國門。總爲雅音難悦耳，悲笳哀角遍山林。

江寧集翕山草堂

紀映鍾翕山草堂對酒歌：『天上雙星未渡河，秦淮流水生秋波。翕山草堂最疏豁，短墻風到吹烟蘿。』草堂，蓋在秦淮清溪側也。

柴門曲徑柳陰遮，地僻真成處士家。栖圃近厨蔬帶露〔一〕，束蘆爲架豆争花。荒池水滿鳧頻浴〔二〕，晚巷人稀犬不嘩。鎮日晴窗無俗事，苦吟薄醉是生涯。

校記：〔一〕此句，龍眠風雅作『引水入池鳧試浴』。〔二〕此句，龍眠風雅作『朝厨圃近蔬堪剪』。

晚宿村莊

秋風蕭瑟動寒林，對此偏傷旅客心。借得板扉權當榻，覆將鶉褐即爲衾。頻傾野店三升酒，敢忘王孫一飯金。牢落欲憑詩遣興，饑蟲砌下似同吟。

抵定陶〔一〕

諸弟春歸子舍寬，朝昏誰復勸加餐。臨邛禄薄難分客，彭澤兒多不就官。旅袂盡從新雨潤，鄉書細向夜鐙看。馬蹄十日輕相送，未覺人間行路難。

校記：〔一〕龍眠風雅詩題作『抵署』。

抵署數日遣力南歸二首〔一〕

倦鳥投林且息機，單身何事向南飛？愧非穎士留無益，得似方回見已〔二〕稀。客路莫貪殘夜出，里門須趁未霜歸。逢人若問予消息，諱却秋窗帶減圍。

夢入家園我減餐，風烟遺爾報平安。菊經白露花將發，雁過黄河影正寒。塵路行多歸使熟，鄉書傳到客心寬。含辛亦有千行淚，暗溼青衫未敢彈。

校記：〔一〕龍眠風雅詩題作抵署數日即遣小力南回。〔二〕『已』，龍眠風雅作『漸』。

九月初七日作

雞聲初唱起焚香，遥望南雲拜北堂。霜露百年空有淚，蓼莪三復不成章。棬存未敢輕嘗酒，綫密猶留舊製裳。回首墓門哀〔一〕寂寞，寒松翠栢影〔二〕蒼蒼。

校記：〔一〕『哀』，龍眠風雅作『真』。〔二〕『影』，龍眠風雅作『正』。

出署

宦如臣父幾人廉，縱不彈冠也不嫌。柳下官箴原是直，子魚家教本從嚴。千行别淚襟邊溼，一片寒雲野外瞻。獨立閒〔一〕庭無客到，春來白髮鏡中添。

校記：〔一〕『間』，龍眠風雅作『閒』，是。

春日友人邀遊西園兼懷其主人北上〔一〕

春到芳園喜見招，入門疏影竹蕭蕭。梅花對客如含笑，鶴步隨人又過橋。僧飯有緣沿路鉢，野墳無禁遍山樵。艱辛築得藏書處，閒付東風鎖寂寥。

校記：〔一〕『遊』，龍眠風雅作『過』；『上』作『道』；『主人』作『人』。

哭外舅方翕山先生

生計常言與願違，但逢行處便忘機。身來故國俄驚病，骨幸蒼頭早護歸。酒店尚留當日債，詩名不救闔門饑。酸辛舟過三山峽，昏黑江天失少微。

抵署

十年七度赴陶丘，門巷蕭疏似昔遊。鄉物却珍來路遠，民情翻爲去官愁。宣防纔罷填河柳，幕府申催享士牛。時有兵過。遥望故園歸未得，東風吹老菊花秋。

先嚴靈櫬南歸示四弟臨公〔一〕

白髮思鄉久〔二〕減餐，蒓鱸雖在失張翰。已衰病骨歸來晚，未死官身去更難。青草雨淋塵路滑，黄河風逐怒濤寒。庾公淚落瞿塘水，穩奉靈輿過急灘。

校記：〔一〕龍眠風雅詩題作二月十九日先嚴櫬南回孝恨不得扶送哭呈二律兼示四弟。〔二〕「久」，龍眠風雅作「漸」。

夏日冒雨遊龍眠別業〔一〕

雨窗遥對最高峰，欲上還愁滑短笻。犢角漸成三徑竹，濤聲不斷四山松。談深客座頻傳盞，夢覺僧廊忽打鐘。午爨且分香積米，隔溪鄰舍未聞舂。

校記：〔一〕龍眠風雅詩題作夏月冒雨方保士兄弟遊龍眠別業二首。

初度感懷

蒲團拜熟佛龕香，背却僧寮暗自傷。篋内綵衣空涕淚，庭前雁序半存亡。嘔心血作詩千首，計口糧儲粟一囊。南望鄉關如絕塞，幾時趣得遠歸裝？

感念昔先漸臻衰落，稱觴舉慶，只令人悲增忉怛耳。三、四語油然見孝弟之性。

左丈霜鶴招予與方素伯入龍眠俱不果往

札到相〔一〕招魯两生，天風一路熟香秔。月臨清淺河邊影，松帶陰寒雨後聲。蠟屐未乘遊子興，盤飧空費主人情。漫言五岳芒鞋遍，咫尺龍眠不易行。

校記：〔一〕『相』，龍眠風雅作『偏』。

七夕

瓜果初陳針線收，誰家巧婦獨登樓。凭肩漫作他生誓，且共今生到白頭。

兼用香山、義山語。

馬繼融二十首

馬繼融 字愚公，號舫齋，順治間國子監生，有菜香園詩集。歸允肅序曰：『舫齋夙負盛名，然素性落落。太學期滿，移咨爲吏部選人，徑歸不就。徐司寇乾學薦舉鴻博亦固辭。』

姚羮湖序曰：『吾鄉先達黜浮名而崇實學，於馬正誼先生猶及見之。先生有才子六人，長一公、次永公、愚公、臨公，爲比肩齊名。次禹公、江公年相若。臨公以南宫第一，官禁苑。門以内稱老詩人者，唯愚公耳。』

拖板橋訪胡星卿君渥不遇

六朝諸陵委茂草，鍾陵松栢亦如掃。猶有先朝公主墳，久封幽隧臨官道。先朝家法何獨良，從無干政若平陽。釐降當年宜爾子，永言與國同福昌。詎意山河須臾變，龍種惟兹存一線。路隅寶玦盡堪哀，墓内玉魚幸未見。主家濟楚仲與昆，云是公主之裔孫。犁雨鋤烟忽茅屋，鳴鐘食鼎曾朱門。茅屋幾楹依墓側，花柳參差皆手植。兒耕延客田間衣，婦勤向夜鐙前織。我來郊外訪高蹤，到門如隔九疑峰。應入雲中采藥去，那能市上扶藜逢。晚近榮華半塵土，瓜瓞綿綿始千古。不緣今日廬墓人，誰識先朝舊公主。

玉屏庵恭閲先王父爲先曾祖妣包淑人手寫血經

慧業皈金粟，酬恩仗佛功。蓮花生腕下，貝葉寄山中。室淨函常白，年深色尚紅。當時和淚寫，瞻拜嘆無窮。

偕戴蜀客舍弟西屏姪瞿士紹平南叔小飲郭外

出郭衝烟雨，尋芳興共乘。山光回弱柳，河響帶殘冰。花向筵前落，歌從笛裏徵。更期新霽後，翠靄約同登。

姚舍雅招同舍姪少游伯逢仲昭飲長松閣

小徑層層曲，穿籬度竹扉。春光臺上迴，山翠望中微。閣借松爲幔，牆因藤作衣。落花渾不定，故傍羽觴飛。

林際漸生白，馮虚晚更幽。遠風欺酒力，明月隱鐙篝。花裏清歌出，筵前緑蟻浮。主人敬愛客，中夜飲如流。

人日遊碾玉峽

龍眠相近處，數畝白雲鄉。春淺麥微緑，林寒葉尚黄。瀑飛因帶雨，山抱竟如牆。不用題詩寄，人今到草堂。雖有雲烽列，猶然疊假山。設門曾極巧，選石未容頑。指顧思遺蹟，興亡悟此閒。空餘巖下水，千古自潺湲。

過勳公弟懷亭

半畝城隅地，園林面女牆。茶烹春暮雨，花蔽午餘陽。隨卷芸驅蠹，横琴石作牀。主閒僮亦韻，灑掃善焚香。

姪少游攜婦之吴門省其外舅

琴劍束輕裝，乘潮架小航。清談誇玉潤，勝蹟訪金閶。别久歸思亟，情深去夢長。言旋欲秋杪，同盡竹林觴。

重陽前一日同人集王蒿伊欒城縣齋

九日明朝是，登高乏嘯臺。幸同官閣酒，不啻故園桮。檀板當筵拍，霜枝按候開。曲終還擊盞，夜漏莫頻催。

雨中飲姚羹湖泳園

烟景西郊勝，樓臺二月春。引泉花樹潤，帶雨翠微新。况愛頻遊客，能閒未老身。輞川圖自寫，千古幾詩人？

暑窗伏枕步范同人韻

臥詠新詩頓發矇，何殊草檄愈頭風。塵生范釜清貧甚，賦愧梁園渴病同。松老山中聲正好，峰青江上曲方終。憐君忽動鱸魚思，秋色龍眠付酒筒。

途中望某氏園林

烟火新從戰伐還，當年亭榭有無間。短牆故繞橋通水，平野權看石假山。巢燕春深增異語，蟠龍霜老駐蒼顔。却嗟勝地徒經過，立馬遥看未陟攀。

丁未人日

臘雪猶存春漸生，争遺綵勝歲時情。寄詩安得高常侍，歸思殊同薛道衡。未向碧空看雁去，何來清曉動鶯鳴。是日聞鶯。也知地氣先禽鳥，不獨天津杜宇聲。

有感

側身今古一籧廬，放眼乾坤萬事虚。交不克終先廢醴，歸猶莫定枉歌魚。平生詎肯因人熱，浪跡聊同旅燕居。却笑誰爲湖海士，相看豪氣未曾除。

春草 四首之一

漫似浮蹤浪打蘋，承趺差可伴垂綸。鷓鴣湖上初經雨，鸚鵡洲邊不染塵。近水無人隨意緑，向陽有種逐年新。隋宫纖手誰能剪，剪得繁花未是春。

展先曾祖墓作

抗疏先朝舊有聲，歸來清白冠鄉評。懷恩誰不思羊叔，遺直今猶頌馬卿。風雨敝廬孫共託，松楸薄畝塚初成。百年霜露悲何極，尊酒春秋次第行。

舫齋漫興

涼臥遲開曉閣扉，起來强着短絺衣。日蒸散帙驅蟫出，風捲殘花並蝶飛。茗椀旗槍慣煮，楸枰壘壁客争圍。浮生借此消長晝，世事何心問是非。

竹枝詞

妾似葵花長向日，郎如柳絮只隨風。殷勤爲勸章臺客，落盡花時絮亦空。

書來但説歸心速，春仲相期秋後裝。無定光陰惟日月，郎看偏短妾偏長。

末句勸戒深切，不徒爲金縷之惜少年也。

馬教思十首

馬教思 字臨公，號嚴沖，康熙己未會試第一，官翰林院編修，有嚴沖詩存。通志：『分校壬戌禮闈，得金德嘉卷爲榜首，時稱衣盋盛事。坐簡伉，失院長意，拂衣歸，益事著述。』府志：『才氣卓犖，爲文不起草。歸而園居杜跡，屢空晏如。益殫心著述，有古學類解、左傳紀事本末、皖桐幽貞録。』王昭度曰：『吾師早負異才，夙探學海。晚居詞館，清望益隆。性不能造請報謝，與人爲過從歡，惟潛心讀書稽古。』賴古居詩話：『先生天性凝重，不屑時趨。詩文亦不漫與，遺編散佚。於皖江詩選得數十首，猶見大雅之遺。』

皖江送李子

海上明月光，照我臨江樓。樓高寢不寐，離思方悠悠。故人吉州彦，千里同氣求。妙理闡羲軒，奇文法韓歐。接交得素侶，惠好殊凡儔。圓靈忽已邁，夙駕焉能留？殘夜攬衣裳，陵晨弄扁舟。荒林木葉脱，遠浦霜華浮。翹首望青雲，側身向滄洲。會須來長風，相與乘春流。昂昂雙黄鵠，浩浩两白鷗。别懷勿復道，帆影空江頭。

姊氏蒙恩旌閭

家姊適左忠毅公孫之乾，年十六而寡。今四十四載矣，蒙恩旌節。當明天啟乙丑忠毅被逮，姊尚未生，先曾祖太僕公走送數十里，倚檻車預訂姻盟，如周忠介之與魏忠節云。

丹桂不畏雪，蒼松寧憚寒？人生苟立志，皎皎青雲端。吾姊左氏婦，邇來白髮殘。當其許字日，鵰鶚振羽翰。林宗野外哭，伯起夕陽嘆。天地一時黯，殿陛橫流丹。吾姊未設帨，忠毅痛刳肝。咸戒鉤黨禍，誰締朱陳歡。先公性忠直，揮手心悲酸。言念兒女事，奚爲婚姻難。死友不可負，名義不可刋。豈知四十載，寶鏡照哀鸞。十六喪其特，六十存其單。膝下有嬌女，遠適不得看。肅肅清霜冷，烈烈白日團。結塋待同穴，矢志堅如盤。生無一日樂，殁爲千秋完。旌詔下里閭，幽素標名壇。回首膺滂禍，切齒狐鼠奸。彼爲連茹薌，此爲異種蘭。謾云表節錯，益以顯根盤。少保清風在，先公貽教安。史氏宏正義，來者庶同觀。

登張瑤星松風閣

群山環一閣，登閣俯群山。何處濤聲至，臨風松韻閒。幽人成白首，孤幹獨蒼顏。舊松僅存其一。即此當枯柏，晨朝幾度攀。吊其先大夫也。

浴佛日長干寺作

金碧諸天麗，浮屠萬古名。傾城尊象教，繞殿沸魚聲。香合如雲合，燈明奪月明。平生羞佞佛，對此亦多情。

中秋待月適值秋分漫詠

竟夕林間坐，寒飈静裏聞。山城猶未雨，河漢偶微雲。玉露秋過半，銅壺刻正分。一宵雙節氣，疏葉漸紛紛。

立春前二日遊碾玉峽

將春冰暗解，橋水漸潺湲。山勢遥連屋，谿聲直到門。隱淪尋柳市，勝境羨桃源。相約鶯花節，還移酒一尊。

渡　河

立馬黄河口，清晨問渡時。風聲生浪急，櫓力渡湍遲。沙起疑無岸，烟開漸有涯。桃花春水漲，攬轡爲誰期。

立秋夜坐

露坐忽深更，星河月正明。夏從今夜去，秋傍晚涼生。梧葉分寒暑，荷華老送迎。故園蒓菜樂，不獨宦遊情。

同人龍泉寺小集

白社非吾事，黃花共客來。小樓風易滿，深坐漏偏催。菜煮山厨笋，茶烹石鼎煤。敝裘猶可典，暇日更追陪。

送家兄舫齋歸里

人生聚散感浮萍，又對西風送季鷹。萬事淒涼頻夜雨，百年顛頷獨寒鐙。秋來亦似將歸客，老至何如退院僧。一髮青山江上路，幾時歌嘯共君登。

馬國志十首

馬國志 字勳公，號西屏，國子監生，考授州同知，有懷亭集。吴道坦序：『西屏才高學贍，困不得志，有浮雲當世之意，胸次灑落，無意爲詩，然興之所至，格律渾成，頗得唐人三昧。』

夜入樅陽江口

江上放歸舟，塵俗欣俱屏。爲愛晚霞明，不厭清晝永。風送銅陵郭，帆指樅陽境。野火沿流生，荒村逗秋影。想像幽棲人，高卧精廬静。力耕非素嫺，垂釣惬清景。何日去市廛，悠然事笭箵。

曉發寄姚彦昭

歸心溯東流，一日欲千里。昨晨得買棹，晤言别知己。攜手上河梁，舉杯戒行李。涼飆動川原，炎氛散葭葦。遊覽亦既倦，拙疾尚相倚。離懷誰能盡，深潭千尺水。酒酣月初墮，夢回天欲曙。解纜及秋晴，挂帆向江路。攬衣起彷徨，已失維舟處。潺潺胥浦流，靄靄吴門樹。舉目得清曠，無言自來去。獨有索居情，空水隔烟霧。

宿湖上草堂呈從伯

薇蕨青春晚，江湖白髮生。誰從千載下，獨契古人情。叢竹含風瘦，長松帶雪清。草堂同栗里，詩老是泉明。

雨　泊

棹放鳩兹近，山看鵲首迎。江聲催雨至，風力與潮争。巖峭舟還泊，秋澄水共清。來朝挂帆去，遥指石頭城。

宿白雲庵

不覺看山倦，招提遠近探。偶尋黄葉路，忽到白雲庵。拄杖倚寒石，臨風對暮嵐。鋪床列羹飯，竟夕聽僧談。

懷族弟江村

之子幽棲好，江村逸興長。林間見山色，籬外接江光。池館新荷豔，盤餐野笋香。暮天數帆影，來去總蒼茫。

南郊陳氏精舍

水田十畝山人宅，茅屋三間處士家。留客共餐籬下笋，呼兒頻煮雨前茶。緑摇荷蓋添新漲，紅掩柴門帶晚霞。自識南塘村外路，莫嫌乘興就黄花。

懷舍弟執公山中

送君山中居，憶君山下路。此夕獨徘徊，涼風起烟樹。山風吹客襟，山月散林影。乘興一歸來，應知今夜永。

馬日思十首

馬日思 字禹公，順治中諸生，早卒，有白下詩草。潘蜀藻曰：『禹公寢食詩書，簡静恬約。』

古　歌

勿作手中鞭，下馬不復念。勿作袖裏箑，秋來不復見。願作雙合扉，相關兩不變。

答友人山中

何處故人居，深山有敝廬。草侵張仲宅，花亞子雲書。白嶽經秋夢，青門帶雨鋤。十年還獻賦，能否似相如？

詠柏

處士庭前柏，蕭蕭是鉅觀。居然前代物，便作昔賢看。我不因人熱，君真閱歲寒。同兹後凋質，何必問秦官。

除夕同家兄愚公懷家大人作

此夕是何夕，椒盤幾度辛。一尊兄弟酒，千里宦遊人。只有貧如舊，焉知歲又新。秣陵非故土，望遠淚沾巾。

寂寞頻燒燭，高吟至五更。歲從今夜盡，愁是隔年生。孤館他鄉夢，寒燈短鬢情。江南春色早，擬逐雁歸程。

喜伯兄一公即至

久别青山郭，忻逢白下舟。夢隨鴻雁至，詩感脊令愁。彈指十年事，傷心六代秋。聯牀聽夜雨，相對且忘憂。

秦淮吊古 二首之一

朱雀烏衣跡並蕪，永嘉南渡又成都。深宫露冷芙蓉落，荒苑春殘蔓草枯。安得鳳凰來建業，但聞麋鹿上姑蘇。山河風景猶如此，可免新亭灑淚無。

沈石田桃源圖卷子

高人頻自厭風塵，想像桃源欲問津。花落草芊谿畔路，桑陰竹影洞中春。不知漢魏爲何代，自是羲皇以上人。絶壁孤松高百尺，雪霜歲歲長龍鱗。

與李仲山夜話　二首之一

吴中花發暮春天，楊柳多情兩岸烟。傾國有人惟一顧，登牆望汝已三年。君過桃渡題鸚鵡，我坐芳洲聽杜鵑。別後新詩應寡和，雙魚封寄薛濤箋。

懷從伯君璧先生

卜得柴桑自愛廬，夕陽村裏水雲居。湖光在眼山光背，不買樵薪不買魚。

馬方思十首

馬方思　字江公，號屏庵，諸生，早卒，有寒檜軒集。府志：『方思治事有膽識，能緩急其鄉人，故雖早卒，而譽望在人口云。』

與家姊談次感賦

秋城黄落後，葉葉散荒庭。未化望夫石，空懸婺女星。荆釵雙鬢亂，草榻一燈青。寂寞孤幃話，凄涼不忍聽。

左氏憐嬌女，今看十歲餘。所生惟有此，相愛更何如？刺繡能添線，丹鉛善讀書。他年冰泮日，阿母與誰居？

贈程叟

君似郊原草，生來不入城。未知官吏姓，安用世人名？鹿過苔留跡，猿啼樹有聲。山田剛十畝，好雨及春耕。

家大人北上

青雲壯志已蹉跎，舊路何期此重過。夜雨落花殘白社，秋風吹夢渡黄河。相逢燕趙悲歌少，聽説湖湘戰伐多。漫道孤舟江上險，山中亦自畏揚波。

贈汪雨若

蕭蕭短鬢半垂絲，甲子今周一局棋。潁士家貧還有僕，鄧攸世亂復無兒。慶平早遂遊山志，孝弟頻聞卜肆時。我欲就君師隱術，他年端可勝耕菑。

金陵暮雨

隨意登臨竟浹旬，每逢勝事獨沾巾。放懷天地身如寄，得句江山筆有神。桃葉渡頭逢暮雨，莫愁湖上送殘春。長干風景仍無恙，顛頷當年磊落人。

金陵自古繁華地，遊子渾如夢裏過。春水較看秋水闊，吴山不及楚山多。三江夜雨添新恨，六代烟花送舊波。鴻雁向南人向北，故鄉心事久蹉跎。

過方明農先生賦贈

草堂寂寞日高眠，客至多因野鶴傳。翻覆無情雲共雨，滄桑有意海成田。人歸栗里惟耽酒，家在桃源不記年。老去蒙莊看不厭，朝朝秋水馬蹄篇。

懷三兄金陵

曾將梅付江南使，日日逢人問客帆。座上春風歌白苧，樓頭暮雨溼青衫。子猷到處竹堪種，仲蔚居家草不芟。披雪洞前花欲笑，何時尊酒蹋層巖。

讀史

青鳥西飛漢集靈，柏梁臺是望仙亭。空勞海上求方士，忘卻金門有歲星。

馬書思三首

馬書思 字芴陳，號梅坡，康熙初諸生。

春晝

空階一夜雨，百卉争甲坼。客去扉仍開，几淨香自爇。林邊數鳥鳴，江外孤雲滅。夢悟雪蕉虚，心依金粟潔。猶自惜春光，不待聞鶗鴂。

待友

秋色滿江濆，清光忽憶君。雁鴻皆結侶，風水自成文。攜屐穿林出，揚舲隔岸聞。幾時忻把臂，良夜月三分。

野望

吟望當門立，秋聲是處聞。蟬鳴低隱樹，鶴翥遠盤雲。野艇乘風去，谿流計日分。牧人歸未久，前岫已將醺。

馬雲五首

馬雲 字瞿士，號讓齋，康熙間國子監生，有尺玉軒集。顧有孝曰：『瞿士邃於學，吐納風雅，卓然灑然，與弟紹平、南叔俱知名當世。蓋自其大父正誼先生詩學最深，尊甫一公先生昆季並有詩名，其家世如王筠所謂人人有集者，宜其詩之盛已。』

雪

梅花一夜落，曉失數峰青。聚散因風力，方圓稱物形。烏頭生白髮，鶴翅脱霜翎。指點前溪畫，漁舟泊遠汀。

浴罷

浴罷迎秋爽，輕羅半臂遮。抱琴横石磴，待月上藤花。但領閒中趣，何須分外加。小鬟亦解事，泉水試新茶。

村居

平生蹤跡愛徜徉，生理須教次弟詳。隔歲計田儲稻種，方春貯水滿魚梁。避人漸改門前路，栽竹全圍屋後牆。除赴太平村舍飲，終朝高枕讀書堂。逼肖香山。

送張季申赴江西學使幕

買得扁舟去莫違，江程一路正芳菲。雙姑浪湧花圍髻，五老峰高霧作衣。劍出豐城應自識，榻懸孺子好相依。尊前握別休惆悵，得意春風滿絳幃。

題范百高秋興詩後

別後相思正倚樓，新詩遥寄杜陵秋。室雖非遠人偏遠，君欲言愁我亦愁。魚目貴來珠作彈，蛾眉妒到月如鉤。傷心錦句誰堪賞，露冷芙蓉泣未休。

馬鳳翥二十八首

馬鳳翥 字紹平，號恒齋，康熙間國子監生，有復初堂詩集。方雲旅跋：『恒齋先生好學深思，性耽聲律，揮毫立就，即事盈編，一門以内，竹林花萼，更唱迭和，傳播藝林。』賴古居詩話：『扶風詩推正誼先生爲極盛，虎岑先生繼之，恒齋先生又繼之，才力既富，意境皆深。』

甘露蘭若初成宗尚上人招集茶話

紺碧出層雲，香氣互凝結。虹影冒長空，倒射光明滅。囂語亂晨鐘，知與人境接。老僧精梵行，心久外緣絶。撒手撥鴻濛，澄懷照峰雪。宿枕烟霞間，形神並高潔。招我策祇林，披襟共怡悦。茗椀汲澗泉，檀火共爐爇。趺坐領高談，乘轉蓮花舌。竹籟發清機，松風却炎熱。指點幻化中，四圍屏障列。飯罷理歸笻，孤岑挂危月。

程松皋招飲北郊分韻時同集者三十六人

三月當暮春，和風日夕扇。無處無遊人，壺觴各乘便。程君獨創奇，選勝臨芳甸。張幔設氍毹，開尊具美膳。密坐接群英，四顧隨所見。堤柳翠成圍，徑草緑如線。峭壁俯澄潭，曜影波光眩。兒童戲超距，擊石飛羽箭。砰訇出地雷，萬斛明珠濺。有客吹洞簫，歌喉鬭鶯燕。清切直緣雲，一字一錘鍊。興發屢深杯，多情况繾綣。豈無金閨籍，苦被名利戀。紅塵了不休，奔走孰知倦？舍人故自超，物外群争羡。愛此大士巖，並與緇黄善。大士有化身，頃刻能千變。變作青芙蓉，三十六片片。一人踞一峰，歡賞詣終宴。幽討各賦詩，谿壑開生面。金谷與西園，誰許名獨擅。

鄉人贈石

片石來鄉村，紫蘚間苔緑。一綫古藤穿，縱横尺五足。結構無攲斜，臃腫笑空腹。置我露井中，幸不相踢蹙。可惜丘壑姿，頻年混樵牧。一洗萬斛塵，宛似連城玉。瑩淨發幽光，明霞互倚伏。况我讀書堂，小築喜初卜。得此列前楹，坐卧省馳逐。雖無芙蓉池，亦乏篔簹谷。雙石比東坡，差足饜所欲。把酒撫瑶琴，清風彈一曲。願託金石交，朽化慎勿速。

公子行送楊爾有之光山

光山去桐不千里，地僻民淳稱俗美。羽書不向邑城過，郵亭鎮日無馳駛。卧治休煩宰令勞，比户可封絃誦裏。嶺上春風樹政聲，前後宦績殊累累。君家鵲起有鴻儒，關西世澤留青史。若翁禀秀紹前賢，早登科甲輝桑梓。特簡分符赴叢臺，廉聲直并洺漳水。牽絲再種河陽花，卓魯循良自兹始。看君結束昂藏去，東郡趨庭同一揆。裘馬翩翩正少年，聯鑣鳴轂飄羅綺。長堤錦席餞如雲，荀香座近搴芳芷。嗚呼人生得意須及時，腐儒落落休堪擬。宦身不耐簿書忙，封翁應卜長年紀。少壯行樂自成豪，五陵誰似佳公子。

謝睡翁贈芝

上人贈我青靈芝，神清骨冷仙家姿。由青入紫欲變色，鐵脚雲頭光陸離。我昔愛芝那可得，師云此是樵者貽。從來無心獲至美，劉阮豈與胡麻期？護以溪沙供几案，小紅蘭葉交參差。一一怪石相倚背，恍如磊落山之陲。在昔東坡曾食此，味如雞蘇甘如飴。我今那復思下咽，願分仙液烏霜髭。上人胸中有靈藥，駐顔不借丹砂爲。雙眉灼灼浮紫氣，前身德秀復奚疑。相期且作黄綺輩，扶杖日詠商山詩。

過兹園

一徑孤亭上，軒欄四面空。亂烟收郭外，晚語雜城中。隙影明殘照，高林動遠風。主人閒此地，幽興託園翁。

和方玫士源莊元韻　四首之一

戢羽籠中鳥，喁涎壁上蝸。俗懷纏市井，樂事讓山家。地産千年藥，園成五色瓜。荷鋤兼泛棹，到處有胡麻。

張我思偕吴冰持枉顧東皋

縮地苦無術，入山慚未深。愛兹潭上月，照我匣中琴。流水淡忘味，春禽相與吟。因君多用意，益感二毛侵。

壽江磊齋大參八十　六首之一

甲子逢重際，登科六十年。龔黄傳治譜，蘇白富詩篇。故土勞紆策，回瀾頌濟川。至今求舊德，几杖賜天邊。

秋日過玉屏庵贈雪印上人

雪公七十頭如雪，不放長鑱不礙禪。座上拈花皆是偈，山邊種芋亦成田。六時課力消閒寂，獨樹行吟省坐眠。佛磬僧房饒氣象，院門風景振從前。

方竹杖蜀産也何古田寄自白下睹兹故物不禁愴然

一枝笷竹瘦如神，聞過三湘與七閩。曾化蒼龍致雲雨，也隨白鶴下風塵。握同麈尾痕猶潤，挂向峰頭氣尚新。㒟舄已飛仙吏去，摩挲遺澤轉酸辛。

汪快士談黄山之勝

有客曾住黄山厓，三十六峰峰笋排。勝遊歷歷語奇崛，層雲處處生胸懷。耳中似聽玄猿嘯，脚底如見丹砂埋。少文圖畫難厭足，安能曳杖慫青鞋。

松雲新葺客舍三間諸子以其似舫予因戲題

重新臨水三間屋，恍似清江百丈船。高檻柳摇風動浪，小窗溪撼雨鳴泉。乍飄旛影疑回棹，静聽簫聲宛扣舷。歲歲津梁疲未已，不知登岸是何年。

遊披雪洞

里許岡巒路易迷，茅亭直在亂峰西。懸崖欲下陰山雪，飛瀑難容碧澗泥。六月常寒無日到，四時不斷與雲齊。舊遊却恨偏逢雨，惆悵真源有句題。

嘉平二日社集值姚鸞伯將有遠行詩以送之

抛却城居與硯田，隻身攜子上湖船。天涯是處可爲客，歲暮何人不汝憐。旅館共牽黄口累，官齋早識素心賢。到時且醉椒盤酒，莫漫思鄉有淚懸。

姚聚山自江右歸里復送之楚

二月垂楊別酺醲，壯遊未敢問歸蹤。嶺猿路熟人重聽，江雁書回客乍逢。草檄益工梁苑賦，抗塵不改北山容。如君合是封侯骨，莫笑孤雲戀澗松。

題張羲陽道院

道人愛飲靈泉水，清曉提壺露溼衣。黄葉不離松下火，白雲常讓竹間扉。厨香齋鉢和鐘動，塔響檐鈴識鳥歸。何日丹爐容我伴，荷鋤還問藥苗肥。

訪張紫瀾因至讀易樓遠峰亭有作

屋上青山山下樓，逶迤犖确我重遊。行穿密竹清無影，坐近平欄香滿頭。怪石更添峰笋出，春雲還覆女牆流。憑高始悟歸藏意，杖底烟霞不外求。

送姚帶河之上猶

一肩書卷一囊琴，到處登臨愜素心。春水小孤乘浪起，落霞高閣射江深。絃依單父知同調，坐擁皋比不廢吟。若意釣鼇休别問，樂安公子好相尋。

尊公近日眠餐善，蠡雁連雲易寄書。謂崇仁貴溪也。藥餉仙茅無嶺瘴，上猶地産仙茅。饌分賓館有江魚。莫愁藜杖攜同伴，時詣蘭階問起居。穩把桑蓬承遠志，綵衣甯只戀庭除。

鶴洲過復初堂小飲即事得詩

五年魂夢阻關河，敢冀車音賁薜羅。故里乞歸何晼晚，素衣相對各悲歌。君能捧㮚崇禋祀，我慟攀條廢蓼莪。眼底一杯須强進，蔬盤久謝故交過。

聽話長安幻夢奇，每將妙算制殘棋。上書皇甫甘同黨，出獄張磐願獨遲。俠氣自能回浩劫，功宗都欲紀豐碑。征霜更羨顔如渥，不似蕭蕭蒲柳姿。

謝端本作畫

源水桃花未可求，煩君尺幅寫丹丘。層雲皆向乾皴布，絶壑翻從渴筆流。石壁蒼崖疑積鐵，風亭古木振清秋。旁觀莫問居誰是，定有巖棲舊隱侯。

聽鶴洲誦落齒詩因和其韻

抱痛知君歷歲時，旁觀亦爲輔車危。不經小缺妨全損，得保相依賴獨離。自此加餐無杌隉，誰云掩口尚參差。元暉餘論依然在，三拜何須學補遺。

江雒符將之長安枉過草堂因留同睡公茶話

杜户經年雪滿顛，每逢高士輒參禪。請看此日伊蒲供，更信常餐苦笋緣。往事不堪悲落葉，浮生久已悟筵篿。案頭一卷蕘夫數，君到長安莫漫傳。

移菊次睡公原韻

登高昨日見霜叢，冷落幽芳野院中。縱晚何妨離宿土，趁晴猶可傲西風。親鋤片地隨高下，舊摘人情感異同。莫笑閉門無酒伴，也應常喚隔籬翁。

種菜和相如姪

甘向於陵寄此身，忘機原與漢陰鄰。閉門敢嘆英雄老，抱甕何殊雨露勻。杜子長鑱堪託命，庾郎三韭未嫌貧。怪他吴下畦鋤晚，直到秋風始憶蒓。

七律摘句：『飄蓬常盼孤飛鳥，入壑真成不掉舟』；『花塢柳城飛逸興，酒旗詩鼓據長城』；『無多芳草王孫去，幾日清明燕子來』；『憶弟知看雲起處，思兄痛值雁歸初』。

憶我思東皋

闤市勞勞日易斜，晝長時憶爾東家。甕頭已熟陶潛酒，花下還烹陸羽茶。

馬　庶十首

馬　庶　字少遊，號雙岑，康熙間諸生，贈中兵馬司指揮，有雙岑詩存。姚焜曰：『先生方正直諒，見推鄉里，不以韻語自負，而詩篇清婉可誦，不失敦厚之遺。』

玉屏精舍夜坐

入夏憚炎燠，招涼愛幽境。僧房夜未闌，竹榻卧已冷。遂攬葛衣起，獨倚柴關静。亂泉噴雲根，清露滴松頂。萬籟寂無聲，半規逗微影。谿山取奚盡，風月懷自騁。借問城市忙，何由鐘磬警。

漫　詠

華屋易飄摇，不若蓬門在。朱輪值危徑，更逾徒行殆。自非貪愚人，此理諒能解。君子欲兼善，一身匪瀟灑。所貴異碌碌，豈徒高磊磊。健翮翔雲霄，潛龍伏滄海。窮達與誰期，貴賤視自待。區區身外事，平生焉可改。

宿左霜鶴先生山居用少陵遊何將軍園林韻　十首之六

雲壑披層巘，柴門度小橋。幽居同木石，樂志邁雲霄。久欲尋芳過，頻煩折簡招。近郊猶負郭，緩步敢辭遥。

世外心殊妙，山中跡最清。沙蹤知過鹿，林響覥流鶯。秫稔方餘釀，蔬藏可作羹。壺觴高處坐，樾巢。樵牧隔牆行。

豈僅朝來爽，貪看頤欲支。種花交拂徑，積水漸成池。蓮白鄰精舍，獅社。樵青結故知。地偏迎送少，野服不常披。

簾垂庭未午，户閉晏方開。似雨風中竹，浮香雪後梅。拂枝三徑滿，接葉衆禽來。峭壁思題句，停豪爲碧苔。

琴書閒適性，懶漫罷臨池。信足扶笻杖，科頭去接䍦。鳥窺眠榻客，犬狎應門兒。童子諳幽事，移花荷鍤隨。

招提同攬勝，遊寶山庵及般若社。歸路忽生雲。驟雨添谿響，回風織浪文。諸田千嶂合，衆水一源分。東作清明近，行看野燒紛。

皖郊晚眺

偶爾高原上，登臨正晚晴。山光初滿郭，江氣欲浮城。落日天邊下，寒潮岸外平。挂帆殊未已，脈脈去來情。

關山行旅圖

宿鳥噪晨光，征衫帶朝露。何處大散關，微茫辨深樹。

馬 昶五首

馬 昶 字南叔，康熙間國子監生，有聽雨樓詩存。楊慶復曰：『舅氏天性孝友，白頭兄弟朝夕起居惟謹。先疇數畝僅供饘粥，而吟詠自若。其爲詩清和穩暢，大雅不群。』

懷虚舟弟入蜀

蠶叢千里道，有弟正孤征。秋水遲魚素，霜天少雁聲。遥知懸榻意，應計挂帆程。一片龍眠月，江間幾度明。

觀李石逋畫竹

昔有畫師文與可，今看隨意動生新。放懷久負題門客，免俗殊慚肉食人。腕底數枝三徑種，胸中千畝一庭春。圖成想見真揮灑，素侣由來不染塵。

送姚鸞伯之杭州

壺觴頻慰別離情，數疊驪駒正晚晴。千古湖山寬眼界，一時詩酒破愁城。梅含烟水春先報，草發池塘夢易成。想到西泠三五夜，冰輪擁向九霄明。

送千仞弟之西江

征鞍纔卸自青齊，又買扁舟聽曉雞。孺子亭荒秋水白，滕王閣峻暮雲低。四山紅樹孤帆遠，千里清霜一劍攜。送爾更教懷蜀道，飛鴻指爪各東西。

春日

静掩柴門少客過，漫嗟身世久蹉跎。終年無計驅窮鬼，半日偷閒戀夢婆。初綻寒梅香繞屋，可憐芳草緑成窩。勞勞塵事知何補，便擬生涯學醉歌。

馬　霄四首

馬　霄　字彤賡，號虛舟，諸生。賴古居詩話：『虛舟先生以名家子早歲能詩，家徒壁立，足跡幾半天下。浙撫王公招遊西湖，攜一僮追幽伐隱，請謁者以病謝，或以重賂求爲緩頰，笑而却之，即趣裝歸。平生介節多此類也。』

羊城懷古

一航歸命久專征，血刃南來百粵平。草色青青春牧馬，蛾眉楚楚夜彈箏。手栽海國三株樹，身擁天家百雉城。欲縱尉佗終不失，何人解道問盧生。

許多愁怨築成臺，安得芻蕘雉兔來。選勝若非窮海岱，延年還欲訪蓬萊。北山道士朝和藥，南國佳人夜捧栝。一曲後庭花落盡，斜風細雨浸莓苔。

西子凝妝出越都，選來南海勝東吴。舞殘雲影蟬拖鬢，歌澈簫聲鳳繞梧。花落金堤空翠幰，香銷寶帳墮流蘇。可憐馬上清宵曲，不識當時奏也無。

霸才有計定南天，帶礪相傳四十年。鹽海立官收賈利，花山留寇固兵權。獨安金屋酣鸞舞，誰識蕭牆起戍烟。一夕泮宫門外水，春風落日咽啼鵑。

馬　源十二首

馬　源　字逢伯，號菱塘，康熙間歲貢生，官鳳陽教諭，有菱塘詩鈔。通志：『源以母老辭歸，母没時年已六十，泣血三年，幾至滅性。及葬，廬於墓側，哀感行路。性好施，康熙時屢饑，輒捐賑。爲同人倡，鄉里德之。』姚孔鋅曰：『先生孝友純篤，口無妄語，行無妄步。衆謂鄉先生，没而可祭於社者。詩亦雅健可誦。』

檢校荒庭移樹買石　八首選五

日日語休官，朝朝趣種樹。種樹須十年，休官期旦暮。此意殊參差，達者知其故。所治數荒畦，荷鋤急公務。鍾離雖無人，何至乏老圃。

惡木亦有陰，苦李亦有實。所期翠幕開，庶有黄鸝出。願言娱幽閒，聊以消永日。君如愛牡丹，請就東家室。

輟我朝餐錢，市此石數卷。隨意爲曲折，布置如自然。平蕪一席地，仿佛生雲烟。吁嗟龍眠山，千峰故嬋娟。

堯夫善觀物，動植畢著書。濂溪惜庭草，生意不欲除。名理在目前，哲人能發攄。竊比吾豈敢，談論空緒餘。入世苦多拙，甘與木石居。

竹木有佳趣，失之數載前。入宅便栽植，及今成緑天。悔往亦徒爾，需次尚有年。他時柳十圍，未必官九遷。或者拂衣歸，清陰貽後賢。

太霞宫賑粥即事　六首之一

發廩兼分糈，歡騰遠近民。徐中丞給社米，郡邑皆助施。綢繆將卒歲，策畫及殘春。邑小知爲善，門高愈食貧。壺觴停累月，獨飽是何人。

歸　興　四首之一

詹尹無勞問卜居，頭銜我自有新除。棋州或可推中正，麴部兼應領尚書。春雨一犁耕代禄，秋山雙屧步當車。朋遊倘獲驚人句，更覺封侯快不如。

浮雲一霎卷天風，無恙青山在眼中。自信行藏隨虎鼠，何論得失互雞蟲。趣裝兒女期重午，果腹僮奴算二紅。絮語鐙前聽失笑，淮南拔宅並淩空。

茲園十詠 選四

甯爲澤畔沉，不競長風走。簫管置兩頭，拍浮一池酒。春水船。

支徑雨過時，使我鬢眉綠。蓊然尋丈間，麻源第三谷。木香徑。

森森迥不群，謖謖如相語。垂鬣向檐前，爲君作談麈。一松齋。

西山爽氣多，遊人俱在目。尚遺東北峰，開軒揖之入。倚嵐軒。

馬颺三首

馬颺 字扶萬，號退齋，康熙中廩生。劉巖序：『退齋夙敏異，工詩詞，讀書不倦，至性尤篤。嘗省試中途心動，遄歸，正值母病，蓋至孝所感云。』

東皋小飲贈張我思

出城纔里許，信步向前溪。水淺人隨涉，林深葉漸齊。稻場晴卧犬，茅屋午鳴雞。一徑田園畫，相逢得阮嵇。

坐久趣彌愜，談深味亦嘉。更開新釀酒，頻煮故山茶。清福於今少，名園自昔誇。重陽風日好，還訪爾東家。

怡園讌集

藥爐展轉三旬久，何意兹遊少長同。耆舊不堪思曩日，詠觴猶幸及和風。百年喬木朝烟碧，半畝芳塘夕照紅。共念清芬先澤在，肯教遺草類飄蓬。

時少康弟擬輯怡園六子遺詩。

卷二十四下

孫長熹　吴心鑑
姚濬昌　張開甲　同校

馬霳十二首

馬霳　字千仞，號髴山，廪貢生，贈中書舍人，有髴山詩鈔。李孚青序曰：『丹砂空青，自然珍麗；江聲松韻，節奏天成。游蜀詩峭筆精思，尤爲勝境。』李鍇傳論：『嘗聞先生，故人死，遺孤田數十畝，卒爲經營，成家，嫁其妹名家子，視友若此，其於父母兄弟可知已。』通志：『霳有杜註考證十卷。』

放魚行

鳳皇山在鉛城西，倒騎來脈朝南棲。署中方池不貯水，引泉夕灌朝淤泥。鑑心亭待長官構，池堤擬築防旁漏。一旦怱怱詔命催，定三時奉行取。何暇料理閒園囿。我自官齋作客來，多時照影臨池隈。瞥見雙梭浮赤鯉，可憐鱗甲非常胎。噫嘻此魚不急救，入肆魚枯問誰疚。玉井庵邊網罟無，提攜且使藏深溜。蒼鱗并帶兩三頭，濁流拔起清波投。初猶怯冷貼石罅，漸隨新侶高低游。蝦行蛭度參差見，洋洋共樂焉知倦。逐浪都忘江海寬，臨淵空使庖厨羨。僧言此水有百尋，下乃龍蟠曲洞陰。潮長潮消日如是，曾聞雷出轟前林。子午潮信不爽，曾有雷從洞出。游魚幸與龍相傍，龍登鯤化殊難量。他日如思放者誰，端應致我青雲上。君不見武昌軍人放白龜，到岸得免郝城危。又不見東池魚窘遷西池，蘇髯曾作放魚詩。

沙縣道中

高漲没山脚，牽船路忽窮。横篙穿石齒，繫纜藉筠叢。驟雨水皆黑，新晴沙欲紅。閒鷗何處宿，寂寞亂流中。

方位齋仲太守招同人登雲驤閣 二首之一

城上懸高閣，郊原縱目觀。半山連萬井，一水折重灘。蘚碧全遮磴，花紅雜倚欄。大夫幽興遠，觴詠特留歡。

由甯化放舟宿清流過九龍抵永安漫紀 四首之三

放棹龍門下，清流官舍開。正逢鐙火盛，都訝客星來。四座含春意，三更帶月回。寂寥且慰意，濁酒共銜杯。

山逼危灘狹，奔馳百丈濤。打篷驚雨落，回櫂作風號。怪石分崖伏，虬松合蔭高。橫流當九險，三曡一停篙。

盤旋趨峽口，平曠泊安沙。遠勝六龍下，小村。惟懸一徑斜。穿山連古馹，倚岸簇人家。共笑乘舟客，微吟傍水涯。

由永安至延平水口作

宿霧籠沙縣，斜陽射劍津。亂灘争齒齒，眾水合粼粼。客路催行速，家書屬望頻。數行何處達，到日待殘春。

八月梅花和任茹庭

灞橋詩自雪中來，誰見林間八月梅？落葉半凝珠露冷，寒香早壓木犀開。客從東閣清秋醉，花爲南樓令節催。不道芙蓉同一色，枝枝光奪紫羅杯。

乙酉新正四日弋陽放舟泊黄沙港

月背如弓映小舟，水清低擁蔚藍浮。官齋已得經旬醉，客路還爲幾夜遊。到處情深新舊雨，初春意動往來舟。誰家此際吹長笛，唱出關山冷敝裘。

入鉛山

亂灘磊落左爲蹊，山縣遥通問小谿。高堰遠支三尺岸，空船牽上百層梯。安排水碓春茅屋，接引筒車灌石堤。回首錦江風景近，千巖只少杜鵑啼。

鉛山縣齋與蔣定三遠明府夜話

莫訝臨邛客好遊，論文再世邁時流。赭亭服肯行三載，元墓交還重一丘。墨灑芸函奇字在，香翻竹素舊書留。卅年子舍無消息，空使江山笑蒯侯。

贈建安潘撝庵英明府

花縣聲名重海邦，才華誰復勝河陽。荀陳世篤通門好，孔李交聯客路長。山到紫霞開秀色，水隨白鶴挹清光。瞻雲一問庭前信，十載曾依杖履傍。

馬　蕃九首

馬　蕃　字少康，康熙間國子監生，有寒松館詩存。程松皋序曰：『先生翩翩才調，淹博多通，同人倡和，刻燭擊盋，點筆立成，兼工儷體，旁及醫卜，俱窮藴奥。詩清微雅健，想見其人。』

惜落花

金陵城邊種花叟，花事生涯資數口。秘法能教花應期，賣花擔向街頭走。朱門競買羨花開，但報花開頻置酒。何來風雨忽飄摇，落蕊殘紅盈拚帚。漫嗟朝槿每先凋，那共寒梅能耐久。何如培護待春來，屈指繁葩四時有。

助長速成，豈能遠[一]到？觀物觀人，即境見理。

校記：〔一〕『遠』，疑爲『達』。

晚眺

暮雨過空谷，晴光散碧天。野花谿口雪，薄霧嶺頭烟。竹徑僧歸寺，山橋水過田。無人共幽賞，悵望白雲邊。

過三静庵

窮山别有徑，開鑿自何年。四面松雲嶺，一村烟水田。品茶嘗穀雨，烹笋挹谿泉。到處苔茵緑，蹣跌聽杜鵑。

暮　歸

山雲沉晚照，半醉别田家。度嶺逢微雨，沿谿落野花。鳥聲林際噪，烟影屋邊斜。漸有豐年望，新秧處處蛙。

贈日者張山人

逍遥地上仙，異術得何年。一事符前定，千言券未然。息心觀法象，指掌列星躔。只爲不諧俗，杖頭無酒錢。

姚敏仲諸子見過小集

不速來嘉客，西風白屋寒。呼兒掃塵席，謀婦出蔬盤。將老同人少，長貧雅集難。一尊堪永夕，莫惜罄餘歡。

夏日豈嫌短，清陰待月華。人無不同志，蘭有未開花。酒户分三雅，詩成各一家。嗟予早衰白，只合老桑麻。

蚤發

何事催行蚤，居人戒夙興。寒霜繁似雪，野火遠如鐙。地僻征軺少，天空曙氣澂。田歌原上起，和答我還能。

贈筠翁上人

多愁何處可容憨，散步西郊禮佛龕。花落色同紅雨地，蕉成陰擬緑天庵。談經啜茗椀逾七，送客過谿笑欲三。聞得木犀香氣否？我今禪諦半能參。

馬　潛十首

馬　潛　字仲昭，號宕渠，康熙初廪生，有宕渠叢稿。通志：『性孝友，事孀母，跬步不離者三十餘年。所著古文、詩及詩餘，子棻臣輯爲八卷。』澄懷園文集宕渠叢稿序：『仲昭少讀書，目過不忘，下筆纚纚數千言，追摹古人，意度波瀾，幽奇突奥，無不曲肖。同學目之，以爲天人也。生平負沉毅剛直之雄才，遇事能決，勇於有爲，慨然以天下爲己任，宜其一旦得氣而攄其向之所欲爲，乃三十餘年席帽未脱，而仲昭竟不幸死矣，悲夫！』

朔風歌寄和修

朔風蕭蕭萬里吹，白日慘淡黄雲垂。千巖萬壑無静枝，烏鴉匝樹鳴且悲。故人此日天南陲，葛衣渡海短篷攲。狂濤山頽飇箭馳，鯨鯢甘人奮長鬐。吁嗟乎！胡不歸？酒有茅柴飯蹲鴟，穩卧龍眠雪滿時。

步　月

一輪懸皎潔，萬頃净琉璃。看到深更後，佳於初起時。寒應瓊宇甚，清許玉壺知。冉冉微香過，秋風著意吹。

金斗喜晤咸九

銜雨青陽道，停裝淝水邊。殘梅猶作雪，新柳欲成烟。絳帳人來暇，清宵話不眠。别來曾幾日，相對覺歡然。

漫　興　八首之一

老屋枕山足，疏籬帶夕陽。麥田高下浪，春氣有無香。樹暗沉鴉影，溪明貯日光。小僮休促去，燈火正相望。

觸　目

蓼國斜陽路，明霞射水光。新莎已鋪緑，舊葉未凋黄。市小争看客，人疲緩解裝。牧童何自在，横笛入蒼茫。

送張鶴田司諭臨淮

衡宇遥相望，經過無間時。鶯花三月酒，風雪一囊詩。弓挽玄猿泣，壺投玉女怡。彈冠今可慶，佳興却同誰？

即席送藻如南海梲如西江之役

蚩尤舊向珠江出，旬始曾經玉枕横。两地故人新建節，二難遠道各尋盟。吾儕須裕匡時略，此去徒爲乞米行。擊汰揚舲風雪裏，可堪中澤斷鴻聲。

鳴砌泉 清聚山房十八首之一

山静晴光永，鶯啼午夢回。朦朧推枕聽，繞屋雨聲來。

棠梨鋪贈僧清蓮

老僧露頂雪鬖鬖，柏樹陰中著小庵。頗怪笑言全脱俗，舊曾參學過江南。

黄安道中

一重山過一重泉，松竹烟嵐境窈然。白是水田青菜圃，免教人苦憶龍眠。

馬祜六首

馬祜　字律周，號雲巢，康雍間國子監生，有善藏齋詩集。張菂齋序集曰：『律周居江上，閉户讀書，放懷詩酒。余嘗贈句云：「字工柹葉窗含緑，詩似梅花座有香。」可見其清思逸韻，超然塵滓之外。』王灼曰：『雲巢五言如月溪庵云：「溪盤竹嶼轉，花擁石橋開。」泛舟云：「沙明苔結翠，風暖柳吹棉。」新燕云：「巷小纔飛絮，檐深未結茅。」七言如晚眺云：「長堤影亂月千樹，曲港光微燈數家。」送姚明府云：「即看鸂鶒雙飛下，聊借鸞凰百里棲。」雙石庵云：「一亭花雨都成畫，半嶺松風盡入詩。」皆新警可誦。』

玉屏山寺

谷口時來往，松風一徑深。濃春樹皆緑，亭午寺猶陰。山色清人骨，谿聲静客心。偶然逢石坐，無語獨披襟。

同馥賢看月作

書齋真寂寞，有月可爲鄰。虚影頻隨地，清輝未滿輪。竹林五夜伴，鷦鳥一枝春。且盡盈尊酒，揮豪得句新。

過程氏山居

幾歲與君别，依山愛獨居。繞牆新種竹，連屋舊藏書。已近幽人跡，還來長者車。清秋多逸興，來往未應疏。

蜻蜓

偶步方塘曲，蜻蜓舞釣磯。去來渾不定，高下各隨機。咽露輸蟬噪，臨風趁蝶飛。後先頻點水，款款集柴扉。

雪中尋梅

千山晴雪望無涯，玉樹瓊枝積素賒。踏碎凍雲香滿徑，始知寒不到梅花。

相如入都過邗江旅舍

昔年吟醉皖江樓，彈指俄驚十六秋。可奈相逢又相別，滿天風雨下真州。

馬元文一首

馬元文 字季甫，康、雍間貢生，候選訓導。賴古居詩話：『季甫才識通敏，書畫並美。嘗入陝甘督府幕，以馬上日可作字二萬，甚被倚重，將奏擢之，輒請急歸養，不出。未幾督府敗，人始歎爲冥冥之鴻也。』

夜歸江村

薄暮渡江來，江寒夜逾静。月落楓林陰，霜下晴皋冷。遠火半明滅，荒村極孤迥。僮僕候荆扉，琴書問野艇。夙志在泉石，隨時愛清景。

馬楓臣一首

馬楓臣 字典韶，號損齋，康熙中國子監生，有損齋遺稿。賴古居詩話：『損齋生而秀令，下筆卓犖，喜爲歌詩。年逾四十卒，同人刊其遺稿。』

夏夜喜晴

苦雨聯綿不放晴，今宵纔斷畫檐聲。林間少女風初息，天上老人星漸明。螢火迭飛頻自落，草蟲送響欲相爭。坐深那用蒲葵扇，遥聽山城已二更。

馬鳴鑾二首

馬鳴鑾 字環中，號存彝，康熙間國子監生，贈開封同知。吴若山曰：『外舅性篤孝，以鄉試遭喪，終身痛心，遂輟不試，獨行喪禮，茹蔬廬墓三年，嘗手書訓子：「汝曹清白吏子孫，吾願以善養，不願徒以禄養也。」潘敏惠公常稱嘆之。』

野宿

我行殊未已，茅店已扃扉。渡水風殘炬，敲門雪滿衣。鐘疏知寺遠，巷静覺鄰稀。回首寒原上，蕭蕭旅雁飛。

山中早起

晨起巡檐立，幽情亦自憐。豔增花上露，翠重竹間烟。素玦留殘月，清琴咽細泉。久嫌城市雜，誰辦買山錢？

馬樸臣三十八首

馬樸臣 字春遲，號相如，雍正壬子舉人，官中書舍人，有相如詩鈔。李富孫鶴徵録：『相如由中書，爲工部侍郎張廷瑑薦舉鴻博試，未用。爲人豪俊不群，詩亦超軼埃𡏖。』杭世駿詞科掌録：『相如才氣豪邁，所至傾其座人，與方南堂爲石交。』鄭方坤詩人小傳：『相如少力學，即工詩，與方南堂友善。南堂詩力造清真，有若彈丸脱手，相如接踵而興，投袂而起。南堂寄懷有云：「自入秋來常中酒，一從君去斷吟詩。」可想見林谷之同聲，而沆瀣之一氣矣。』李調元雨村詩話：『桐城馬相如、陽羡吴介子有詩名，負才落拓，適越，同主蕭山沈可山家，居傍湖山，花月燕遊，簪裾滿席。一日遇親迎者，馬、吴二君不問主人，徑造其青廬，作新婦催妝數首。』李富孫曰：『相如客揚州，有「客到幾人曾跨鶴，我來三月不聞鶯」之句，後沈平山題其遺稿云：「山陽人去笛聲秋，斷紙零縑小守收。七字淒涼三月客，不聞鶯語住揚州。」』張南山曰：『相如詩如「不爭魚得失，只愛傍桃花」、「月影分明三李白，水光蕩漾百東坡」句，皆工警。』盧見曾序報循堂詩集曰：『相如自幼能詩，言語妙天下。游學於越，與諸名公鉅卿爭執牛耳。每有所作，傳播浙東西之口，顧十躓棘闈，及登賢書，考補中翰，薦鴻博試又不第。相如天才極富，少壯爲詩，七步八叉都不起草。關中馬思山位嘗以詩學盛於龍眠，每推重相如與方南堂。及余出塞，思山卒，余哭以詩。即寄相如，相如屬和云：「詩哭九原無寄處，書來萬里吊相知」，可以知其詩，可以知其人矣。』

狂金歌爲金晴村作

天生奇才若豢龍，愛爾蜿蜒忌夭矯。餌之溝壑銷雄心，可憐不自操飢飽。當塗落魄謫仙人，成都乞絲少陵老。銷磨綿繡盡灰塵，剩有狂金狂不了。吁嘻乎狂哉金生，當年嫚罵長安道。巖廊卿相等屠酤，市井兒曹走蟣蚤。騎驢狹路逢象怒，象思捲汝如捲草。狂金疾呼奮老拳，眼光太大象身小。吁嘻乎狂哉金生，奇氣堂堂俗眼驚。美官不好何有名，禍患不畏甯憂貧。一朝燕市中煤死，七日迷離雪害魂。誰煦溫風起僵骨，重作餐梅嚙雪人。嚙雪餐梅有奇癖，往往嚼花勝嚼蜜。枯松秃柏攀殘枝，折梅笑向時人喫。時人蚩蚩疇與遊，惟有鐵鞭將軍之孫王古修。恨無小妹嫁羅隱，甚欲微官薦馬周。爲君擊石侑君酒，鐵鞭落處風颸颸。十年爛漫旂亭醉，懶看梨園搬百戲。仰天大笑故吾歸，從此佯狂吴越市。海門萬古波潺潺，素螺一點焦君山。海風吹女上山去，讀書痛苦於其間。晝吟焦山巔，暮宿焦山麓。誰道懸巖半夜崩，周增壓死君獨不。明朝整冠對山笑，旋抱殘骸向山哭。去年重擊潤州楫，中流浩歌歌聲咽。欻欻風師舞漩波，孤舟已覆黿鼉窟。便擬蹋波尋李白，但念父母未葬私飲泣。突若有物負之走，不死依然沙上立。狂金大笑還自賀，意氣肯爲河伯挫？丐得田家百結衣，歡呼沉醉草間卧。吁嘻乎狂哉金生，人生一死君數死，死而不死貧至此。流滯江南不得歸，飢寒那及謀妻子？江南好名不好文，君才何人知淺深。相憐相愛一馬生，才命與君同邅迍。年將五十不得志，人謂狂金苦自致。將軍座上罵武人，丞相席間譏布被。於今直道那能容？坐使知交成棄置，狂金聞語髯戟張，倒舞手中鐵如意。丈夫寧可不遇死，豈肯隨人生活計！吁嘻乎狂哉金生，君今生計奈何許，半椽屋借金仙宇。古殿吹鐙落葉秋，破窗打紙鳴蕉雨。單衣布被不撩骭，牀頭蟋蟀作人語。阿嫄善畫兼善炊，忽然抱病火不舉。賣文得米乞鄰爨，典琴買藥還自煮。山陰昨日寄書來，荒村地叱走妻女。其苦也如此，嗟爾金生胡爲樂哉！有酒不問何人杯，題詩便騁平生才。自言有古硯，不從人間來。斗酒曾澆青蓮冢，夢中指授雲根開。上蟠蛟龍文，中懷日月胎。有此一物足稱意，世間何事縈心懷。南朝四百八十寺，寺寺梅花供啖嗜。六代老松恣摩挲，鍾山雲物青峨峨。一生哀樂與人異，千古興亡此地多。醒猶能笑醉能歌，空洞不受飢寒磨。天其將如狂金何？吁嘻乎！天其將如狂金何！

光栗園曰：『亦從盧仝馬異詩來，正如昌黎之改月蝕。』

東江研瀾

人世交遊蠅逐羶，同牀各夢紛糾纏。霜群雪侶非凡緣，我曹意氣天所聯。江君逸態何蹁躚，才鋒舌劍驚華筵。對我俯首常不言，情靈默契遊先天。昔旅於越交雪蓮，三生公案重拈詮。空山贈答留詩篇，爲君提倡君纏綿。恨不同泛山陰船，明朝筆舞書長箋。爲言日午枕書眠，忽然身到飛來巔。三生石上某在焉，两人大笑手拍肩。恍惚記取前生前，東山微雨西杜鵑。落花如雪春風顛，吁嗟此境非人間。夢耶覺耶情乎禪，惠莊觀魚濠梁邊。伯牙入海隨成連，眼中萬象成雲烟。嗟我與子豈不然，會將水牯騎花田，並吹鐵笛空中仙。

贈同年鄂休如太史

西林公子才如虎，已擅奇文兼擅武。文場兩奪錦標雄，月斧雲斤中天矩。自從身入玉堂仙，學浪才峰疇可伍。有時快作擘窠書，老龍攫雲怒鷹舉。有時得意詩百篇，珠璣迸落珊瑚舞。奇氣直攬青天高，岱華烟霞吞肺腑。借問平生效法誰，一笑無今更無古。文士之中無此才，君云是何足道哉。明日秋高偕我出，去看郊原試馬來。手把玉鞭還揖讓，不覺君身已馬上。柳陰按轡往來閒，馬意人情俱澹宕。須臾颯沓風雨聲，白練横飛三十丈。人耶龍耶騎雲耶，天際真人勞想像。無端縱送筈銜絃，欲射不射神悠然。置瓜草際地同色，騰空馬首地勢懸。回身放手餓鴟叫，一箭正中瓜心穿。從容下馬握手笑，此技奚足窮精妙？歸來唱句復開尊，把杯爲我談南詔。尊公建節滇黔閒，恩如流水令如山。有苗不服奉天討，指揮刻日封鯨還。益火燒平千里箐，亮威收盡五溪蠻。是時君年十五六，五經六韜已精熟。軍中舞劍老將驚，棚裹射毬健兒服。自是天生將相才，老鳳仁威騰鷟鷟。於今入直侍綸扉，諳習軍機識更奇。西戎小醜敢螳拒，往往雄談掃月氏。聖君賢相廟謨定，眼看奏凱組繫歸。潤色須君大手筆，上詠神聖功書碑，載賡清廟明堂詩。

晚　泊

江面夕陽多，迤邐漸入河。斜帆風半扇，軟槳浪雙窩。烟景又云暮，客愁將若何？朗吟孤興永，隔浦和漁歌。

客枕不寐

蟋蟀怨何深，凄凄永夜吟。月荒千里夢，秋透五更心。客味漁情淡，鄉書雁影沉。遥憐故園菊，霜冷碧山岑。

漁　別裁集選

自把長竿後，生涯逐水涯。尺鱗堪易酒，一葉便爲家。晒網炊烟起，停舟月影斜。不争魚得失，只愛傍桃花。

張宗伯亦病復用前韻索和

多病誰憐沈，知非久愧蘧。行藏支遁鶴，心事季鷹魚。憶自彈冠後，何如戴笠初。鉛刀曾一割，吾願豈全虚？

雲晚思歸壑，高懷會者稀。人方期袞服，公每夢荷衣。五畝疏梅影，雙溪皓月輝。家園讀書處，烟鎖竹間扉。

閒是神仙味，幽襟許共知。敢持鷗鷺性，高測鳳鸞姿。謝傅如歸墅，陶家尚有籬。相容作鄰舍，隨杖灌花時。

浣漱哦新句，蒼堅韻不浮。筆光疑有月，胸境本無秋。吟興何妨寄，歸期且緩謀。廟廊天眷重，未必遂公求。

金陵感懷

鳳鎩鸞瘖又一年，盲風酸雨斷腸天。也知鼓瑟難投好，不信吹簫便得仙。喪我只憑南郭几，背人直碎伯牙絃。陸郎大笑唐翁哭，一種傷心託杜鵑。

抵泗安

五日征塵未覺遥，停車從此覓輕舠。去經箬下初通水，行盡江南半是橋。谿淺牙郎乘竹筏，土蘇野老蓄桑條。北山乍報將軍獵，馳馬何堪醉尉驕。

蘭亭小集留别越社諸子

内史不來山色老，風流千載屬誰人？文章得意何今古，湖海多情即比隣。潭上别懷深似水，酒邊真氣暖於春。明朝一棹江南去，夢裏追尋跡未陳。

同左湛含倪斯喤方南堂倪青渠飲姚道沖書屋時諸人皆有四方之遊

古槐深巷夕陽斜，客叩閒扉起暮鴉。跌蕩情懷良夜酒，迷離烟月隔牆花。無多春色能同醉，有幾故人常在家。我意欲歌須更酌，不愁譙鼓過三撾。

書　懷

棲遲家巷十餘年，負郭都無一棱田。遮莫兒啼杜陵飯，不能兄事魯褒錢。江湖願拜魚鰕侶，霄漢羞爲雞犬仙。早晚麤酬身事了，賣書沽酒上漁船。

灘　行

枕書終日卧孤舟，到處崎嶇作逗遛。船底觸灘沙怒語，巖根捩柁月回眸。天埋宿霧易爲雨，風鼓寒潮别是秋。滿目蕭條行不得，鷓鴣雖唱有誰留？

七　夕

何關人事説年年，此夕銀河分外妍。淺對半彎無主月，癡看一片有情天。别離隔歲仙難免，漂泊經秋客可憐。忙煞西家小兒女，喁喁乞巧不成眠。

秦淮水閣醉題 別裁集選

一杯清酌獨婆娑，笑倚朱欄對碧波。月影分明三李白，水光蕩漾百東坡。愁來天外鴻飛遠，秋到人間客占多。我自胸中有憂樂，阿誰吹笛夜深歌。

沈評：『三、四偶屬，不減元遺山「秋風客」、「春夢婆」之對。』

揚州題天甯寺壁

一從書劍滯蕪城，撲面春寒未算晴。客到幾人曾跨鶴，我來三月不聞鶯。落花空惹樊川夢，垂柳猶牽煬帝情。辜負清游好時節，寺樓風雨過清明。

運使盧雅雨有塞上之行把晤于思山宗弟旅寓明日别去詩以懷之

笑擲離觴騎馬去，知君懷抱故高深。升沉不改憐才癖，甘苦常貞報國心。肯許烟沙蒙浩氣，暫邀笳管和孤吟。思賢定召長沙賈，早晚天街賁玉音。

偕石東村李梅山葉花南姚三崧張韓起王仲函姚南青湯碩存遊京師王園

驚心昨夜雨兼風，何幸芳遊竟日同。掃凈苔痕煩地主，豁開雲翳感天功。不嫌泥滓霑衣黑，早覺花光到眼紅。啜茗解襟相對笑，譬如身入畫圖中。

退直有作

盛時詎可賦閒居，槖筆仍趨舊直廬。長技敢云堪視草，秃豪漸已不中書。仕原爲養官甯擇，老欲歸耕願恐虛。且愛薇郎清署好，量移繁劇待何如？

題姚小合落花芳草小照

王孫風貌未郎當，蹋緑挼紅慣異鄉。無定身同春燕子，最銷魂對古斜陽。背人小立知何憶，叉手行吟不是狂。瘦頰冷眸浮動處，詩情一片入微茫。

聞方南堂復生女詩以慰之

琴書滿眼仗誰傳，老去心情劇可憐。望子翻成多女累，寄家深賴故人賢。香山定有銷魂句，子厚甯無慰意年。君抱千秋真種在，可知不朽是詩篇。

樂天子夭，以弟敏中之孫爲嗣。柳州晚年生子周六、周七，末結借文字爲傳後之慰。

宗弟思山殁京邸孀婦遠在秦中盧雅雨塞外遥哭以詩不遠寄予因和其韻

山陽往會不堪思，想見窮邊墮淚時。詩哭九原無寄處，書來萬里吊相知。才名折算天猶忌，生死論交老更悲。未掩幽光吾輩在，遺文重訂待鍾期。

言懷用秋字韻

平生學釣直爲鉤，鷺影居然點鳳樓。不信宦情濃似酒，自憐歸興早於秋。職非視草空垂手，筆與中書共禿頭。稷契比肩甯用汝，買亭端合署休休。

懷沈可山

望君君不來，夢斷錢塘滸。侵曉上吴山，渺渺空烟雨。

舟泊吴興遇來位上人得韓詩申馮景吴消息

記得駱駝橋上游，故人不見五春秋。韓翃不達馮唐老，我尚青衫僧白頭。

楓橋夜泊

歲暮荒江風雪中，水光虛白冷溶溶。可憐夜半漁牙鼓，打斷寒山寺裏鐘。

毛西河評：『當與張繼並傳。』

度歲高雲静空同紅薑上人作 五首之二

斷巖絶壑老僧家，芳草無言鳥不譁。十日静中相對意，春風吹雪上梅花。

朝羹薺葉流雲滑，午飯茨菇軟玉香。慚愧遠公蓮社約，不曾春酒度斜陽。

同石庭上人過錢可高鍊師參悟壇茗話竟日

失足人間浪迹多，成仙成佛兩如何。峰頭放罷支公鶴，院裏來看道士鵝。

白雲初識上清家，玉帶泉烹日注茶。遮莫丹成餘火在，散爲一地鼠姑花。

紅綾橋即事

紅綾橋畔夕陽斜，風漾青帘是酒家。晚立市門寒意動，山村人賣木棉花。

曉起覽鏡見白髮

平生崛强諱言愁，酒國詩城四十秋。昨夜被池遮不密，霜華偷點旅人頭。

作家書感賦

秋風吹客動歸思，愁寫家書下筆遲。又是飄零兩周歲，前年今日出門時。

春閨

畫船草草莫愁湖，霧鬢烟鬟瞥見無。可是忍心抛絶色，眼中別有麗人圖。
眉様年年賺殺儂，疑深疑淺若爲容。江南近日胭脂貴，聞道新妝只愛濃。

馬棠臣一首

馬棠臣 字蔭召，號石屋，康、雍間考授州同知，贈中書舍人。方南堂曰：『石屋少孤，養母盡其孝，周族婣朋舊盡其厚。行誼重於鄉黨，尤愛慕古人文章，與吾輩以古學相勗，志相得也。』

來鶴

飛從蓬島神仙宅，來伴孤山處士星。高足不愁羅密網，長鳴偏喜傍疏櫺。影憐皓月全身舞，吟愛新詩側耳聽。雪夜剡谿堪入畫，持竿同上釣魚舲。

馬棻臣三首

馬棻臣 字甘凝，號健齋，康、雍間國子監生。左湛含曰：『甘凝少孤力學，詩思淡遠幽微。』

飲倚嵐軒和家兄相如

環城西北山重疊，其趾入城猶自雄。兹園幽邃在山趾，隱然拔出城市中。苔徑每隨石磴轉，小閣曲與長廊通。尤愛此軒最蕭爽，千尋夏木垂陰濃。塵寰溽暑至此盡，赤輪不復憂蘊隆。風姨偶挾雨師過，一瞬雷電交長空。絺衣力薄不勝冷，臘醞味厚方見功。少焉更值天公喜，收雲放月來相從。幽境夜景那易到，空明竹樹穿玲瓏。大瓢小杓興不淺，象鼻更捲青荷筒。

海棠巢　茲園十詠之一

豔色鬬雲霞，丰姿復妖嬈。竟日倚欄干，斜陽紅未了。

折枝花

誰家栽種滿闌干，折得花枝趁曉寒。庭外風斜兼雨細，短瓶十日耐人看。

馬穀臣一首

馬穀臣　字季常，雍正癸卯舉孝廉方正，有關中遊草。

雨　夜

寒夜雨冥冥，猿啼不可聽。家貧雙鬢白，秋老一燈青。感物時將改，懷人夢易醒。蒼茫雲徑黑，無處望台星。

馬耜臣五首

馬耜臣 字小蘇，康熙間布衣，早卒，有霍山詩存。汪膚敏曰：『相如弟小駟、小蘇皆所謂「一貧入骨，千卷在胸」者也。小蘇才，不永年。詩未多見，誦其遺帙，胥出性靈，足以蕩滌塵垢。』

別梅

盡日飽清味，離懷其奈君。戀香驢暫住，愁落笛如聞。前嶺正生月，渾身空帶雲。多情輸野鶴，常得伴芳芬。

晚泊銅陵

坐久步尤適，臨崖一振衣。風江漁艇急，秋縣夕陽微。估客半沽酒，人家多掩扉。晚懷殊落寞，鷗侶共依依。

新　筍

玉粉新抽玳瑁長，驚雷迸出一行行。稍知立地脱犀穎，便欲參天學鳳翔。泥滓不煩新雨洗，清虚常帶緑雲香。貪饞太守休輕剝，留得濃陰過短牆。

新　燕

年年生計走天涯，何去何來路已賒。朱户未知誰是主，烏衣錯認客爲家。結廬並欲迎朝旭，破陣還因戀落花。歎爾棲遲如舊識，雕梁幾度閲繁華。

漫　興　二首之一

此心已付白雲鄉，猶自春來愛海棠。一種閒情消不得，他生遮莫化鴛鴦。

馬一鳴四首

馬一鳴 字鶴皋，雍正間貢生，有北軒詩存。張廷璇曰：『先生早歲能詩，又沐浴於古作者，沖和粹美，漸進自然。』賴古居詩話：『先生窮老歸來，門庭蕭寂，而朗朗金石聲時出户外。其詩春容婉至，深於性情。』

憶友人

湖海飄蓬倦客身，南屏山下又經旬。春風楊柳思公子，明月梅花夢故人。彈鋏自憐還寄廡，卜居何日近爲鄰。銷磨已盡懷中錦，可許新詩步後塵。

杭州詠古 四首之二

介弟如何作天子，臨安未是小江山。玉孩兒進厨娘賞，那得關心二勝環。

光華禪後又重華，從此深宫冷玉車。日暮望湖亭上淚，小兒誰喚趙官家。

冬夜鈔書

客去孤鐙一卷舒，閒中那敢負三餘。旁人却笑張司業，不愛看書愛寫書。

馬蘇臣二十四首

馬蘇臣 字波賢，號湘靈，雍正間考授主簿，有偶景齋詩鈔。孫曰瑞序曰：『異聲異色，取之韓、蘇，而參以山谷，遂爾自成一家。蓋學有本源，非第因行萬里路也。而殊方勝概，展卷爛如，不啻道入山陰，應接不暇。』覲保曰：『先生遊滇南，往還萬里。凡名蹟勝地，及山水奇奥怪僻之區，輒有詠歌，彙集成帙，名萬里吟。』劉大櫆序曰：『湘靈嗜酒，喜爲詩，屢試不售。嘗遊滇南、燕、冀，或自放懷於九峰三泖之間，閒則歸里連吟社，尋山釣水。其詩風翻雲湧，年雖老而英鋭之氣不少衰。』

送姚石久觀察入山時余方出遊臨别賦詩以堅其志

君非山中人，那肯山中住？腰笏换長鑱，居然入烟霧。仕進若處女，退潛如脱兔。熱衷悔前車，冷眼貞吾素。咄咄古英雄，大都富貴誤。識君苦不深，徒聞經世務。荷鍤劚青霞，疏泉漱白石。肩隨薜荔牆，背負蒼巖壁。疇知麋鹿遊，中有貴人宅。蓬萊在何許，仙凡距咫尺。蘿徑入窈窕，多著幾兩屐。有酒飲弟昆，休争野老席。

斷針吟　爲李道南節母作。

斷針餘蓋篋，開篋淚如絲。血漬鋒鋩盡，兒寒衣線知。昏眵嫌布澀，鄰壁借鐙遲。習苦嗟慈母，哀哀欲廢詩。

玉玲瓏歌 上海潘大司空恭定公豫園石。

尚書園裏玲瓏石，一朵芙蓉三十尺。皤皤國老手婆娑，公致政歸，年八十餘。蒼藤荒蘚詩痕碧。海風吹雨花滿身，欲舞不舞花嶙峋。九峰雖好移不至，千夫輦取縋城闉。得石壞城而入。大塊聰明混沌死，空山無人石齒齒。自共閒雲出岫來，多年不漱寒泉水。留春難住奈春何，園中有留春窩。蘼蕪滿地春蹉跎。鄰人指點路人嘆，靈光剩有青峩峩。可憐玉玲瓏，山鬼弄機巧。當時艮嶽已沉淪，比來金谷仍傾倒。借問遭逢席上珍，何似洞庭烟翠好。

將之滇南舟泊皖江四弟枚臣來別

江聲喧夜語，鄉國小勾留。多此一回別，重生萬里愁。水隨心自遠，人與月俱秋。隴首飛雲疾，來朝各夢浮。

月夜泊洞庭湖口

守風湖口夜，一繫洞庭船。秋老離騷國，霜黏橘柚天。月光舂萬水，山影卓孤烟。爲訪樓頭酒，頹碑卧有年。

月夜泊龍陽胡環隅載酒來晤

異類不相習，孤舟月厭人。伊人來一水，吾黨有雙身。縱目烟雲迥，論心意氣真。所嗟明日路，分問洞庭津。

郊居二首

一城谿水隔，野迥地無塵。顧影成孤往，餘生託四鄰。軒窗延永日，花樹感前人。放眼殊疏快，居然著此身。

木脱孤根露，蕭蕭葉打門。偏憐山向我，最是月銷魂。野鷺常依水，閒雲懶出村。十年如可得，種竹待生孫。

桃　源

夕陽孤棹武陵西，不信桃源路已迷。雲母石横山翡翠，珊瑚樹影水頗黎。三秋鳥道無鴻雁，九月春聲有畫眉。眼底奇多看不徹，冷吟薄醉過蠻谿。

两過秀水皆不得泊却寄張韓起

幾年鴻爪各西東，落葉如何怨别風。秋水再來人渺渺，蘆花欲住雁匆匆。老饕倖米飢鷹似，昨夢形容瘦鶴同。記得紫藤書屋底，都中韓起舊寓。談禪説劍氣如虹。

九日歐舫蛟門小集

不雨不風剛九日，一丘一壑自三秋。吾曹已作將紅樹，人事多輸未白頭。到耳清霜初聽雁，候門山翠漫扶鳩。黄花倘亦傷遲暮，更與城南續舊遊。

莪溪同歐舫

衣上猶沾翠雨班，重來空碧更孱顔。烟吹欲動秋光净，樹静無聲鳥夢閒。緑竹預疏林外土，紅亭添設座中山。巖城鎖鑰無妨礙，我住溪東去即還。

方苧川阻雪未歸魯硔小集王雪蕉齋中示苧川

三月春寒雪挽衣，故人新火一爐圍。沙鷗小集先防散，社燕初還亦算歸。苧川方自楚歸。四海交遊燒燭短，十年文酒落花稀。衣冠俱喜陳遵到，莫便騎驢入翠微。

棉花詞

五月棉花秀，八月棉花乾。花開天下暖，花落天下寒。按：棉花詞推此壓卷。花田不療飢，種棉成我衣。我衣方在地，四體甘塗泥。

常德易船 四首之二

秀嶂分霄烟樹齊，中流三尺浪高低。扁舟不借天風力，百折千回度五溪。

林林石笋障清流，薜縫剛宜度小舟。忽見篙師懸一線，折腰手板萬峰頭。

滇黔途中口號 十二首之二

疊疊黔陽山盡童，方田多半在孤峰。秋來豆莢青如染，不愛江南鼠尾松。

谷濛關下逆流溪，枉岸回風逐馬蹄。眼底乍驚山水换，不知身在夜郎西。

谷湧寒泉噴雪花，雲階丹閣老僧家。青琅玕裏新篁粉，八月秋風茁紫芽。竹秋生笋。

偕觀補亭德蘊玉諾遜齋下榻延禧寺

一榻清霄燭影重，笑持杯酒問從容。五更曉夢誰先覺，君聽朝鐘我寺鐘。

汪春泉納第三姬

翠柳成行綴軟絲，一雙春語聽黃鸝。莫論新故工縑素，位置香東與墨西。香東、墨西，屈翁山兩姬。

張个亭邀同歐舫觀野巖看桃花　四首之一

等閒花事易飄零，終古群峰繞郭青。除却一篙湖水緑，肯將山色讓西泠。

馬庸德五首

馬庸德　字汝行，官雲南晉寧州知州，有石門山房集。李勗皖江詩選小傳：『汝行幼入京師，寄順天籍，遊太學有聲。既官滇南歸，卒於京邸。其詩超軼宏肆不懈而進於古。』

獨居

古人不可作，風規今尚存。運甓有餘暇，桔槔催灌園。良時難再得，往事誰與言？願依靜者居，經史時一繙。

宿棲雲閣

夙聞蒼山好，今卧蒼山雲。蒼山十九峰，峰峰鬱氤氲。客子見山色，山意如相親。況向山中宿，溼翠披紛紛。薄暮日將落，霞起珊瑚殷。二更挂海月，清光望無垠。夜深方假寐，石壁天雞聞。扶桑倏倒影，小閣浮金輪。偶作名山遊，忽與下界分。願得十日住，洗此千斛塵。結念在丘壑，企慕匪仙真。會當謝人事，相從猿鶴群。

月夜招友人

端居何間闊，旬日不相聞。把酒方邀月，臨風忽憶君。庭中無雜樹，天上有晴雲。清景今宵共，誰能更離群？

除　夕

一年一夕生涯盡，明歲明朝人事催。坐冷青氈驚節序，愁凝紅燭暗徘徊。淺斟椒酯心還醉，亂落梅花手自培。榾柮擁爐身擁褐，漏殘車馬滿城來。

喜晤族兄馥賢

二十年前記把杯，龍泉寺裏對寒梅。萬山乍見秋將晚，雙鬢驚看雪滿堆。湖海放歌豪氣在，蠻荒作吏壯心灰。從今兄事兼師事，特向天南共被來。

馬枚臣五首

馬枚臣 字小駟，雍正間布衣，有匣鋒集存。胡襲參序曰：『小駟博涉經史，自負才調，懷抱抑鬱，輒爲詩歌，以寫其胸臆。觀其佳什，清新無窮，可與相如、湘靈兩君稱鼎足云。』

憶梅

破凍向山路，遊筇底事忙。探來花信息，踏去月昏黄。未見前村樹，先聞隔塢香。旁人不相識，疑是孟襄陽。

遇梅

笑靨忽相對，亭亭傍水涯。笛横香欲斷，風過影初斜。清澈半生骨，寒凝幾樹花。何因春已透，却不見繁華。

九兄季常自榆林至京師别二十年矣相見感賦

笳音嗚咽十年親，贏得鬚眉白似銀。夢裏依稀猶壯色，客中驚喜見歸人。塞鴻慣泣天涯月，堂燕輕抛故國春。舊事重思增感嘆，那堪憔悴百年身。

懷十三兄湘靈

見説蕪城客到家，去來一葉送年華。經營爲子心偏苦，老大添丁願豈賒。顧影看雲俱出岫，尋春逢雨未開花。可憐望後蟾蜍滿，縱得團圓亦易斜。

樅陽寓樓

小樓遥向大江開，極目雲天亦快哉。楚水一灣藏萬户，漢皇千古有高臺。潮環柳岸漁簑集，風送蘆洲賈舶來。勝地可憐埋市井，登臨誰是大夫才？

詩毛傳：『登高能賦，可以爲大夫。』

馬翮飛九首

馬翮飛 字震卿，號一齋，雍正間國子監生，有翊翊齋詩鈔。通志：『翮飛研窮六經、暨宋儒書，涣然有得。乾隆初有欲保舉應制科者，辭不就。親没，廬墓。著有讀易録、禹貢初輯、翊翊齋筆記，及詩文鈔若干卷。』鄭忬詩文鈔跋：『先生安貧篤學，詩文皆不漫作，詞旨澹逸，似其爲人，讀之令人見簞瓢之樂。』陳用光撰家傳：『先生弱冠，喜宋儒學，途專志勤，弗懈於中途，弗回於旁趨，演迤涵泳，可想見其爲人。屢絀於鄉試，泊如也。乾隆初年開制科，有司欲見之而後舉，謝不往。爲常熟山長，月吉會講，反復詳切，聽者忘倦。幼失母，事父盡其孝，治喪祭盡其誠。家貧，布衣蔬食終其身。故舊有欲餽之者，見而不能出諸口以退。廬墓時，巡撫潘敏惠公欲見之，而不能得也。』李宗傳序：『先生少時無富貴利達之見，取群經及宋五子書閉户研求，欲直入聖賢之域。時海内薄宋儒，尊漢學。先生憂焉，作筆記以詔後學。』方東樹跋：『先生暗然篤志君子也。遺文寥寥無多，然不專談道而道見，殆其有本者邪。筆記二卷，醇正審諦，言言心出，非口耳陳言者比，於此見先生檢心之切，向道之真。』

月夜至玉屏庵

古寺翠微間，溪山契幽想。明月下庭除，忻然遂獨往。春溪漾素輝，寒松落幽響。繁蔭漸迷離，疏影散林莽。一徑薜蘿深，拄杖緣蘿上。高僧夜未眠，開軒共澄朗。坐久若有得，無言倚虛幌。

暮春書懷

澤國積陰多，寒雨連三月。寂寞卧荒齋，坐令春芳歇。今晨敞軒楹，新晴足怡悦。百卉俱含滋，落英散柯樾。回首望鄉園，清明此時節。先隴草離離，棠梨花似雪。自我泊吴船，禴祭已頻缺。檻外子規啼，彈指聲幽咽。撫景驚逝波，書空徒咄咄。何當買歸棹，便趁春潮發。

黄梅山寺夕坐

看山不厭晚，入山不厭深。瞑色起巖壑，招提近可尋。手拄青竹杖，孤坐長松陰。僮僕罷然燭，寂歷滌煩襟。須臾山逾碧，皎月上遥岑。萬籟悄然静，微聞清磬音。此境良不易，對景見道心。不覺白露降，夜氣生空林。

送劉敬齋歸里

豈不惜君去，他鄉故侶稀。自憐猶作客，却欲送將歸。秋色鏡中髮，霜痕馬上衣。兩年千里道，細細話庭幃。

曉發三山

鄉夢不知曙，帆飛趁曉晴。炊烟浮水白，江日透窗明。風送漁歌近，雲分雁字平。望中還翠岫，疑是石頭城。

懷吴處士西湖

一片青天月，流輝千里餘。偶懷湖上客，昨寄手中書。烟水當虚白，松雲自卷舒。溪山最深處，時欲伴樵漁。

一片神行。

阻　風

返櫂遲遲贛水涯，丹楓繞岸燦如花。平沙遠落數行雁，殘照争棲一樹鴉。呵凍清吟消短景，舉杯引夢乍還家。醒來嚴柝三更月，霜後風旗向北斜。

太白樓

黄葉一天秋，青山百尺樓。樓頭舊時月，夜夜照江流。

有神無迹，題太白樓者應推絕唱。

晚泊

寒潮秋淰淰，落葉晚蕭蕭。借問停橈處，吴楓第幾橋？

馬燧一首

馬燧 字申佑，雍、乾間人。張繼曾曰：『申佑抒寫性情，格近元、白。』

寒夜寄家書作

作字無煩火急催，燒殘銀燭冷爐灰。數行不惜看三過，一紙何嫌疊幾回。梁月淒清同夢去，江雲迢遞隔年來。封題便遣先春發，到日寒香次第開。

馬騰元三首

馬騰元 字賓王，號心堂，雍、乾間國子生。姚興泉曰：『先生爲名父之子，世承風雅。今讀遺稿，無塵俗齷齪之氣，以繼報循堂後，不減玉局之有斜川集也。』

懷仲弟川中

歲月真如駛，男兒漫怨貧。途窮四海近，夢聚九秋頻。雪嶺通危棧，風江渺去津。差安倚閭念，所託是周親。

對月

又見盈盈月，閒窗夜有輝。四時常伴客，何日與同歸？天末風初起，林間露共霏。故園離別久，那免嘆無衣。

贈程芳溪

三十六峰仙徑好，黄山深處有茅廬。曾探伊洛研朱墨，何事風塵走簿書。軒翥自憐猶舞鶴，逢迎無處更歌魚。廿年騷國滋香草，都識君懷一片璵。

馬鵬飛七首

馬鵬飛　字樂山，號玉屏，乾隆初由考職州同，官至歸德知府，有玉屏山莊詩存。通志：『鵬飛歷知南滙、靖江、崇明、宿遷諸縣，所至訟清事簡。大府奏江南治行第一，遷開封同知、歸德知府，皆有政聲。』賴古居詩話：『先生爲外大父季弟，宦轍所至，卓有循績。去後，士民皆思之。蘇廉訪與外大父書，稱其常平反一獄，與郡守力争，不肯遷就。又會鞫一獄，白某令被枉，不介舊嫌，心實心平，群賢之，冕弁也，平生絶不言。詩意得見近體詩若干首，清雋不群，深得詩人之旨。』

章江舟次

楚樹中流盡，章江一葉飛。灘聲争躑躅，嶺勢鬱崔巍。落日行人遠，寒雲候雁歸。故園獨回首，清淚已沾衣。

玉屏蘭若小集

蘭若翠微裏，柴門野水潯。谿山一樽酒，風雨十年心。竹徑頻移座，茅檐漸落陰。夕陽人影亂，回首白雲深。

浮山

昨夜谿邊雨，今晨畫裏山。白雲與紅樹，三十六峰間。巖壑盡奇趣，烟霞相往還。何時謝塵鞅，清境在人寰。

倪司城寄示近詩有贈

詩伯今何似，詩來喜發函。罷歸餘短褐，老去託長鑱。豪氣應猶昔，高言故不凡。看君精意處，獨自喻酸鹹。

潤州江樓

高樓百尺勢嵯峨，攬勝江山此醉歌。日月循環生大海，雲霞異色擁雙螺。時清舊壘銷沉盡，客久新秋感慨多。試倚危欄更極目，斜陽萬里射滄波。

洛陽道中

曉拂征衣視郡符，洛陽佳氣望模糊。河流横界中原地，嶽色高寒古帝都。可笑風塵餘短鬢，還攜琴鶴向長途。人和政肅無多事，臨眺幽情慰老夫。

江行

雲山千里望迢遥，江上扁舟趁落潮。却怨秋風送秋雨，蘆花楓葉晚蕭蕭。

馬澤三首

馬澤 字根香，號定庵，乾隆丙辰舉人，歷長清知縣。通志：『知陽信縣，勤農桑，均徭役。調繁長清，訟清政理。以事解組，士庶追送贈遺，一無所受。』賴古居詩話：『先生以循政著，偶得其五言近體詩，瘦硬通神，迥非時輩所有。』

酒狂

目空千古事，胸滿十分愁。不願爲醒者，居然作醉侯。看人常白眼，感舊憶黄壚。死即騎鯨去，平生何所求。

釣翁

短衣入烟浦，斜日坐苔磯。水底絶聞見，竿頭無是非。雲隨青嶂轉，浪雜白鷗飛。吟就滄浪句，江干醉不歸。

俠客

多少不平事，惟君矢此心。未能容一物，何必報千金。義重託生死，交真無淺深。歌殘燕市酒，沉醉到於今。

馬　變二首

馬　變　字和澤，號卯君，雍、乾間廪生。

皖江謁余忠宣公墓

六年誓死皖公城，城破焉能效緒生。戰血留痕千古碧，闔門赴水一泓清。天完幾歲成灰燼，學士他時愧履聲。肅謁墓門瞻氣象，春來淼淼大江橫。

湖　上

山黛如眉一鏡橫，離離芳草夕陽生。未知春水緣何事，纔着微波便不平。

馬　澄一首

馬　澄　字鏡山，雍、乾間國子監生。金兆燕曰：『鏡山先生性情恬雅，頗工吟詠，不染塵俗。』

玉屏山寺即事

風爲啟松關，行行泉石間。霜遲秋色淺，谷静鳥聲閒。疏磬崖前寺，斜陽雨後山。心清灰萬感，何事不開顔。

馬　濂四首

馬　濂　字牧儕，號木齋，乾隆丁卯舉人，官内閣中書，早卒，有短檠齋詩鈔。張鏡壑序：『木齋才器雋秀，早歲有工書名。由舉人考授内閣中書，卓有時譽，而篤學不倦。同人遊讌詩每先成，清聲逸韻，超然塵滓之外。年三十六卒於京邸。披茂陵之遺稿，嘆昌谷之異才。學士大夫咸深悼惜。』

晨起對雨

晨起坐西軒，霪霪雨未已。草長青入帷，竹重翠沉几。涼風飄衣袂，烟溼無力起。林叢尚語鳩，垤穴紛行蟻。我持古人書，静對蕭齋裏。一清眼底塵，更洗胸中滓。羲皇如可逢，彈琴終栗里。

左一青仲孚姚姬傳見過夜話用歐陽永叔與梅聖俞會飲詩韻

荒徑扶疏夏木長，閉門寂寞思清談。剝啄忽聞故人至，一室斗大容二三。篝燈促席無賓主，不覺夜雨飄廉纖。憶昨分張滯京國，尺書千里開雲緘。笑我征人塵土堁，豈如高詠雲霞酣。於今會合在鄉縣，豪俊况復數子兼。一青掉舌肆奇偉，談天上欲窮鉤鈐。姬傳嗜古不尼古，菁英榛莽從夷芟。仲孚深沉守元默，往往雄辨當之慚。惟余因循不樹立，十年潦倒空青衫。諸君鏗鏘廊廟器，和聲努力追韶咸。人生有志豈無用，扶摇彈指看圖南。

浮山　十六詠之二

緑橋一徑幽，石門憑虚造。長嘯萬山空，明月入懷抱。嘯月巖。
山寒氣若秋，疑是鬼神府。洞裏忽窺天，泉紳噴如雨。滴珠巖。

馬春生十首

馬春生　字宣和，號復堂，乾隆初歲貢生，贈朝議大夫，有延景堂詩鈔。通志：『幼奉庭訓，工詩、古文詞，尤邃三禮。』錢受穀馬復堂家傳：『復堂奉一齋先生庭訓，發憤爲學，與人質直，坦易教人，雖貴公子必以法度。近時士不讀喪禮，君與其徒時拳拳此義。詩才清淑，書法黄庭，尤得古人用筆意。卒年三十八，著有群經擇義。』丁泰詩鈔跋：『先生夙承家學，卓然篤行君子也。詩詞清雋，可想見其胸次灑然，一無塵俗。』

雜　詩

東風吹我襟，送我園林道。紅殷屋角花，綠遍池邊草。舊時有嘉樹，蕭條獨已老。豈不艷陽春，榮枯不自保。韶光有時盡，疇能常美好。感此惜良辰，分陰以爲寶。

纖草生簾前，芳意侵几席。綺蘭秀山阿，素心誰爲惜。託根雖失所，空蹊自幽色。采采遇佳人，闌干護輕碧。

夏曉東亭懷諟伊

清溪月仍在，曙色散林屋。信步向東亭，逶迤蘿徑曲。荷露滋芳池，松風瀉修竹。清景愜素心，孤往感幽獨。因念我所思，遠隔匡廬麓。江水阻且長，惆悵空遐矚。

校録先子遺書謹述

先子事修途，立志期深造。日用俱精神，步趨勤則傚。簞瓢希至樂，雞豚踵純孝。惜不見古賢，言行皆慥慥。吁嗟布衣人，徂逝光弗耀。他日傳儒林，潛德誰爲表？回首過庭餘，殷勤式穀教。父書讀未能，負荷焉能肖。泣涕寫遺編，微言發古調。如見擄案時，時復聞歌嘯。願言念在兹，庶幾嗜所好。前徽渺莫追，悲風起林嶠。

謝張鏡壑贊善贈畫

玉堂書畫誰有此，妙手近推張公子。胸中浩蕩富烟霞，點筆時時就烏几。五日畫一石，十日畫一水。回首望江鄉，仿佛龍眠裏。興來架屋層崖疊嶂間，把酒高歌送我還。我昔捷户公麟畫圖裏，俯臨清谿仰烟鬟，到今歸夢猶青山。秋風明發江頭櫂，一椽容與餐藜藿。公子賡歌太液池，故人茅屋時清嘯。使星安得益州過，開尊共索梅花笑。素幅攜歸向草堂，但見山光雲影相輝耀。

舟次遇陳立山即別

何處發蘭櫂，天涯意外逢。遠山春草碧，野水夕陽紅。執手憐岐路，關心又轉篷。故鄉歸漸近，臨別莫匆匆。

獨　坐

雨霽薄雲飛，空庭竹影微。愁隨孤月起，別憶故人歸。秋老不聞雁，江寒蚤授衣。遠遊非始願，清夢繞柴扉。

曉發瓜洲

烟水空濛裏，扁舟四望開。濤聲浮海去，山色渡江來。曉日含殘雨，陰雲起薄雷。中流頻擊檝，愧乏濟時才。

偕諟伊踏青北墅時諟伊將有西江之行

放去青春三十朝，晴光滿眼似相邀。偶從北郭花前墅，攜過東風柳外橋。帶濕鐘聲投遠嶼，嫩寒山色落詩瓢。故鄉小集非容易，明發扁舟趁晚潮。

渡　江

向曉聽晨鐘，一葉江南去。回首望瓜洲，微茫辨烟樹。

馬岑樓三首

馬岑樓　字悔樓，號愛吾，乾隆初諸生。

柬姚筠度

時序感蹉跎，高齋雁又過。寒深鄉夢短，秋老雨聲多。苦思詩難就，衰顔酒不酡。余懷無可語，君子意如何？

呼鷹臺

生兒豚犬壯圖荒，沔水空臺長白楊。日暮野鷹滿山路，行人唯説卧龍岡。

米芾祠

大米祠前水蔚藍，隔江窈窕送烟嵐。當窗奇石玲瓏列，仿佛丹陽海嶽庵。

馬春福二首

馬春福 字宸弼，號瘦香，河南上蔡尉。曹秀先序：『瘦香屢薦不第，授官已没。誦其遺詩，彌深惋悼。』

晚涼

林陰暑氣伏，隱隱霧中雷。好雨應知候，涼風何處來。暮烟散深竹，歸鳥聚層臺。且作安眠計，山田半草萊。

病中感懷

少小有奇志，蹉跎三十春。瘦來形似鶴，櫛去髮如銀。愈念高堂養，何時下澤身。故應原氏子，辭病不辭貧。

馬春儀一首

馬春儀 字宜禾，號事疇，國子監生。賴古居詩話：『事疇舅氏遺草無多，落花數章，至今猶傳誦。』

落花 四首之一

雨打暘驕日幾回，流光豈獨老人哀。一庭春色留難住，滿地閒愁掃更來。細綵尚隨心上結，虚花贏得眼中開。少年莫笑籬邊槿，纔見朝榮夕已摧。

馬岳四首

馬岳 字堯佐，號古愚，乾隆初諸生，有樨澗詩鈔。

偕張魯堂光賓君郊行因懷石雨香

同心不易得，秋色最堪憐。午飯僧舂米，村醪佃乞錢。夕陽楓樹外，細雨菊花前。不見曼卿久，臨風意惘然。

喜事疇兄見訪玉屏精舍

閉户長吟翠微裏，竹籬今忽爲君開。僮沽村酒沿谿去，僧采園蔬入饌來。城市應無此真味，山林能得幾銜杯。景光一瞬流如水，坐看蒼茫暮色催。

夏日讀書玉屏庵 四首之一

閉關重到梵王家，檢點琴書只自嗟。幾載硯田空鑄鐵，十年詩壁未籠紗。不分清濁一灣水，莫辨公私兩部蛙。仍是當年好風景，經壇何日雨天花？

田歌　二首之一

曲彌高者和彌稀，不待知音繞墅扉。梅雨連綿人晝寢，松風淡蕩鶴初歸。板橋渡影水聲急，茅屋炊烟雲氣微。未免有情同洗耳，仰天長嘯北山薇。

馬春田四十六首

馬春田　字情田，號雨耕，乾隆中廩貢生，例選訓導，有乃亨詩集。通志：『工詩，風格遒上，有唐人遺響。』洪亮吉曰：『先生桐鄉夙學，詩如春之宜人，如冶之鑄物。自出機杼，一空依傍。』賴古居詩話：『舅氏雨耕先生才氣卓犖，事理通達。每直言是非無所避，而志行潔清，粹然一出於正。歷居幕府，鉅公深相倚重。其詩意必獨造，詞必己出，亦不斤斤師古，而有時逼似古人，足以洗滌塵俗。』朱雅曰：『讀乃亨集數回不厭，奇闢處平揖坡、谷，近今罕覯。』

讀循吏酷吏傳

陽球收頞甫，周紆擊馬竇。袁安不鞫臧，仇香惻僵仆。鴟鸞判兩途，褒貶元不謬。竊以唐虞世，曾不廢流殛。叔季日偷薄，水懦人易溺。卧虎董少平，枹鼓聲自寂。春露與秋霜，生殺歸一德。張湯與杜周，福祚綿不息。密人笑卓茂，嚴君輕黄霸。廣漢雖伏誅，願代亦淚下。非嫌網漏魚，正恐稂傷稼。弃市斬右趾，小人何嘗化。遺愛思國僑，循酷名俱卸。

方植之曰：『詞意俱厚。』

瞻園夜月懷黄書厓杭州

冬夜園景峭，白月散江城。太清爛銀海，庭樹皆空明。乘興無新侶，遐矚懷舊朋。君昔下帷處，老樹齋前楹。皎皎流素輝，照滿紙窗櫺。欲招良夜話，遠隔水清泠。誰能生羽翼，飛身向南屏。

游獅子林

客從白下來，曾攬瞻園勝。鞭石疊蒼顔，洞谷互蟠孕。羊腸九折通，鳥道一綫徑。峰頭杖彭觥，山腹窅然應。拳瘤無土膚，松栢挺巖磴。蟠坳富雲烟，蒼翠染瘦硬。咄咄地志中，闕文漫無證。聞自竹垞翁，六岳不著姓。揭來獅子林，奇譎亦綿亘。舊説僧維則，傳訛譏飣餖。两地相較量，齊楚與邾鄧。

抱甕園玩月和孫香泉

萬象暮烟紫，千林冪輕霧。蕩蕩銀闕高，皚皚挂深樹。翼然一草亭，相對月中住。清光鑒我髮，逸興索君句。高歌且徘徊，只恐月飛去。琮琤聞谿聲，起尋谿流處。

五月八日南樓賞月

日落生微凉，乘此新月光。藕花應已好，結伴尋芳塘。塘淤不見花，月滿南樓廂。樓中康德公，謂淩次仲。揖客話茶香。舉頭天流雲，忽聚忽飛颺。與月共成彩，娟浄無比方。坐深清露下，各道暫分張。歸途誡勿燭，月縣天中央。

買女行

茂林綿羃露華滋，一夕落葉向枝辭。江南江北今薦饑，父母慘淡抛其兒。米貴人賤聽招隨，纍纍將以轉鬻之。大官富室出微貲，女則競取男則遺。諱言漁色充房帷，却頌仁育收弱羸。嬌癡枵腸噉肉縻，一月憔悴成姜姬。神情灑然笑以嬉，遠去不聞父母啼。

『米貴』句，於左氏傳後，又得此奇確語。

丙午二月七日雨登焦山

焦山一别三十年，山靈笑我俗難痊。一櫂忽壓滄海烟，人在虚無縹緲之中間。冰夷猶龍魚眠，空明欄檻清以妍。陰陽翕闢旦夕遷，雲耶霧耶時豁然。竹樹蓊蔚石黝鮮，尋訪舊日僧寮檐。已盡改作如市廛，丹楹刻桷繚高垣。聳身直上山之巔，手捫碧漢問青天。洪濤萬古奔流遄，六鼇仰首金柱堅。天風吹我兩腋懸，疑無人世無桑田。雙峰閣上臨海堧，烟際帆檣散鳧鳶。海雲堂中聊息肩，窗開天水渾合無中邊。梅花香裏參真禪，坐久山鳥時一喧。山僧道我周盤旋，曳杖犖確聲鏗然。瘞鶴碑銘起沉淵，鼎文螭虹雜蜿蜒。椒山名字同後先，懷古如斯逝者川。我昔開張月下筵，琉璃世界呼偓佺。此日十已九重泉，對僧能勿心悁悁。揖僧旋獨放歸船，回頭雨歇烟鬟娟。

方植之曰：『合坡、谷爲一手。』

游攝山和楊羲山

夜夢王母使青鍾，導予直上崆峒峰。地乳天孫五色遍，具茨蓬萊九氣逢。覺來可望不可即，瘦馬羸童怯遐陟。許多丘壑在胸中，但說豁山動眉色。一峰如蓋攝山高，中有玄鶴蒼龍號。揭來山下不蠟屐，耳聽劇談心目摇。春朝壺榼誇新有，宗炳招邀並驥走。東風知客欲山行，吹雨成嵐碧於酒。登高作賦意云何，怪松奇石珍且多。花宮蘭若十有四，第一幽居擬大羅。天風飄送最高嶺，長江一綫環山阿。高峰況可捫斗魁，斗魁元是天漿杯。醉跨鸞鶴躋金臺，盧敖天上相追陪。

金秋墅天空海闊圖

浮天無岸天垂垂，六濁湫隘不足嬉。玄虚賦裏遊欲遍，黑洋捩柂恣游宴。潮鷄報曉鼉報更，日月星辰天上眩。空濛不辨乘雲飛，蓬島滄洲瞥不見。平生快意那可忘，鯨波萬里如踞牀。丹青妙手逼元化，海天一氣連蒼茫。我昔截浪横張崇明蓬，清晏不畏濤中龍。未出高廖二嘴外，何敢向君誇胆雄。夜深海氣吐光怪，看有列炬騰天紅。君家具區是鄉井，眼底三萬六千頃。近將更涉洞庭湖，軒皇張樂洵樂乎。帆隨湘轉湘江碧，定寫湘靈鼓瑟圖。有才如君孰羈絆，巨艦無風甘汗漫。長空萬里任相羊，塵寰不入無憂患。

北來憂予太瘦詩以曉之

豈不見吳質召優説肥瘦，曹真拔刀竪須眉。又不見腹大噉肥趙稚長，禰衡謂可監厨厮。人之一身小天地，春草敷榮秋草腓。少者體正膚革盛，老者黄髮鮐背皮。吾儒冰蘗戰膏粱，那比丞相瓠白肥。撐腸文字不堪煮，山澤臞仙玉骨姿。從來神駿與蒼翠，不與血氣争盈虧。朝來攬鏡掩口笑，未死先同枯腊時。幸未虚糜官詔禄，對鏡無從生忸怩。飯顆野老真面目，謫仙莫便譏吟詩。身輕大可騎黄鵠，嗤彼燃脂鐙在腹。天下國家倘盡肥，藐躬何妨腰一搦。平生却笑蘇子瞻，懊惱卯君不食肉。

方植之曰：『似坡。』

甲子四月二十五日行可邀同惜抱石門沖觀瀑

古塘徑入石門沖，巉巉青壁攙蒼穹。遠聞硡礲響笙鏞，路轉劈見飛白龍。渾沌鑿山瀦渟泓，龍尾下掉無底洪。一落千丈挂碧峰，天紳水簾垂龍宮。噴珠嚏玉空濛濛，雲浪巨碓相撞舂。足令老夫三日聾，昨夜猛雨勢洶洶。要使瀺灂成豐隆，不寒而慄倚孤筇。君不見子瞻濯足白水巖之東，戲舞回風我不雄。何年却到廬山中，棲賢三峽觀流淙。更上岷峨陟遥空，泝游瞿塘駕艨艟。建瓴而下萬里篷，長江大河天漢通。乘雲螭兮騎長虹，仙人招手登三峰，下視飛流曳帛幢。

九月十六日夜同姪北萊姪孫肇元樹章觀野巖看月

宣州謝公樓上娟娟月，今宵挂我屋角秋林端。清光射人鑑毛髮，吾廬偪仄眼不寬。阿姪謂當去城外，放大光明爲鉅觀。衰病杜門六閱月，勃然起立思登山。深秋夜静凜然冷，復有两孫獻裘禦我寒。玉盤天鏡照當路，剡剡起屨輕且儇。一出城闉即山麓，掖我揉升山之巔。關河雲樹帶郊藪，空明萬象浮白烟。下方隱約動魚磬，野寺禪誦通清元。星星遠火互明滅，村落犬鳴人未瞑。山高月近去天咫，此身疑是蟾窟仙。今夕何夕千里共，北樓金波一漾縣。元暉渺矣太白死，惟有皎兔常自圓。憶昨樓頭夜吹笛，手排閶闔呼青天。賓朋把袂銀世界，命酒傳鐙張四筵。去年樓上望家山，今自家山望樓檐。安得騰身奮两翼，騎氣跨鶴飛往還。君不見子建愛月澄清景，高吟飛蓋醉西園。我今窮約興不淺，家有群從相周旋。一聲大笑入門巷，誰謂良辰美景兹難全？人生取樂須臾中，此樂足可箋天公。

次袁春圃方伯鑒隱仙庵賞桂聽琴韻

雙樹何年物，銅柯駐古烟。青雲遮碧落，黄雪綻金天。日浄蒸花烈，風飄落子圓。晦堂禪不隱，鼻觀得真詮。

飛樓百尺上，高踞在花巔。有客調清角，當窗試拂絃。一彈青女畔，再鼓白雲邊。夜半來玄鶴，長鳴答水仙。

除夕

一刻除朝暮，三更逗始終。春臨飛雪外，人老頌椒中。鄉夢託衾枕，燈花照鬢蓬。綾紋多繕刺，詰旦賀群公。

陳東浦方伯邀同人瞻園宴集和袁香亭韻　八首之一

一榻烟霞裏，晨昏到幾回。笻香粘細草，窗緑上新苔。水殿鴛鴦展，瓊筵玳瑁開。坐中推酒户，呼取巨觥來。

六月十五日夜上北樓

但逢明月出，無夜不登樓。雲漢如新拭，巾衫欲逗秋。裝成冰雪海，白盡世人頭。坐久聞微詠，三更未去休。

謝蒼筤寄遊燕子磯詩答之

三十年前記泊舟，撲江燕子有危樓。馬周字已題前日，謝朓詩今在上頭。東水潮來天共碧，西風客去意仍留。飛飛不與龍蟠遠，終古多情是石尤。

毛俟園邀同人隱仙庵宴集和姚姬傳

石城西潑翠如醅，拄杖秋風鶴觀來。雙桂千雲飄剩馥，老梅空腹發新苔。白鬚黄葉人相映，緑酒紅鐙夜莫催。安得餘生容我住，泠吟閒醉在丹臺。

秋夜懷漱六

三年雁陣聚江東，吹斷排聯逐曉風。馬糞巷中多長者，雞毛隊裏有神童。一生蜀道行難盡，半晌邯鄲夢未終。今夜夜長眠不得，思君獨對短檠紅。

巢縣道中

濃陰淺緑送行車，杳靄春空客望賒。拔地姥山垂大麓，際天巢水浸浮霞。前村繡陌人驅犢，老樹叢祠僧賣茶。待學劉伶隨荷鍤，此中埋骨亦堪誇。

江行

白門皖口長江水，擂鼓鳴笳櫂遠騰。細雨輕烟過荻港，青山碧樹出銅陵。燕來迎客依檣語，風似貪程向晚增。何處芙蓉擢天際，九華春黛勝秋澄。

重游靈巖寺

靈巖寺倚白雲端，門外湖光六月寒。流水高山渟峙古，吴根越角混茫寬。館娃宫作荒淫戒，大業鐘鳴净度安。四十年前游侣换，僧雛老大我衰殘。

述懷

求田問舍竟何策，婢織奴耕欲課誰。七十老翁行有脚，大千世界立無錐。春花秋月間相對，北叟南公問莫知。久已聞雞不起舞，雄心減盡守其雌。

陳董庵受培由廣文遷貴池丞郎君鑾綺歲能文賦贈

君如斯立佐藍田，不愧昌黎記壁篇。官本香芹生頖内，家傳玉樹皎風前。佳兒膝上憐文度，名父眉山憶老泉。英物定知能濟美，金桃占夢玉堂仙。

偕姚惜抱登大觀亭

飛舞龍山到野坪，帶襟江郭拱山城。大觀亭敞收吴楚，九子峰青接棟甍。短髮扶筇秋未老，長天入畫水無聲。余公宰樹欄干下，却吊忠魂慨嘆生。

辛酉重九荆養中邀同惜抱登迎江寺

誰云平地不飛升，逸興相隨拾級登。四極天清端晷影，九霄雲讓出鋒稜。江流東去吴門闊，爽氣西來楚岫澂。影對晴瀾明鏡裏，照人須鬢一層層。

寄懷暉如弟祁門

江城春日雁聲稀，山館春池草色菲。落落星辰兄弟遠，盈盈霜雪姓名微。冷官汝自非干禄，熱客予慚不爇飢。三十年中惟一面，此生何日得相依？

雨中登北樓作

清陰空際翠濛濛，攜客憑欄仰灝穹。潑墨畫圖千里霧，振林閶闔四方風。渴虹鳥外投江北，飛雨檐前去嶺東。却愛秋雲濃未溼，金芙蓉得碧紗籠。

九月二十二日游雙谿次惜抱韻

散策深山野水頭，正逢巖壑十分秋。白雲塢裏霜添錦，黄葉林邊酒代裘。四座須眉推二老，一笻腰脚免三休。清涼樂事還能否，開到梅花爛漫游。

雪夜寫東坡集查注入施注本

塵沙細字筆鋒銛，几硯儒酸習氣沾。但注蟲魚誰敢厭，若亡書簏記猶全。反三自昔如王肅，欠一於今似子瞻。墨有冰紋鐙乍穗，在家靈運味清甜。

重登北樓

蒼蒼鑒我客懷新，特掃沉陰信有神。高閣崇山萬重目，青衫白髮再來人。詩名謝朓吟猿主，仙侶荀環駕鶴賓。合并詩仙誰第一？青蓮此地映千春。

漱六七十初度

憶祝初周絳甲時，至今猶誦壁間詩。十年歲月離絃箭，七秩形容凍面梨。鄉井能安君洩洩，道途未了我趐趐。孟軻無計誇張巧，齒德稱尊亦可悲。

五月七日夕坐

宿雨初停暮氣清，藜牀獨坐近南榮。階流桐葉躬桓影，月照蛙田鼓吹聲。千古嘘雲成海市，一生歛手對楸枰。懷人天末思鄉近，静蕩綿綿不了情。

述　懷

峥嶸歲月自堪驚，尚寄人間署客卿。不飲慣爲觥録事，無官偏掌獄廷平。呼風谿上去來順，喝月雲中倒轉行。我是南陽宗定伯，市頭負鬼賣無贏。

九月二十二日作

受形負氣忽爲人，四大威儀七尺身。張鎬佃漁但經史，杜欽清貴不簪紳。鳳皇在假將誰訴，蝴蝶雖忙已失春。日食一升毋飲酒，詎知滿腹貯精神。

絳帳先生自笑狂，書生習氣老難忘。緇衣巷伯詩篇裏，春蚓秋蛇翰墨場。天上星辰箕勿簸，人間風日女宜藏。與無終始爲朋友，莫以荒唐目老莊。

寄惜抱

都於塵壒了無關，佛性圓明一白環。范蠡飄然思遠蹈，班超老矣欲生還。黄看眉際占歸信，青向眸邊是故山。巷北人先歌杕杜，正如獨鶴舞情删。

却是

乾鵲噪前除，雲牋到客居。故人懷舊雨，却是索逋書。

送將

遮樓淡淡柳千條，放鴨沄沄水半橈。二月春風健於馬，送將帆影過楓橋。

嘉興道中

稻畦萬頃青如薺，平水千盤白勝皚。向晚輕颸帆腹静，櫂歌聲接艣聲來。

自嘲

漫愛塗鴉入墨林，元章元宰結同心。自來道士無相識，誰贈山陰曲項禽？

秋卉圖

豆雨鷹風露染苔，寫生真似趙昌來。畫師不是悲秋客，貌出秋光錦作堆。

漫興

細雨絲連石髮緐，桐陰滿地鳥聲喧。年光笑我疏慵極，開過荼〔一〕蘼未出門。

校記：〔一〕『荼』，應爲『荼』。

惜抱軒詩集

名下紛綸玉版鐫，吴興最後出兹編。日休特愛香山老，文行交推得兩全。

寄熊藕頤

四海交親两白頭，汝州千里望舒州。頗疑難得班荆日，君豈能來我倦游。

馬春長七首

馬春長 字培和，乾隆初國子監生，贈汝甯通判，有花萼軒詩存。

望洞庭山作

我本山澤人，吴都對繁麗。朝出郭門外，望協滄州趣。淼淼平湖流，淡淡孤峰峙。長風吹雨急，時有片帆至。爲憶皖江濱，林泉發春氣。空壑無行舟，桃花點蒼翠。今我欲乘流，悵然獨留滯。一與魚龍遊，將爲鴻鵠逝。

狼山觀海

元氣結洪濛，巖臨積水東。亂雲霾島黑，初日浴波紅。不辨三山路，將乘萬里風。掉頭烟霧裏，應與碧天通。

晚自瓜洲放舟至揚州作

小住纔旬日，西風又放舟。更無楓葉下，只有暮潮流。日落瓜洲樹，月明邗水樓。生涯江上路，漂泊一沙鷗。

曉行兖州道中

戍樓聲漸寂，曉色已依微。但覺寒侵骨，那知霜滿衣。騶亭纔得路，茅舍未開扉。借問緣何事，風塵未息機。

題山家壁

前峰昨夜雨初過，曉蹋芒鞋入翠蘿。鳥語向山行客少，春陰垂澗落花多。喧闐村社聞簫鼓，空闊烟陂放鴨鵝。散淡不關塵世事，瓦盆沽就野人歌。

秦淮雨中

垂楊風引木蘭橈，知是秦淮第幾橋。白舫晝寒天漠漠，朱樓春閉雨瀟瀟。波生渡口新蕪長，山起城頭故闕遥。一望空濛烟霧裏，更從何處認前朝。

鎮江

巖高烟樹抱城樓，雪浪乘空拍潤州。霸氣千年山北顧，客心終日水東流。江雲晝壓蕭公宅，海氣春寒宋帝丘。落照登臨莽遼濶，一竿吾欲向滄州。

馬登賢七首

馬登賢 字輝如，號升圃，乾隆甲午舉人，官祁門訓導，有升圃詩鈔。朱文來曰：『先生潛心學問，熟精三禮。年逾六十，官博士，猶日誦禮經一遍。』

贈姚香甦

冒雪偶乘興，誰知入剡心。抗懷蟬飲露，選樹鳥依林。伏案幾忘老，無言只苦吟。客中容問字，寒夜一燈深。

同人遊西郊

樹下垂芳餌，忘情偶在魚。方塘凝水碧，密葉動風疏。煦沫群相狎，臨流此更舒。同來橋上坐，濠濮意何如？

答友人

京華幾載客騎驢，詞賦空勞擬子虛。已笑覆蕉纔失鹿，更嗟緣木漫求魚。前途莫問君平卜，生計聊傭德潤書。寒夜一窗聯舊雨，梅花疏影似吾廬。

張勖堂明府招飲賞菊

主人愛客衆皆知，肯對名花不把卮。早擬新醅傾北海，特招舊侶醉東籬。晚香豈待新晴好，佳會能逢細雨宜。山簡接䍦今又倒，幾番被笑習家池。

解組留別諸子

鄭虔樗散鬢蕭疏，冷宦何期廿載居。絳帳高懸愧南郡，蓬門壁立類相如。漫言化雨三春足，自有清風两袖餘。此去故鄉誰作伴，殘裝猶是舊琴書。

赴祁門道中寄雨耕兄

浮雲來往碧空間，共道雲閒未見閒。多被風牽思致雨，誤他鎮日不歸山。

戲題學廨

天餉衰翁萬疊山，吟風弄月且閒閒。何嫌學舍如舟小，較勝斜陽古道間。

馬嗣緗二首

馬嗣緗　字荀帙，號稻溪，乾隆初廪生，贈工部都水司主事。

途次

秋草更芳菲，荒村過客稀。谿中猿獨飲，松上鼠群飛。岐路詢前侶，單車慮落暉。客懷正寥寂，微雨忽沾衣。

飲友人宅

曲徑城南宅，繁陰日暮時。却憐花謝易，翻恨客來遲。阮籍推狂飲，王維信畫師。隔牆宜種竹，清影更離離。

馬維瑗一首

馬維瑗 字志蘧，乾隆中諸生，有中州雜詠。蘇行健序：『先生邃於學，嘗主河陽講席，問字者屨恒滿户外也。其詩抒寫性情，自具風格。』

登莘城

危垣榛莽費攀躋，落落村墟望不迷。地近中州山影斷，人行古陌夕陽低。天邊苦憶銜寒雁，樹上驚看鬧晚雞。强欲登高縱杯酒，夷門風雨滿城西。

馬春芳一首

馬春芳 字丙生，國子監生。家傳：『少孤，事母孝，母殁廬墓。中年喪弟，悲不自勝，聞者流涕。詩近中、晚，惜散佚。』

送三弟之大梁

故鄉早見落花飛，北地寒風向客吹。杜宇豈堪啼去了，藥欄底事喚將離。征衫密帶慈親線，高館新縣客子帷。到日家書須屢寄，倚閭毋使淚潛垂。

馬庭芬三首

馬庭芬 字桂生，號春帆，乾隆間國子監生，贈庶吉士，有德素堂詩存。胡雒君序：『桂森性豪而工詩，意有所得，輒見諸吟詠。其聲和平深厚，所謂發乎性情，出乎天籟者邪！』

遊靈泉寺

古寺傍山麓，迂回溯澗泉。雙塘浮塔影，三徑隱松烟。遠近沿村樹，高低入畫田。無人共幽賞，好鳥語檐前。

春日訪友人山居

凍雪迎春解，清泉滿地流。疏梅花氣遠，野鳥語聲幽。石徑穿雲窟，柴門掩竹樓。閒居岑寂久，且喜獨相求。

訪張處士不遇

幾重烟靄沿村樹，谷口來尋處士家。門枕雲根臨野水，幽禽亭上噪飛花。

馬惟醇二首

馬惟醇 字守曾，號春谷，有吴門遊草。張芃士曰：『先生植學敦行，家貧幕遊，謹慎詳密。嘉慶己卯秋，江淮水災，亟贊阜甯令通牒，叙流離困苦狀，大府據以入告，賑恤下，民得安集，由是名益重於時。』

杜鵑

斜風細雨黯江城，落絮飛花滿客楹。已覺春光留不住，杜鵑啼直到深更。

送李孝廉

長淮北去路漫漫，春雨春風草色寒。正是江南櫻笋熟，送君揮袂倚征鞍。

馬維璜二首

馬維璜 字魯予，嘉慶庚辰進士，官閬中知縣。

臨漳懷古

芙蓉池冷鄴宫秋，代漢當塗事業休。地有廢興餘敗瓦，漳分清濁此同流。金人淚落酸風起，銅雀臺荒暮雨愁。七十二墳無覓處，更誰奏樂向松楸。

赴閬中任

觚稜回首事如麻，蜀道青天路正賒。花滿長安看未盡，又看迢遞閬中花。

馬漂一首

馬漂 字彭年，號个峰，布衣。通志：『性廉介，重然諾。在西安有友人出關，寄數千金約使其子取，既而逾期不至，漂家寄書招其歸，不肯行，爲留二載，卒待其子而付之。』

白鷹

天山雪後羽毛豐，何用懷青向海東。曾去銀綠盤大漠，暫回霜爪託幽叢。雄姿應笑白門虜，皓首猶成牧野功。更老引年須玉杖，化形還許刻能工。

馬宗璉二十首

馬宗璉 字魯陳，號器之，嘉慶己未、辛酉進士，贈工部員外郎，有校經堂詩鈔。通志：『宗璉成進士僅一年而卒。所著有左傳補注，博徵漢晉諸儒之説，已行於世。又有毛鄭詩訓詁考証、周禮鄭注疏証、説文字義廣証、戰國策地理考。』王引之撰馬進士傳：『家大人所與朝夕論思者，有桐城馬君器之。其人博物，善著述，所著左傳補註實事求是，綦詳且盡，在京師日與孫觀察、阮尚書以古學相切磋，後尚書視學西浙，萃諸名宿，撰經籍纂詁，其凡例則進士所手訂者。畢制軍修史籍考，其音義、評論、表譜，皆其分纂，蓋述古之勤且富也如是。』阮亨瀛洲筆談：『己未科伯兄典試，以經義求士，尤重三場策問，是以武進張臯文、高郵王伯申、閩縣陳恭甫、德清許積卿、桐城馬魯陳、棲霞郝蘭臯，皆治經，多所著述。』

九月六日由崇效寺看菊登陶然亭晚眺

乘興過招提，秋深氣清爽。禾黍已登場，平蕪豁虚敞。牛鳴墟落間，人行古原上。雉堞銜遠山，蒹葭露層壤。良朋洽素心，曠野愜欣賞。

與左良宇叔固方展卿登宋家嶺暢覽龍眠山色

故鄉山水區，循途洽幽尚。古木極陰森，層巒分疊嶂。履石渡潺湲，荇藻微紋漾。峭壁傍回溪，争奇不相讓。過嶺見平疇，樵風忽輕颺。陰陽蓄異形，耳目益昭曠。若匪入山深，孰辨峰殊狀。唐宋善遊人，題名互相望。倏忽千百年，見者倍惆悵。盛會難再逢，高詠庶相抗。

送朱習之歸大興

少年奇氣超人群，好客欲效平原君。伯樂俯觀天下士，世間捷足徒紛紛。朱君襟期何卓卓，結納英流侣鸞鷟。器登清廟比球琳，曲奏鈞天聞象箾。龍門萬里驚淇濤，鵾鵬變化空其曹。黑窰阜上雲漠漠，黄金臺畔風騷騷。鄂茮聯歡夜張宴，直沽酒船來海甸。楊君邦直一飲三百杯，團欒皓月當頭見。孟詞張君騰蛟腹笥本便便，鋭齋汪君德鉞經庫魁群賢。釣臺修禊水清泚，蹋青笑傲春風顛。吾師南宫羅俊彦，我獨驅車返鄉縣。尚書畢公秋帆召食武昌魚，侍郎周公東屏邀采端溪硯。迢遥嶺表旋旌旄，乘輿復看錢塘潮。湖山遍訪家人卦，葛嶺萬疊青天高。吾輩意趣薄霄漢，浮槎直傍昆明岸。紫烟黄霧慨升沉，物换星移嗟聚散。長安市上春復秋，蓮華僧院頻停騶。送人屢折章臺柳，訪舊誰乘雪夜舟。我昨平梁暫秉鐸，羡君節署趨庭樂。重陽又挂廣陵帆，雪爪鴻泥恒落落。感嘆汪倫送爾情，大江東望波盈盈。莫聽驪歌倍惆悵，還期聯轡遊春明。

嶧縣道中

嶧縣山如帶，逶迤接沛豐。青徐留霸迹，鄒魯紹儒風。日落郊原迥，天高衍沃通。此鄉多古意，遊覽興無窮。

灘頭鎮古廟

塔勢崚嶒起，千峰隱夕陽。天容偏淡蕩，水色忽青蒼。航到傳齋鼓，巖回見佛堂。靈泉頻瀹取，清冽快先嘗。

舟中曉起懷阮芸臺李許齋兩同年

淼淼寒烟起，孤灘正落潮。山多嵐影合，天遠雁聲高。以我别離久，知君懷念勞。誰憐江上客，書劍倚詩豪。

豐城阻風懷王椒畦同年

霜氣凝寒渚，疏林落葉黄。好風如可度，一夜達尋陽。之子東吴去，三秋别恨長。何時摩詰畫，展卷話西堂。

滕縣道中早行

中夜事行役，驅車感獨勤。殘星猶挂樹，孤雁忽穿雲。訪古碑文没，懷人客思紛。來朝嶧山道，遠岫望氤氲。

晚行山村懷王椒畦兼寄張船山檢討

秋氣蕭然至，疏林落葉黄。山風偏料峭，夜月轉蒼茫。雁到傳書少，雞鳴引路長。誰堪同唱答，劍外有張郎。

船山有『劍外張郎印』。

懷張鹿樵

一雁别南樓，西風旅客愁。月高江路迴，楓落海天秋。才藻推張嵊，功名慨馬周。虞山頻返棹，夢繞木蘭舟。

雪夜懷侯貞友孫平叔許周生顧晴芬

空庭風力健，檐角印冰痕。鴉静窗生白，鐙昏雪到門。濁醪傾後暖，爐火夜深温。吴會音書渺，愁來客思繁。

漢陰平道中懷阮伯元吉士

布穀催春是處啼，桑陰脈脈柳萋萋。半空日落山根見，四野雲垂雨脚低。路近淮陽思跨鶴，朝來蓬島正聞雞。餘閒自可窮經訓，纂詁精詳遠共稽。

送孫覺才歸無錫

十年京洛無知己，花市槐街喜接蹤。江左風流推謝鳳，汝南月旦識荀龍。梁溪夜鼓烟間櫂，蕭寺春寒日暮鐘。莫爲田園羈駿足，待君同看掖門松。

宿遷

躍馬呼鷹百戰場，劉成嬴蹶亦幾亡。當年霸業開西楚，終古精魂護下相。運去英雄儕皂隸，時來負販列侯王。此鄉咫尺連豐沛，河水滔滔接大荒。

懷疏晴墅

皖公山下重陽節，記把茱萸共爾看。十載睽離雙鬢白，三秋風雨一鐙寒。詩當乘興揮毫易，友到中年聚處難。待赴故人雞黍約，歸途莫怨歲將殘。

寄孫淵如蕺山書院

兩度淮南作壯遊，每驚歲月駛如流。垂楊暮雨吹箏浦，殘照西風掃葉樓。才比興公還寂寞，遊同少伯任淹留。蘭亭顧渚饒幽興，高詠誰堪共唱酬。

讀元遺山集

銜寃精衛復來遊，眼見風烟接宋州。玉馬何心猶入貢，銅駝無地可埋憂。湘纍哀怨空詞賦，莊舄飄零只唱酬。滄海横流身尚在，亭名野史自悲秋。

送王伯申典試貴州 二首之一

九華春殿共題詩，早見旌旄出鳳池。猿狖攀從關索嶺，鷓鴣啼過竹王祠。世推許重傳經邃，我羨揚雲問字奇。金馬碧雞鄰咫尺，使星應與耀邊陲。

贈葉華巖曾咸池陳函軒還閩

齊魯聯舟慰寂寥，吟壇早樹赤城標。瘦羊博士辭華省，控鶴仙人下絳霄。海月東升天起暈，簧帆南上夜生潮。到家飽啖楓亭荔，香色能兼樂事饒。

山谷祠 三首之一

淼淼澄江拂樹流，空庭落葉送清秋。晚來何處堪登眺，一角斜陽抱郡樓。

馬湄三首

馬湄 字伊在，乾隆間諸生，有秋水居詩存。賀禧序：『伊在家酷貧，刻厲爲學，尤喜爲詩，以發抒其湮鬱，陶寫性靈，神與古會。』

山行

春光已淡蕩，濟勝始自勉。草緑風更恬，花落露還泫。鳥鳴柳岸晴，人蹋莎汀軟。出谷樵正多，入山我猶淺。便陟遠峰高，復向前谿轉。松竹益清森，雲霞互舒卷。遥望蒼翠中，誰家草堂鍵。

過張任偶北園

不見張融今幾稔，相逢叢話發長歎。十年親舊歸泉速，萬里鵾鵬得路難。且擬放懷閒縱酒，何須握手勸加餐。竹能留客花爲主，無事還來共倚闌。

春日偶成

春風到蓬門，春草彌山徑。忽遇野梅開，爛漫寒香瞑。

馬宗輝二首

馬宗輝 字伊南，號星堂，乾隆中國子監生。姚興沅曰：『星堂詩所存無多，皆清雅可誦。』

山行

扶杖步城北，山深路易迷。地偏風自古，樹老葉初齊。莎草藏幽徑，谿花補斷堤。我行殊未倦，落日萬峰西。

散步

散步城南路，翛然逸興長。心隨流水活，機學野鷗忘。竹杖臨風健，芒鞋著雨涼。行歌猶未晚，得句滿奚囊。

馬梁一首

馬梁 字伯輿，號濟之，嘉慶癸酉舉人。

蘭

國香羞與衆争妍，芝草相依歷歲年。懶詠鄭風詩代謔，喜徵燕姞夢先傳。素莖抽玉芳痕破，紫蕚含珠露點圓。空谷誰知堪作珮，幽懷時操晚風前。

馬鼎梅三十五首

馬鼎梅 字汝爲，號東園，監生，官潯州通判，署思恩知府，有代躬耕軒詩鈔。嚴如熤曰：『東園才氣落落，詩筆縱横，迥出塵俗。五言尤精妙。法時帆學士見之，稱賞再三，遂爲知己。』姚惜抱評：『樸直處頗得古人之意，若加以高韻厚味，便是魏晉詩矣。天資甚高，用功深，後必大可觀也。』

雜詩 四首之三

斯世一寒暑，今古乃長年。茫茫大塊中，何者爲後先。我生值此際，未必不如前。有酒不肯飲，徒自苦憂煎。富貴不長久，理勢使之然。榮華誠足羡，亦復可哀憐。

昆山有寶玉，人目爲碱砆。我不識此物，亦復相隨呼。乃知世間名，本自無定塗。慨彼禮者履，念兹觚不觚。引觸聊一醉，吾亦識真吾。

姚評：『論頗雋，其理乃通於楞迦。』

生于我未聞，死亦我何有？所以古達人，相勸在杯酒。况值三春時，滿目饒花柳。黄鸝鳴樹巔，蛺蝶穿户牖。良友多歡娱，淑景慎無負。若復憂來朝，今日君知否？年壽皆偶然，榮名乃不朽。

姚評：『此首乃似淵明。』

讀書

天地一澒洞，冥漠絶攀緣。萬類生其内，惟人受其全。得以别衆物，所頼惟聖賢。三季已云邈，衰亂誰爲援。大哉孔聖人，彌縫使之連。繼以鄒孟氏，苦口徒便便。董韓振微響，乃能辨媸妍。峩峩蓮花峰，活活濂溪泉。獨探至道奥，究心得其源。洪流起巨派，關洛分其間。東南毓秀氣，紹統千餘年。卓彼紫陽翁，解示累萬言。閩學集大成，功德何巍然。如水有大海，如山有昆崙。向無此老出，舉世皆昏昏。云何狂妄士，相與逞異論。但使性理著，名物何必詮。士生千載後，安知千載前？彼侈考究者，亦只據遺篇。詩書經秦火，衆儒采掇焉。即今所取證，甯必皆其先。譬如日月明，微雲詎足惛。獨念學道士，終身自棄捐。至善不知止，紛馳良可憐。願語後來俊，立志宜定堅。

姚評：『議論正大，詩亦卺。』

偶成

文章本自然，性情乃其質。抒寫一無心，妙趣自横溢。行止皆天機，裁剪豈刀尺？片語得其真，萬理具尺幅。或者有未明，反覆非重復。變化豈無宗，本一非執一。油油天上雲，頃刻態百出。活活水波流，方圓隨所觸。云胡世俗士，辛苦自梏桎。乃至論古人，亦欲使一律。今文詎不佳，法密真愈失。尋源無逐流，所貴在有識。

姚評：『論文甚佳。』

雜詩

美人歌子夜，妙曲傾人寰。我欲從之遊，路隔青雲端。搔首立空庭，白露下團團。徂暉不吾待，倏忽驚歲寒。相思不相見，永夜空長歎。

拔劍去嶺粤，瘴霧何昏黄。風沙盈大道，曠野莽茫茫。丈夫志四海，意氣飛且揚。江湖多風波，日暮生悲涼。習處志在遠，久客思故鄉。眷彼南飛鳥，翻向北巢翔。

三百六十日，爲君三分之。一分處疾病，一分寄愁思。一分好天氣，又多風雨時。就中餘今日，爾我偶相知。金風送微涼，明月輝清池。芙蓉倚淥水，濯露呈天姿。清歌非商聲，宛轉侑金卮。惜費不肯飲，積貲將遺誰。毋爲守癡妄，徒令子孫嗤。

雲中有高鳥，獨與浮雲征。似恥燕雀侶，因之遺世情。引吭過三島，掠翅遊八弦。乾坤混一氣，那辨縱與横。回看鶉鷃輩，卑枝劇經營。

水濁莫褰衣，深淺不可測。鏡昏莫鑒容，妍媸無從別。磁石羞曲針，腐芥疑虎珀。鬱鬱蘭草花，香爲清風發。

送夏碧巖歸松江

浮雲起天末，去住因飄風。天路爭倏忽，聚散安可窮。河梁悲日暮，今古良所同。况我同心友，三載相追從。一朝揮袂去，無乃心傷忡。長途自兹始，酌酒聊開胸。清唳懷遠音，寒莖鄙秋蟲。早成豈大器，倖得無兼通。縠可備荒歲，玉亦宜年豐。去去須努力，惠好因鱗鴻。

送别鄒春園

言别值秋夕，微雲天無河。遊好雖非久，心契無殊科。山川遂寥闊，鴻雁鳴相過。哀音值岐路，對此感人多。我家本龍眠，湫廬枕烟霞。天涯一淹忽，夢寐嗟蹉跎。我里君乃歸，九月霜零柯。我屋東籬下，處處有黄花。煩君攜酒看，顔色今如何。

姚評：『音節韻味俱足。』

送周修齋北上

相逢嶺海間，覿面頗傲睨。一朝氣誼投，結交爲兄弟。把酒論心胸，辯才開智慧。所契非文章，相勗在經濟。我悲無弟昆，形神坐凋敝。雖非同根荄，手足相借衛。北風吹雁行，聚散安可計。行色貴歡欣，强顔不揮涕。良耜無凶年，惰農望富歲。時哉不及時，愧此唐虞際。

姚評：『此詩略似太白，有奇氣。』

舟中對月

把酒屬蒼天，相看意渺然。浮雲散霄漢，明月墮江船。影落千峰静，光涵萬象圓。坐聞異鄉語，漸覺憶園田。

野　岸

野岸掩孤蓬，蕭然一棹中。夜寒鐙縮焰，被薄骨生風。誤觸狙公怒，空懷國士衷。酧知向何處，江上雨濛濛。

姚評：『頗似晚唐奇句。』

容州雜詩　六首之一

三五逢墟日，喧闐半女娃。碎花猺婦錦，嫩緑洞蠻茶。跣足來城市，包頭入縣衙。賣薪歸去後，誇語向鄰家。

南中 六首之一

洞猺蛇作飯，米客竹爲船。殘臘開金桂，高秋放紙鳶。樹生人面菓，銀用鬼頭錢。自是殊方事，非關別有天。

夜過清遠

瘴江日日慘風烟，況是寒宵月未絃。隔岸人家辨鐙火，逆流篙槳識漁船。三更浪湧潛虬出，幾處橈停估客眠。獨挂片帆向巖峽，微吟朗詠酒樽邊。

入峽

早趁春潮發二禺，石尤何事阻征途。中江山立水疑盡，横嶺雲封天欲無。人向巖根尋徑仄，舟從地底轉篷孤。愁腸正逐羊腸遠，那更風前叫鷓鴣。

呈那繹堂制府 四首選三

皇華欲起穆如歌，節府勳庸取次多。奉使曾過大青海，握兵還鎮小黄河。南州共信羊都督，北户咸欽馬伏波。两處西湖駐旌節，豈惟文事繼東坡。

終南曙色拂旌麾，重向天南秉節來。馥郁清香梅氏嶺，葱蘢佳氣越王臺。金魚作佩新開府，銅柱留題舊將才。交廣自今風日好，鱷魚何事更疑猜。

四旬馳道七千里，两粤騰歡百萬家。果是重來酬父老，似曾相識有梅花。天涯淺夢依温室，海上無風動戟牙。試看循州舊題句，不須今日始籠紗。

西江道中别嚴樂園太守陳曼生周保之明府

同舟酬唱足清娱，離緒無端起半途。五夜商聲悲鼓角，一樽别酒對江湖。青山嗷嗷猿啼急，明月紛紛帆影孤。努力功名崇令德，驛亭揮袂莫躊躇。

望湖亭登眺

高亭翼翼枕江隈，烟水茫茫望眼開。吴楚晴光分遠渚，匡盧翠靄逼層臺。遥天萬里征鴻度，落日千帆估客來。春草春波無限意，離人無那獨徘徊。

九日江村小飲

宴遊肯負佳時節，野服相攜客到門。萬點蘆花白似雪，千株楊柳緑成村。秋深秋淺看楓葉，潮落潮生認水痕。醉飲茱萸過船去，片帆東下又黄昏。

望衡山

巍然衡嶽望岧嶢，叠翠層嵐入絳霄。地衍西陲分五嶺，位尊南極奠三苗。清時洞壑騰佳氣，落日湖湘起暮潮。見説蒼梧行更遠，片帆誰念路迢迢。

過寶華山隱龍祠謁明建文帝遺像

蘋藻清芬薦一卮，瘴鄉來謁隱龍祠。五年南面稱仁主，千古西山瘞大師。春草自生荒殿外，寒鴉猶噪夕陽時。青苔漠漠留題處，腸斷哀吟壁上詞。

南山深處給孤園，曾此當年隱至尊。臣子迂疏貽實禍，祖孫興廢託空門。烟浮海國烏蠻樹，家憶金陵白下村。天地有窮恨無極，傷心何止蜀鵑魂。

送別姚實素八兄後寄此

記得別離候，珠江潮正平。如何此心意，更逐海潮生。

姚評：『佳甚。』

送别葉香亭

故園不相識，嶺外見何遲。此日一爲別，何如未見時？朝霧漫大江，露水不成雨。何處早船行，時時一聲艣。

羊城竹枝詞　十首之一

流蘇寶帳合歡牀，私矢同心祝七娘。粤人稱織女。郎似西寧人面菓，妾如東莞女兒香。

題　畫

小橋石徑水潺潺，策杖遥看對面山。楊柳晚風茅屋静，漁舟載得夕陽還。

夜坐

天街夜坐涼如水，院落沉沉北斗斜。明月一簾蟲語急，滿庭疏影落槐花。

龍眠冶春詞 十首之一

才過寒食看新烟，今歲清明上巳連。祓禊城西飲仙水，太霞宫畔古靈泉。

馬良輔一首

馬良輔 字築崖，號花舫，嘉慶中國子監生。藕頤類稿：『余之慕花舫也，慕其人也。其人三十之年無儇薄之習，讀書好學深思，心知其意，一字之疑必窮其根源，不獲不已。』

寄陳虹江觀察

揮袂燕郊慘夕暉，紅蓮幕府舊相依。人宜讓水廉泉住，天遣冰山雪磧歸。赤膽輪囷長似鐵，白頭蕭散獨忘機。劇憐勝負心難死，賭酒敲棋興欲飛。

馬用章九首

馬用章 字端甫，嘉、道間人，早卒，有自娱吟。楊鐸曰：『端甫詩風格頗高，有自然入妙處。』

懷朱蘿石

芳草生幽徑，垂楊被遠渚。春風自閉關，終朝誰與語？雨霽山色來，日暮湖光聚。所思匪迢遥，予褱獨延佇。爲念居士廬，詠歌方寂處。

葑谿晚眺

越郡渺何處，蒼茫一望間。鐘聲送谿水，夕影下寒山。夢逐征鴻遠，心隨宿鳥還。盼歸煩老母，日日倚柴關。

秋柳

記得鶯啼候，輕烟鎖六橋。只今顦顇日，依舊短長條。小岸漁舟認，長堤馬足遥。待他春色轉，婀娜倚蠻腰。

谿上步月懷玉樵

夜半不能寐，谿邊散步行。清烟迷古寺，斜月挂荒城。水静魚窺影，鐙寒犬吠更。一時懷遠切，佇立有餘情。

懷從兄公實汝南

汴州三月住，江水五年情。鴻雁書初到，池塘夢不成。一官寒似水，萬卷擁如城。何日還相聚，吟詩傍短檠。

滄浪亭

長史今何在，滄浪只自清。興亡空逝水，泉石有高名。僧去已飛錫，六舟已去。我來思濯纓。買無錢四萬，小住亦多情。

望金山

岷濤萬里向東來，矗立中央氣象開。天遣江心留砥柱，地從京口湧樓臺。鐘聞兩岸風雲壯，塔挂層霄日月回。我欲振衣陵絶頂，三山縹緲接蓬萊。

南屏晚眺

重來湖上晚風柔，南北峰高冷暮秋。一望斜陽山色裏，蓼花紅過六橋頭。

華佗廟

黄浦江頭古廟寒，謁來瞻拜仰衣冠。先生視死如歸日，肯把靈丹活阿瞞。